東北からの思考

入澤美時
森繁哉

地域の再生、日本の再生、そして新たなる協働へ

新泉社

目次◉

最上横断

一回目

二〇〇五年二月六日

二回目
二〇〇五年二月七日

三回目
二〇〇五年二月二二日

四回目

二〇〇六年六月九日

註作成……入澤美時
撮影……佐々木光
アートディレクション……鈴木一誌
デザイン・レイアウト……藤田美咲
写真分解……丹野 学(萩原印刷)

◉山形県全図

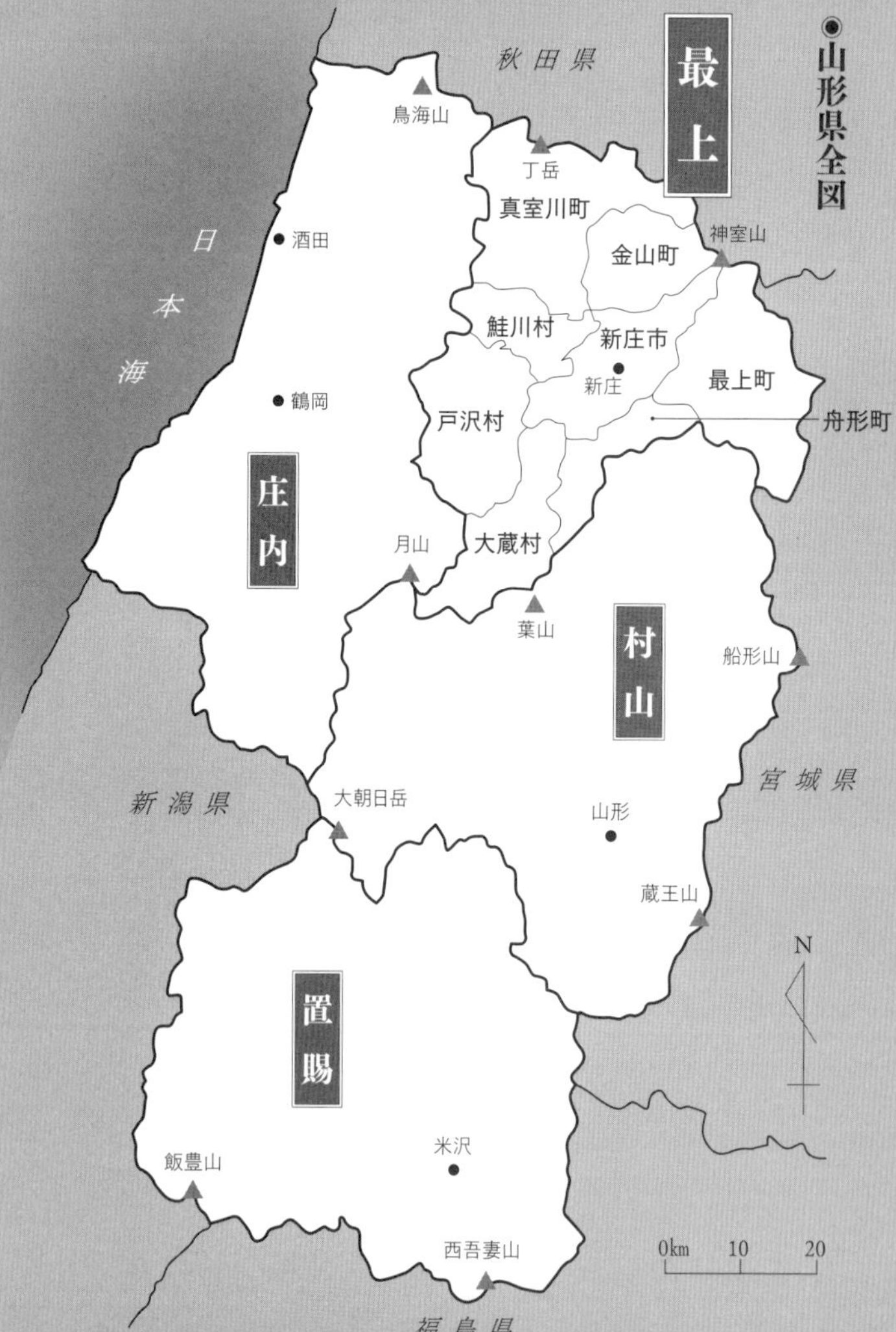

最上
庄内
村山
置賜
秋田県
日本海
新潟県
宮城県
福島県
鳥海山
丁岳
神室山
月山
葉山
船形山
大朝日岳
蔵王山
飯豊山
西吾妻山
真室川町
金山町
鮭川村
新庄市
新庄
最上町
舟形町
戸沢村
大蔵村
酒田
鶴岡
山形
米沢
N
0km
10
20

最上横断

一回目

二〇〇五年一一月六日

雪のなかの〈すすき野シアター〉。

◎新庄市　新庄駅

地方都市、山形新幹線、駅前商店街の衰退とその再生、〈ジャスコ〉、高田の実験、商店街の人びとの気分や感情

森▨　この「最上横断」という旅の始まりは、新庄駅から出発したいと思います。新庄市[1]は、最上八市町村[2]の中心地として発展してきた、人口四万人規模の街です。もとは近郷の人びとを集めて栄えた戸沢藩[3]の城下町で、その城跡があります。駅前にはいま、新しい建物が建っていますけれども、昭和三〇年代の面影を残す駅前食堂があったりして、風情があります。

ただ、駅前通りに立ってみますと、シャッターを閉めた店が非常に多いということに気づきます。そこで、新庄市の中心地に見られる陥没というか、街の衰退という現象を考えてみたいと思います。

入澤◉　いまの駅のスタイルになったのは、いつ頃ですか。

森▨　七年ほど前に、中心地の活性化事業ということで、集客を目的としてですね。平成一一年(一九九九)一二月の山形新幹線[4]の新庄駅までの開通と併せてだったんですが、新幹線も新庄市の中心地に人を呼ぶという役割を、ほとんど果たしていないという状況です。都市の中心市街地に人びとが集まらなくなったという全国的な現象が、この新庄市に端的に現れているんだと思うんです。それについて、入澤さんはどう考えますか。

入澤◉　もともとこの周辺の人たちは、新庄に買い物な

❖1　**新庄市**［しんじょうし］……最上川《もがみがわ》中流域の新庄盆地に位置し、市域の東側に神室山《かむろさん》(1365.2m)を主峰とする神室山地が控える。人口約4万人。最上8市町村の中心都市であり、「山形新幹線」の終着駅で、国道13号線＝羽州街道《うしゅうかいどう》が走るなど交通の要衝。元和《げんな》8年(1622)、戸《と》沢《ざわ》氏《し》が入部してから城下町として発展する。

❖2　**最上8市町村**［もがみはちしちょうそん］……新庄市、金山町《かねやままち》、最上《もがみ》

んかきていたんですか。

森▨　それは、たくさんきていたと思いますね。バスや鉄道が、昭和三〇年代にここに集中しましたから。

入澤◍　ＪＲの奥羽本線[5]、陸羽東線[6]、陸羽西線[7]、国道[8]一三号線[9]、国道四七号線と、十文字のように交差して

対談はまず、新庄駅から始まった。
右正面が新庄駅、左が〈最上広域交流センターゆめりあ〉。
左は入澤美時、右のテープレコーダーをもっているのが森繁哉である。

町《まち》、舟形町《ふながたまち》、真室川町《まむろがわまち》、大蔵村《おおくらむら》、鮭川村《さけがわむら》、戸沢村《とざわむら》の1市4町3村をいう。山形県には村山《むらやま》、最上、置賜《おきたま》、庄内《しょうない》と四つの地域があるが、その最上地方のこと。周囲を険しい山々に囲まれ、最上川が貫流する。巨木が多く、温泉が豊富なことが知られている。総面積1,803.62km²で、大阪府や香川県の面積にほぼ等しい。総人口約9万人。

❖3　**戸沢藩**［とざわはん］……新庄藩のこと。元和8年、戸沢政盛《まさもり》が6万石で入部してから始まる。以降、11代を数える。明治4年(1871)の廃藩置県で新庄県となり、同年、山形県に編入される。

❖4　**山形新幹線**［やまがたしんかんせん］……福島と新庄を結ぶ、ミニ新幹線方式でできた〈JR東日本〉の新幹線である。1992年に東京・山形間で運行が始まり、山形・新庄間は1999年に開通した。「つばさ号」が走る。実際には、奥羽本線の一部となっている。

❖5　**奥羽本線**［おおうほんせん］……福島・青森間、484.5キロ、東北地方を縦断する〈JR東日本〉の幹線鉄道。明治38年(1905)に全通。

❖6　**陸羽東線**［りくうとうせん］……宮城県遠田郡美里町《とおだぐんみさとまち》の小牛田《こごた》駅から新庄駅まで、東西に94.1kmを走る〈JR東日本〉の地方路線。大正6年(1917)に全通。

❖7　**陸羽西線**［りくうさいせん］……新庄駅から山形県東田川郡庄内《ひがしたがわぐんしょうない》町《まち》の余目《あまるめ》駅まで、東西43.0kmを走る〈JR東日本〉の地方路線。大正3年(1914)に全通。

❖8　**国道13号線**［こくどうじゅうさんごうせん］……福島・秋田間、306.1kmの一般国道。途中、米沢《よねざわ》、山形、新庄、横手《よこて》、大曲《おおまがり》を通る。昭和27年(1952)、福島・秋田間が一級国道となる。昭和40年(1965)、一級、二級の区別がなくなり、一般国道となる。

いますね。

森　そうですね。ですから、最上八市町村の人びとを集めた商業都市だったんです。

入澤　いつ頃から、何がきっかけで、寂《さび》れてきたんですか。

森　一つは、高度経済成長期に車社会になったことも含めて、消費地が郊外に移っていったことがすごく大きかったと思います。それとこの中心地は、数名の地主が所有している関係で、家賃の問題も生じるし、賃貸が多いなどという特殊事情から、土地の多目的利用を図るという流動性をもてないということがありましたから。

入澤　でも新庄というのは場所的に考えて、商圏として❖10山形に吸収されているわけではないし、❖11酒田とか❖12鶴岡とかの❖13庄内地方に吸収されているわけでもなく、あくまで最上八市町村の商圏の中心としてあるわけでしょう。全体として、縮小しているということなんでしょうか。

森　分散というか、中心地といわれるものの役割が少なくなってきたということでしょうね。それが一つと、集中する魅力が拡散してしまったこと、時代の多

❖9　**国道47号線**［こくどうよんじゅうななごうせん］……仙台・酒田《さかた》間、171.9kmの一般国道。北羽前街道《きたうぜんかいどう》（最上街道）と呼ばれる。仙台市から大崎市までの区間は、国道4号線と重複する。

❖10　**山形**［やまがた］……山形県の県庁所在地。東に奥羽山脈《おううさんみゃく》が控え、南東部に蔵王連峰《ざおうれんぽう》が聳える。人口約25万5000人。江戸時代初期、最上家11代、最上義光《もがみよしあき》が山形城を築き、城下町として発展する。

❖11　**酒田**……最上川が貫流し、北に鳥海山《ちょうかいさん》、南東に月山連峰《がっさんれんぽう》を望む。人口約11万5000人。酒田港は山形県唯一の重要港湾で、酒田は港町、商業都市として栄えた。歴史は古く、平安時代に出羽国《でわのくに》の国府《こくふ》が置かれた。

❖12　**鶴岡**［つるおか］……2005年の合併で東北地方第一の広さとなり、人口も約14万人と山形県第二の都市となっている。東に出羽三山《でわさんざん》の一つ、羽黒山《はぐろさん》が控え、市内を赤川《あかがわ》が貫流する。庄内藩の城下町で、庄内地方の中心都市として栄えた。

❖13　**庄内地方**［しょうないちほう］……もともとは14市町村あったが、2005年の大合併で鶴岡市、酒田市、三川町《みかわまち》、庄内町、遊佐町《ゆざまち》の2市3町になった。最上川、赤川流域の庄内平野が中心で、酒田市と鶴岡市が中心都市である。古くから日本海海運や畿内《きない》との物資輸送で栄え、京、大坂とのつながりが深い。江戸時代以降は、日本有数の稲作地帯となった。

様な嗜好に追いついていけないということもあると思います。これは新庄市だけの問題ではなくて、さまざまな地方都市が抱える非常に大きな問題だと思うんです。新庄市の場合も、集客を図ろうとさまざまな試みがなされました。まちづくりの先生方がきたり、手を尽くしたのですけど、しょせんは対症療法で一つの価値を街に添加しようとする発想ですから、中心地の陥没というものを形成してしまったということですね。

入澤　山形県なんかは、どういうふうに考えているんですか。そういう最上地方に対して、県として何をするかなどという発想はあるんですか。

森　新幹線もそうですが、そういう高速交通網の整

新庄駅を背景に、子供が遊んでいた。

「山形新幹線」が着いた。
およそ3時間30分で、東京と結ばれている。

新幹線が着いたからだろうか、
〈ゆめりあ〉に続く改札口は賑わっていた。
高い天井から、光がさんさんと入ってくる。

備などというように、依然として錯誤的な時代要請を、一つの真実として街に与えようとする姿勢があるものですから、そこから人びとの行動が発生していかないのです。便利であるとか、人が集まるためには新幹線だとかいうような画一的な価値だけでは、機能が回復しないというところに至っていると思うんです。

入澤◉ 新幹線の効果というのは、もっと過大にあるというふうに判断していたわけですか。

森▨ そうでしょうね。新幹線がくることによって、一つは観光というものへの効果が叫ばれていたんですけれども、いかんせん観光客は移り気ですし、生活の細部から内発的に立ち上がっていった観光という在り方ではないわけですから、長続きしない。一定の温泉地だけが栄えていくみたいなことも、現象として起きているわけです。もっときめの細かな対応が考えられなければいけないのですが、新庄市に限らず、どこの地方都市も中心地がこのような陥没状況にあると思うんですね。

〈ゆめりあ〉のなかの物産館。
地元の産品が、さまざま売られている。

❖**14** **ジャスコ**……〈JUSCO〉のこと。〈イオン〉グループの店舗名。グループ全体の2008年2月期売上約5兆1700億円。昭和45年(1970)、三重県四日市市《よっかいちし》の〈岡田屋〉、兵庫県姫路市《ひめじし》の〈フタギ〉、大阪府吹田市《すいたし》の〈シロ〉の3社が共同出資して、〈ジャスコ株式会社〉をつくったのが始まり。地方都市の郊外に、巨大ショッピングセンターを築く経営戦略を特徴としており、結果として地方商店街崩壊の大きな原因となっている。

❖**15** **長岡**[ながおか]……越後平野の南部に位置し、信濃川が縦断する。人口約28万人、新潟県第二の都市。2005、06年の大合併で、日本海に面することになった。戊辰戦争《ぼしんせんそう》と第二次世界大戦で、二度灰燼にきした。長岡花火と、戊辰戦争のとき「奥羽越列藩同盟《おううえつれっぱんどうめい》」を主導した

入澤◎　東北地方において一番〈ジャスコ〉[14]が目立ちますが、どこの地方都市でも大規模店舗が郊外に進出して、駅前を再開発しようとしてもほとんどが失敗していますね。中心地になにか入ってくると期待しても、入ってはこない。結果的に、そこにもともとあった市場だとか商店街だとかを失ってしまう。

たまたまこの間何度が訪ねる機会があった新潟の長岡[15]なんかは典型的だと思うんですが、完全に駅前や街なかなどというのは崩壊して、信濃川[16]をちょっと越えたところに巨大な〈ジャスコ〉があって、ビデオショップだ、レストランだなんだかんだと、そっちの方にどんどん店舗ができ、駐車場が完備され、人が集まっている。

僕はいま、北川フラム[17]が総合ディレクターをしている「大地の芸術祭 越後妻有アートトリエンナーレ」[18]に関わっています。その北川フラムが、越後妻有[19]だけではなくて、自分の出身地の上越市[20]の高田で、「城下町・高田　花ロード」といって、お金をかけず、商店街

河井継之助《かわいつぐのすけ》が有名。

❖**16　信濃川**［しなのがわ］……飛騨山脈《ひださんみゃく》から流れ出す犀川《さいがわ》と、関東山地《かんとうさんち》から流れ出す千曲川《ちくまがわ》が、長野市南東部で合流する。新潟県からを、通常は信濃川という。日本最長の河川で、流程367km。流域面積第3位、12,050km²。越後平野を貫流して、新潟市内で日本海に注ぐ。

❖**17　北川フラム**［きたがわふらむ］……1946年、新潟県高田市《たかだし》（現、上越市《じょうえつし》）に生まれる。〈東京芸術大学〉卒業。アートディレクター、メディエーター。〈アートフロントギャラリー〉代表。2000年から始まっている「大地の芸術祭」総合ディレクター。美術をもって、世界中の地域おこしに関わる。著書に、『希望の美術・協働の夢――北川フラムの40年 1965–2004』などがある。

❖**18　大地の芸術祭 越後妻有アートトリエンナーレ**［だいちのげいじゅつさい えちごつまりあーととりえんなーれ］……新潟県が地域おこしのため策定した「ニューにいがた里創プラン」の一つ。北川フラムが県から相談されたことから、美術の祭典となる。十日町市《とおかまちし》と津南町《つなんまち》が、舞台となっている。2000年、2003年、2006年と行われ、2009年も開催されることになった。2006年には、35万人もの人びとが訪れた。タレル、ボルタンスキー、カバコフなど、世界を代表する美術家が参加し、いまや世界で最も人気のある美術の祭典である。

❖**19　妻有**［つまり］……古代の奈良時代から戦国時代まで続いた荘園制の名残りで、「妻有荘《つまりのしょう》」からきている。旧十日町市と、旧中魚沼郡《なかうおぬまぐん》の旧川西町《かわにしまち》、津南町、旧中里村《なかさとむら》の地域をいう。そして、旧松代町《まつだいまち》と旧松之山町《まつのやままち》の地域は、「松之山保《まつのやまほ》」と呼ばれた。「大地の芸術祭」は、この旧6市町村で始まった。

に花の[21]インスタレーションを並べるというイベントを、七年間くらいやっているんですよ。それで何が変わったかというと、各商店がウインドウを飾り始めたんだそうです。それによって、人がまたくるようになったというんです。

森▒　こういう無残といってもいい状況を打開していくには、人間の内臓とか生理といった、等身大の身体の内にきちんと根ざした方法論が必要なんですね。それがいままでなくてですね、新幹線とか、景観整備とか、空き店舗を学生に開放していこうとか、一つの意図を当てはめようとしているわけですよ。もう少し生活者の視点から、店を営んでいる人たちが、その高田のようにウインドウを飾るというところから始めていかないと、内臓に水が滲み込んでいくような街づくりは不可能だと思うんですね。

入澤◎　それは本当にそうですね。このあいだ偶然テレビを見ていたら、茨城県の[22]取手で、商店街に[23]〈東京芸術大学〉の学生たちが入り込んで、いろいろなプロジェクトをやっているんです。発想は面白いのですが、地域の人びとの生活に根ざしたもの、恒常的なものにはなっていかないんです。

高田の花によって商店のウインドウが変わっていったというのは、一年、二年で変わっていったんじゃなく、五年、六年、七年とやっていったからでしょう。年に一回、イベントのときだけ飾るんじゃなく、毎日飾ろうじゃないかというふうになっていった。ご婦人たちだけでなく、街の[24]商工会だとか商工会の青年部だとかがあるわけだから、彼らが一つひとつ、ウインドウをどう変えていくかとか、商品構成をどう変えていくかとか、やっていったと思うんです。単に「接《つ》ぎ木《き》」ではなく、生活に根ざしたところから、生きている場

❖20 **上越市**［じょうえつし］……昭和46年(1971)、高田市と直江津《なおえつ》市が合併してできた。現在の市は、2005年に上越市を含む14の市町村が合併したものである。人口約21万人、新潟県第3の都市である。高田は、戦国時代、上杉謙信《うえすぎけんしん》の城下町として栄え、戦前まで軍都であった。直江津は、その外港として発展する。

面での心地よさとか気分のよさとか、人はそのときなにを選択するかとかいうふうなところまで踏み込んでいったら、きっとなにかが変わりますね。

森▒　さきほど内臓とか生理とか抽象的なことをいったんですけど、街という器官は、人間の身体性というか、そこに住んでいる人間の「息づかい」のようなものが反映していかないと、再生は不可能だと思っているんです。それは、これまでの行政や研究機関なども含めて、そういう器官の細部に分け入るという視点がないんです。おっしゃられたように、心地いいとかと

〈ゆめりあ〉のなかでご老人たちが集まっていた。
祭りかなにかの相談だろうか、
だいぶ長いあいだ話し合っていた。
〈ゆめりあ〉は、コミュニティの役割も
成しているようだった。

❖**21**　**インスタレーション**……一点一点を作品とするのではなく、そのつながりと空間全体を見せる作品表現をいう。現代美術の一つのジャンルとして、1970年代以降盛んとなる。物体、廃物、映像、音響、コンピュータなどさまざまなものを駆使し、表現の場所も問わない。ハプニングやパフォーマンス、コンセプチュアルアートなどの流れのなかから誕生し、アースワークなどもインスタレーションの一つといえる。

❖**22**　**取手**［とりで］……茨城県の南端に位置する、人口約11万人の都市。東京への通勤圏として発達し、「茨城都民」と呼ばれている。利根《とね》川《がわ》と小貝川《こかいがわ》に面し、利根川の水運と、国道4号線＝水戸《みと》街道《かいどう》の宿場町として栄えた。現在、〈東京芸術大学〉の取手キャンパスがあって、賑わいをみせている。

❖**23**　**東京芸術大学**［とうきょうげいじゅつだいがく］……それぞれ、明治20年（1887）に改称された〈東京美術学校〉と〈東京音楽学校〉とが、昭和24年（1949）に統合されてできた。美術学校には岡倉天心《おかくらてんしん》が関わり、音楽学校には伊沢修二《いざわしゅうじ》が関わった。いまもその流れを汲み、美術学部と音楽学部に分かれている。「上野の森」の、象徴的な大学である。

❖**24**　**商工会**［しょうこうかい］……昭和35年（1960）施行の「商工会法」に基づき、経済産業大臣に認可された法人をいう。「商工会は、その地区内における商工業の総合的な改善発達を図」ることを目的としている。しかし、営利を目的としてはならず、特定の個人や法人、その他の団体の利益を目的としてはならず、特定の政党のために利用してはならないとしている。地域の中小商工業者の経営、金融、税務、労務など、さまざまな相談に応じている。

いった、そこが人間の在り方を保証する場所として機能したり、人が空間を移動するということの本来的な意味を、まさにさっき入澤さんがいった「接ぎ木」ではないものとして考えていかないと、地方都市の存続というのは不可能な気がします。

入澤● そうですね。僕はたまたま、東京の都心のど真んなかに事務所を構えて、ど真んなかに住んでいます。そこから考えてみたとき、フラッと歩けば喫茶店があるとか、ちょっとした呑み屋やバーがあるとか、古本屋がポツンとあるとか、路地裏があるとか、そういうことが楽しく、理想的な街のイメージなわけじゃないですか。それを地方都市に転化して考えると、バーや古本屋があるかはともかくとして、そういう街としてのつながりとふくよかさみたいなものが出てこないと、地方都市の再生はどんなことをしても無理ですね。

森▒ ただそこには大きな前提があって、やっぱり生活の領域全体が時代の進行とともにありますし、その変速度は、その路地とか街の内蔵部分を変貌させていきます。かつてはちょっと駅の裏手に回ると、「市場」があった。その市場も、どんどんなくなっていくわけです。いわゆる裏側が崩壊しているわけですね。ですから、こういう表側の駅前の商店街だけではなくて、ある意味ではここを支え、ここを位置づけていた裏面というか、隠れている部分の両面が立ち上がっていかないとダメなんですね。

入澤● 難しいと思うのは、さっき巨大な駐車場がありました。そしてちょっといったところに、[25]ファミリーレストランみたいなところがありましたね。[26]一〇〇円ショップみたいなものもあるかもしれない。そういう[27]ショッピングセンターみたいなものを想定してみると、たとえば家族連れが土日にやってきて、なにか買い物をしたり食事をしたりとか、そういうことがダメだとはいえないですからね。

森▒ そうですね。実際、私なんかも利用するわけですからね。そこでは、人間の根源的な嗜好を、つくり換えようとしていることは事実ですね。たとえば、サービスなんか凄いんですね。至れり尽くせりでサービスするわけですね。やっぱり、心地いい状態をつくり出しているわけです。じゃあそれと同類のものを、旧来の街なかの商店街の人たちがやれるか、対抗できるかというと、なかなかそれは難しいんですね。

愛想のない難しい顔をして店に立っていると、あそこのオヤジは気難しいとかいわれて、消費社会のなかで一つの汚点というふうに置き換えられる、無残な転倒が始まってしまう。そしてそれが、その店の決定的

新庄の駅前商店街の始まり。背後が、新庄駅。

メインストリートの商店も、シャッターが下りていた。
新庄もご多分にもれず、「シャッター通り商店街」になりつつある。

❖**25 ファミリーレストラン**……外食産業の一つで、家族連れで気軽に利用できるレストランの呼称。広い店内で料金が安く、料理が和洋中と多岐にわたり、早く出てくるのが特徴である。それはセントラルキッチンで一括に調理し、冷蔵・冷凍したものを各店舗は、暖める・焼く程度の料理として出すからである。チェーン店やフランチャイズ方式が、一般的である。

❖**26 100円ショップ**［ひゃくえんしょっぷ］……一点100円均一とする「ワンコインショップ」のこと。販売するものは、日用品から文具、雑貨などまで暮らしのほとんどに及んでいる。国内だけでなく中国で生産するなど、自社ブランドを開発しているところも多い。

❖**27 ショッピングセンター**……ショッピングモールともいう。1922年、アメリカから始まった。日本では、昭和29年(1954)、沖縄のコザ市(現、沖縄市)が始まり。1980年代以降、増加の一途をたどっている。2000年の「大規模小売店舗法」の廃止によって、一挙に巨大化した。特に〈ジャスコ〉が、際立って出店している。

な崩壊につながるというふうに、非常に危ういところにこういう商店街が成り立っているわけですね。値段の問題にしてもそうですが、高くてもやっぱり街なかから買わなくちゃいけないという意識はあっても、実際には買わないわけですね。

入澤◎　それはしょうがないですね。僕はよく、「過去にしか未来はない」というんです。商店街だって、過去から連綿と続いてきたわけですね。その商店街が空洞化していったとき、それは自分たちが生きている場の崩壊であり、記憶の喪失であるというのが共有できていったとしたら、自動的になにかが動き出すんですよ。それはなにか象徴がない限り難しいけれど、でも越後妻有では動き出したわけじゃないですか。そういうことをあえて言葉でいえば、「理念」といってもいいと思うんです。

森▨　まず私たちは、その難しさ、危うさ、不確かさの前に立っているということは事実なんだと思います。ただもっと人間の根源的な在り方というか欲望というか、一〇〇円のものと一〇〇〇円のものがあったときに、いまなにを価値にするのかというのが、消費者の側も混迷しているんだと思います。「理念」ということをいわれたんですが、それを「理念」という形で処理してしまうと、なかなか見えないところが出てくると思うんですよ。

新庄で唯一、
戦後のヤミ市のような、
ドヤ街のような匂いを放つ
「あけぼの町飲食店街」。
夜は、ネオンがきらめく。
元気な親父の呑み屋も、
ここにある。

入澤◎　あえて「理念」という言葉でいいましたが、「理念」というのはかならず「生理」というものをともなっていなければならない。つまり、単に「理念」が一人歩きしていったら、これは❖[28]ファシズムになっていってしまう。そのことは、人類史の普遍性みたいなものです。そのとき、その地域にいる人たち、商店街を支えている人たちの気分や感情、生理といったものが貼りついたような「理念」を、どう編み出すかだと思うんです。

森▨　そこなんですね。そこを今回、最上を漂流しながら考えてみたいと思っています。その第一歩として、最上郡の中心といわれた新庄市とその駅前を見てみました。

◉新庄市　国道一三号線に架かる歩道橋の上

郊外、国道、ショッピングセンター、ショッピングセンターと農山村の風土のせめぎ合い

森▨　新庄駅から国道一三号線の方に出てきました。いま、大規模な店舗の展開する「郊外化現象」[❖29]といわれる地帯のところと、それからもともとの農村地帯がある場所を見渡せる歩道橋の上に、入澤さんと二人で立っています。

この新庄市は、中心街が空洞化し、郊外に商業集積地が移ったといえます。それもすべての店舗に、新庄市以外の外部からの資本が入っています。全国の地方都市でも、ほとんど同じように画一的な街が展開され

❖28　**ファシズム**……第一次世界大戦後に、イタリアのムッソリーニによって起こされた思想と運動をいう。それが、ドイツのナチスへ広がり、全欧州へと広がった。人間の本源的な自由を制限し、ある画一性の方向に社会全体をもっていこうとする運動。日本の戦前の場合、「超国家主義」と呼ばれることが多い。

❖29　**郊外化現象**［こうがいかげんしょう］……〈ジャスコ〉などの大型ショッピングセンターが、都市の郊外に次々とつくられる状況をいう。それは結果として、地方都市そのものと商店街などを空洞化した。三《み》浦展《うらあつし》の『ファスト風土化する日本――郊外化とその病理』（洋泉社）などに詳しい。

ています。バイパス[30]が切られることによって路線が変更し、これまでの脈が寸断され、まったく新しい基地のような空間が出現しました。この光景を、入澤さんがどう見るか聞いてみたいと思います。

入澤 どこでも国道というものは、もともと街なかを走っていましたね。それにバイパスができる。バイパスは、当然郊外を走るわけですね。人家のないところにバイパスをつくる。そうすると交通が便利になるから、そこに大規模店舗のようなものがどんどんできる。するとまず、家族連れがくる。食事もでき、買い物もできるし、子供たちはゲームもできる。それにともなって、さまざまな人たちが集まるようになる。いま森さんがいわれたように、それだけの大規模店舗を街なかの地元の人が構えられるかというと、構えられない。山形であるとか仙台[31]であるとか、果ては東京であるとか、外からの資本がどんどん入ってきて、街なかの商店街が空洞化していってしまうという典型ですね。

僕は、こういう光景というのが好きではないんですが、ただここは非常に面白いですね。いま、国道一三号線の上に立って山形方向に向いています。右側が新庄の市街の裏側に当たるところで、ショッピングセンターふうなものができている。左側は山側ですから、神室山地[32]の方角になるんでしょう。そこはまだ、集落風景が広がっている。田んぼがあって、山に向かって畑などが残されている。ここはまさに、なんとも象徴的ですね。

なんと、
国道13号線の
歩道橋の上で対談。
遠くに見えるのは、
神室山地の山々。

森 ただ私には、右側の基地化された街というのは、まったく別個の空間に映ってしまうんですね。人間の息づかいや色艶《いろつや》といった生理とは隔たった別の意図をもった空間としてでき上がった、と考えざるを得ないんです。

別の意図というのはどういうことかというと、人間の消費行動は、時代が要請する価値基準に晒されている。その目的に添うようにして、人間の消費行動が完結していく街として映るわけです。ただこれは難しくて、人間の非常に深い、入澤さんがいった感情や想いや経済行為も含めた複合的な人間の存在に根ざしているがゆえに、この空間はどんどん自己増殖を続けていく。ですから、従来の土地の在り方というものを食い破っているかというところの、ここはせめぎ合いの接点であるように思うんです。

入澤◎ その接点というか、両側とも面白いなというふうに見ていたのは、右側の、森さんの言葉でいえば別個の空間に対して、左側の農村であるとか山村であるとかが、せめぎ合いでどう対抗できるのかといったときに、そこに初めて現在の課題が生じてくる。右側にショッピングセンターみたいなものができていくというのは、資本主義の論理ですから、これは必然なわけです。それに対して、左側の農山村の側が、土地や風土がもっている目に見えないものでどう対抗できるかなんです。

いまは残念ながら、対抗できる道筋を示せていないわけですよ。単に「反」であるとか、カウンターとして

❖**30** **バイパス**……バイパス道路のこと。交通の混雑する、また道幅の狭い市街地の道路、山道や海沿いの不便な道路などを迂回するために設けられる。トンネルや立体交差などを多用し、極力直線的につくられるのが一般的である。

❖**31** **仙台**［せんだい］……宮城県の県庁所在地。東北地方唯一の、政令指定都市。人口約103万人。江戸時代、伊達政宗《だてまさむね》の仙台藩の城下町として栄える。青葉山《あおばやま》や〈東北大学〉があり、広瀬川《ひろせがわ》が貫流しているところから、「杜《もり》の都《みやこ》」と称される。現在、東北中の富や情報が、仙台に一極集中しつつある。

❖**32** **神室山地**［かむろさんち］……奥羽山脈の一つ。秋田、山形、宮城の県境を形成する山地で、主峰は神室山である。栗駒《くりこま》国定公園に属している。主峰の神室山は、修験の山として名高い。最上地方の東側に、大きく広がる山塊である。

ではダメなんです。日本の場合どうやって出てくるかというと、ボランティア❖33とかエコロジー❖34とかの概念から出てくるんですね。それは、そこに生きている人びとの生理や感情や気分だとかということは救えない。救えないという以上に、そこには「論理」をもてないんです。もしそこに「論理」をもつことができたら、右側の衣食住全部を含めた世界に、本当は対抗できると思うんですよ。そこに答えることができなかったら、地方は崩壊してしまう。

森　ただ、この右側の新興郊外地というのは、人間の「無名性《むめいせい》」を保証する場所だというふうに思えるわけです。そこにいくと、家からも、わずらわしい人間関係からも解放され、たかだか一〇〇円で夢を買える。そして、三五〇円のカツ丼も優雅に食べられる。そういう無名性に立っている場所というのが厳然として存在しているということを、もう少し考えなければいけないと思うわけです。

「論理」とおっしゃられたように、この無名性にき

❖33 **ボランティア**……英文では、volunteer。本来は、志願兵のことをいう。日本ではもともと「結《ゆ》い」や「講《こう》」という、相互扶助のシステムがあった。いまでいう、「町内会」である。それも一種の、ボランティアではあった。日本でボランティアという言葉が人口に膾炙《かいしゃ》したのは、1995年の「阪神《はんしん》・淡路《あわじ》大震災《だいしんさい》」からであった。その後ボランティアの概念は、「NPO」の方向へと流れている。

❖34 **エコロジー**……本来は、生物学の一分野である生態学＝

新庄駅の裏側、国道13号線に沿ってショッピングセンターがある。
食品中心の〈Max Valu〉や紳士服の〈コナカ〉が見えている。
ここでは、歩道橋の上から山形方向を見ている。

ちっと拮抗できる論理をどう私たちが持続的に、有効な戦略、運動とすることができるのかに立たされているのでしょう。ですから、この一点を突き破っていく有効な力というものを考えていかなければいけないと、常に思っているわけです。

入澤◎ それは、農林漁業がこれからどうなるのか、第[35]一次産業がこれからどうなるのかということと、パラレルですね。もう一つの言葉でいえば、民[36]芸を提唱した柳宗悦[37]がいっているような「手の作業」みたいなものがどうなっていくのか。

さらに、「釣り＆アウトドア」の〈キング〉などの名前が見えている。

Ecologyを指す言葉である。その語義からいって、生物とそれを取り巻く環境との関係をいう。全世界的に公害などの問題から、「エコロジー運動」が広がっていった。「生物多様性」という概念とも結びつき、近年では、すべてに「エコ」という言葉が冠せられればそれでいいと思われるようになってしまったきらいがある。

❖35 **第一次産業**［だいいちじさんぎょう］……イギリスの経済学者、コーリン・クラーク(1905～89年)による産業分類の一つ。日本では、農業、林業、漁業のことをいう。クラークによれば、一次から二次、二次から三次産業へと産業構造が発展することは、必然であるという。事実日本でも、昭和30年(1955)のGDP比率が16.1%、2006年度1.4%のように10分の1以下となっており、第一次産業は衰退の一途をたどっている。ちなみに第三次産業はその間、39.5%から71.7%に増えている。

❖36 **民芸**［みんげい］……「民衆的工芸」の略。柳宗悦や濱田庄司《はまだしょうじ》などが、大正15年(1926)に「日本民藝美術館設立趣意書」を発表したことから始まる。無名の職人の実用品に、「美」を見出そうとした。それは、「民芸運動」として全国に広がった。

❖37 **柳宗悦**［やなぎむねよし］……1889～1961年。思想家、民芸運動の創始者。明治42年(1909)にバーナード・リーチに会い、同43年(1910)、最年少で『白樺《しらかば》』創刊に参加。李朝陶磁《りちょうとうじ》や無名の工人の仕事に、魅せられていく。大正15年に前記「趣意書」を発表し、昭和11年(1936)に〈日本民藝館〉を設立する。その後民芸運動に邁進し、常に作品としての「美術」にではなく、無名の職人の「工芸」に「美」を見出していった。

手で触ってものをつくるという、人間のある部分根源的な行為というものが、どうなっていくのか。というところで、答えを見つけていくことができるかどうかですね。そのことが、表現みたいな頂点とどう結ぶことができるかどうかというのが、ここの課題でしょうね。

右側は確かに無名性で、❖[38]超資本主義社会の論理の象徴として具体的にあるわけです。しかし左側も、過去の姿としてあるだけではない。そこに住む人びとだって右側を利用し、同じ「現在」を生きている。ということは、左側の農山村風景だって、超資本主義社会の現在の姿なんです。だとすると、どんどん第一次産業が衰退するというところに、逆にどういう価値を見出していくのか。そこにこそ、課題があるわけです。

森◎　確かに課題なんですけども、無名として成立する時代の突端を、どう私たちがもちこたえることができるのか、というところに立っている。猛烈なスピードで、匿名性《とくめいせい》を強制する外圧が押し寄せているわけですね。私たちは、そのスピードに対抗できるなんの手段ももちえていない。その速度にどう拮抗することができるのか、もちこたえることができるのかというところに、いま私たちは晒されているんだと思うんです。そのもちこたえていくことの細部に生活があって、その細部をどうしていくかというところに、私たちはきちっと有効な受け皿をつくらないといけない。ここが、最上地方と超近代の接点であり、実像だと思っているんです。

入澤◎　古いだとか遅いだとか歳取っただとか、そういうふうな概念で総称されてしまうような具体的在り様というものを、いまの超近代とか超資本主義なんてところに置いたときに、どういうふうにそれを考えなければいけないのか。そういうところから、一つのとば口は出てくると思います。いい換えるなら、地域・地方の「じっちゃん、ばっちゃん」たちの暮らしの姿、いま本当に最後に残された彼らの記憶というものを、現在の「無名性」と森さんがいわれた超近代、超資本主義

歩道橋の上から左側を見ると、昔からの農村風景が続いている。
手前には田んぼがあり、遠くには神室山地が見えている。

と、どう接点をもち、対抗できるかですね。それを我々の課題としなければいけないのに、単に「カウンター」ではお話にもならない。この象徴的な風景を見せられたわけですから、こんどは反でもカウンターでもなく、現実としてある市町村が、さまざまに抱えている問題を見ていけばいいんではないかと思います。

森▨　そうですね。ではここからは、実際に人びとが生きている市町村の毛細血管のような、隅々の細部に入っていきたいと思います。

❖38　**超資本主義社会**［ちょうしほんしゅぎしゃかい］……思想家の吉本隆《よしもとたか》明《あき》によれば、家計支出の半分以上が消費支出であり、さらにその半分以上が選択的消費支出に突入した社会をいう。日本で具体的いえば、高度経済成長が終わり、昭和48年(1973)、交換価値をもたない山からの水が売り出された頃から以降を指す。世界でいうと、日本やアメリカ、EUなどの社会の状態である。

◉新庄市　歩道橋脇の二階建てビル

国道沿いの喫茶店、郊外の工場、二重の不幸

森▒　いま歩道橋から降りてきました。目の前に、〈カフェほっと〉というカフェと建築事務所が入っている建物があります。ここになぜカフェがあるのか。ほとんど人がくることなどないだろうと思えるところに、なぜか突然カフェなどが出てくるわけです。こういう、人びとの生活の極で考えられた強度といえるような日常を突出させていく行為、現れ方について、ちょっと感想をもらいたいと思います。

入澤◉　森さんは、本当によく気がつきますね。この建物の二階の右側に〈カフェほっと〉があって、一階の左側にパソコン教室[39]があります。そしてその右側に、このビルのもち主かどうかはわかりませんが建築設計事務所がある。そのカフェと〈アド・デザイン〉の看板が出ています。〈カフェほっと〉なんていうのがなにを語っているかというと、こういう離れた国道沿いなどの小さな喫茶店に、人びとはどこかまだ憩いたいんだと思うんですよ。憩いたいといういい方は比喩ですけど、憩いたいという意味合いを、つなげていかなきゃならないんでしょうね。

　単なる小さな二階建ての建物にすぎないですが、そのなかに喫茶店があって、パソコン教室、建築設計事務所がある。まさに、「現在」を象徴している姿かもしれませんね。

森▒　まったくそう思います。そしてこの建物の両サイドには、まだ田んぼがあります。それから、〈新庄[40]富士通ゼネラル〉という大きい工場があって、この工場もまた郊外に進出することによって、周辺農村からどんどん従業員を吸収していったわけです。農家の専

業のスタイルが、加速度的にこういう工場に吸収され、変容していくという事態が起きました。このような工場が郊外地帯に林立していくという現象も、新庄市はたどっていったわけです。

入澤◎　工場誘致は地方都市のどこもここもやることで、法人税[41]が入る、職場ができるからいいだろうという発想ですね。その考えはどこかで、郊外型の右側にあったショッピングセンターみたいなものと凄く似ていて、本来ならば地元の資本で工場をつくりたいんだろうけれども、そういう形にはならない。やはり、巨大資本によって工場が誘致され、せいぜい下請け、孫請けの工場の形になってしまう。行政の方は、税政が潤えばいい、それによって職場ができればいい、ということになるんでしょうが……。

歩道橋を下りたところにある〈カフェほっと〉のある建物。その他、建築設計事務所、パソコン教室、広告制作会社が入っている。なんとも、現在を象徴し、地方都市の郊外を象徴している建物である。

❖39　**パソコン**……パーソナル・コンピュータ＝Personal Computerの略。「PC」とも略される。1970年代後半、小型で低価格のマイクロ・コンピュータ＝マイコンが登場するとともに、個人用という意味で「パーソナル」、「パソコン」となっていったといわれる。具体的には、1984年、〈IBM〉が製品名につけたのが始まり。

❖40　**新庄富士通ゼネラル**［しんじょうふじつうぜねらる］……昭和42年(1967)、〈富士通ゼネラル〉の子会社〈新庄電機〉として設立。その後、社名変更。〈富士通ゼネラル〉は、空調機器やプラズマディスプレイなどが主要製品。2007年度売上約1900億円。

❖41　**法人税**［ほうじんぜい］……法人の所得金額に課税される国税で、一種の所得税。日本では、明治32年(1899)に制定された。国内法人は、全世界の所得に対して納税義務を負う。国税と地方税を合わせて約40%。2006年度、約15兆円。

確かに職場ができて、そこで人が食べていけるようになれば、出稼ぎ[42]で父親がいないという不幸を味わわなくて済むだろうから、その点においては価値だと思います。しかし人間の根源的な、こうしたいという気分というふうなところまでを含めていうと、それは地域・地方に生きている人びとにとってみると、不幸が累積されてくると思うんですね。累積されてくる結果が、商店街を崩壊させ、郊外に巨大なショッピングセンターみたいなものを許してしまう。それは、パラレルというよりも二重ですよ。二重に不幸ですね。

森▒ ある疵というか痛みというか、そこに晒されている地方都市のあり方というものが、相乗的に現れてくると思うんですけれど、二重に不幸であるということを、もうちょっと別の場所で考えてみたいと思います。

入澤◎ 二重に不幸だといいましたが、ただ二重に不幸な状況に誰がさせているのか。政治だの経済だの社会的な動向だのが、そうさせているといってしまえば簡単なんですが、それを選び取っているのは、そこに暮らしている人びと自身じゃないですか。二重の不幸を、日々の暮らしのなかで選び取っているじゃないですか。それを切開できなかったら、どんな思想も始まらないんです。

森▒ そこなんですね。ですから、これから、すでに私たちは了解していると思っているが、どうしても明らかになっていないことに立ち入ってみたいと思います。

❖42 **出稼ぎ**［でかせぎ］……所得が低く、就労機会の少ない地域から、その多い地域へ単身で稼ぎに出ることを一般にいう。高度経済成長期の1970年代までは、東北・北陸地方から首都圏へと、農閑期に建設現場などに出稼ぎに出ることが多かった。善し悪しはともかく、それを救ったのは、田中角栄の『日本列島改造論』から始まる公共事業であった。

◉金山町

金山スギと金山大工

町の再生、生業、ブランド、景観、観光、まちづくり・まちおこし

森　金山町[43]に入ってきました。さきほどからいわれている空洞化なり、二重の不幸なり、さまざまな地方の市町村が直面している現実という、平面上のザラついた皮膜に接近してみたいと思います。そして、一つひとつの村や町が、どのようにその皮膜をたぐり寄せながら対処しようとしているのか、それを探りたいと思います。同時に、人が生きている息づかいや貌色《かおいろ》というものに、近づいていきたいと思います。

　この金山町は、伝統的な大工さんと、「金山スギ」といった資源をもっております。そしてまちづくりとして「金山大工」を養成して、町並みも金山スギで景観をつくろうという試みをしています。まずは、この町の印象を聞いてみたいと思います。

入澤　金山はもともと神室山修験[44]と銀山[45]、宿場町として栄えたところですね。いまは、「金山スギ」と「金山大工」の町として知られています。スギ[46]は確か藩政[47]時代に、町人主導で植えられたということですが、金山スギや金山大工はともかくとして、国道一三号線から

❖43 **金山町**［かねやままち］……町の北東部を、前述の秋田県境を成す1000m級の神室山地が占め、町なかを金山川が貫流する。江戸時代、羽州街道の宿場町として栄えた。人口約7000人。スギの美林は有名で、「金山スギ」はブランド品になっている。そのため、「金山大工」という大工集団が育った。明治11年（1878）、イギリスの女性旅行家、イザベラ・バード（1831〜1904年）が訪ねてきたことがよく知られている。

❖44 **神室山修験**［かむろさんしゅげん］……前述の神室山は、東北では鳥海山と並び称されるほどの山岳修験の山で、金山町はもともとその登山口であった。

❖45 **銀山**［ぎんざん］……谷口《たにぐち》に、谷口銀山がある。金山＝かねやまという地名は、そこからきたといわれている。

この町に入って、いま町役場の方に向いているわけです。国道沿いの宿場町の面影を残したような集落風景を前にして、新庄を見てきた目からすると、ホッとする感じがしました。
　ホッとするというのはどういうことかというと、いまたまたま喫茶店らしき店の前にいますけど、今日は日曜日ということもあるんでしょうが、店の前には車がたくさん止まっています。まわりを見渡してみても空き家が少ないし、人がきちんと住んでいる気配が感じられる。こういう町並みを見ていますと、ここには人びとの生活なり暮らしなりがちゃんとあるな、という実感を受けました。

森▒　この町を見ていて、一つの重要なモチーフを私たちに提供しているのかなという印象をもちます。それは、この土地に深く根ざしたスギやそれを育林していく技術、それを用いて建築する技術をもった大工さんなどがものをつくり出して、それを町に提出しようという試みをやっている。それが成功しているのか、また新たな矛盾をつくり出しているのか、それはわからないのですが、いまの時点で私たちに確実になにごとかを喚起させます。
　そして私は、その町の貌というものをもう一回再生産しようとしていく試みに未来性を感じるという

❖**46**　**スギ**……スギ科スギ属に属し、65mにも達する常緑針葉樹。建材や樽や桶などの道具に、ごく一般的に使われてきた、最も日常的な材である。日本の国土の67%が森林であり、12%がスギの人工林である。戦後の拡大造林で植林された膨大な量のスギが、いま伐期を迎えている。その材は、価格的に外材に対抗できる唯一の材であり、その使いやすさとともに、もっともっと流通してしかるべきであろう。

❖**47**　**藩政時代**［はんせいじだい］……江戸時代の別称。慶長《けいちょう》8年(1603)、徳川家康が征夷大将軍となり江戸に幕府を開いたところから始まり、慶応《けいおう》3年(1868)の大政奉還までの264年間のこと。「藩」とは、大名の領地とその支配機構をいう。正式には、明治新政府が旧大名領をそう称したのが始まり。

❖**48**　**ブランド**……ある商品やサービスを象徴するもののこと。本来は、家畜に焼印を押すことを意味したという。商品名、商標、シンボルマークなどを指す。近年では、地域名や地域商品にまで広がった。狭義には、ファッション、バッグ、時計、小物などの商品群を指していう。もともとは、マーケティング用語であった。

か、「希望」の淡い光のようなものを感じているわけです。そしてその希望が果たして、さきほどからの超近代、超資本主義といわれる非歴史性とも思えるな運動を露呈しているこの時代に、抗していける有効な手段になるのかどうかということを考えてみなければならないんですね。この町が、そのようなモチーフを提出していることについて、ちょっと触れてみたいと思います。

入澤◎　確かにいま森さんがいわれたように、金山スギ、金山大工の[48]ブランド性というか技術というものが、金山という地名を広く知らしめたことが大きな意味合いをもったことは事実です。金山スギも金山大工もブランドになって、それが売れるというところで経済的な基盤はできていくのかもしれません。

しかしなかなか難しいのは、ブランドになってしまったときに、逆に慣性《かんせい》を孕《はら》んでしまうというか、それのもっている本来的な力や未来性というものが、殺《そ》がれてしまう危険性があるように思えるんですよ。それによって町全体が活性化していくのは非常にいいことだけど、果たしてそれだけであるのかと、一瞬不安に思いますね。

国道13号線を北上して、金山町に入ってきた。

国道13号線を右に折れて、〈金山町役場〉のある通りに入る。
こぢんまりとした商店街である。

森▨　一つの伝統というものが、この時代にどう持続され、どう再生産されるのかというモチーフについて、いま話が及んでいると思います。確かに、金山スギや金山大工というものが、この時代のなかで私たちにある示唆を与えてくれます。でもそれがカタログ化され、消費の状況というものの前面に出されたとき、抱えていた生気までが、一つの価値基準に置き換えられるというか、吸い取られるというか、そういった捕獲が抜き差し難く進行するでしょう。内部にもっていた力を失わないようにして、なにがいま可能なのか、なにがどのように再生産されなければいけないかというところを、吟味しなければならない場所に立っていると思えるわけです。

一つ象徴的に「景観」ということをとってみると、観光という流れに沿いながら、その景観の有効性を拡大していくという傾向がありました。実際非常に成功して、お客さんを呼び、お土産屋さんができ、人びとの暮らしが好転し、それによって生活も支えられているという現実があります。でも時代は、猛烈なスピードで人間の欲望を刺激し続けていくわけです。人びとは観光地を消費し尽くし、次つぎと嗜好を変転させ、場所を翻訳し、可視化していくわけです。そのことにどのように対処していくかという課題を、いつも抱えているわけです。そこの突端のところで、果たして地域の生業《なりわい》をコアとして、どう踏み耐えることができるのか。そこに、金山町などのまちづくりがもっているとても困難な課題を、ここに立

金山町では、
その小さな商店街で車を降りて、
最初の対談が始まった。
車も行き来し、人はきっと
なにをやっているのだろうと
思っただろう。

ことによって感じられると思うんです。

入澤◉　本当にそうですね。どこかで金山スギ、金山大工がブランドになっていったとき、森さんはいみじくも「観光」という言葉でいいました。象徴的に思うのは、❖49高山や❖50妻籠みたいに町並みも整備できたとなると、観光地のような要素を金山スギや金山大工はもっちゃいますね。そうすると、さきほどいった「じっちゃん、ばっちゃん」というところとの回路は、どう結ばれるのか。

これは非常に難しくて、結局は金山スギとか金山大工とか観光地だとかいったときに、常に超資本主義の側からというか、都市・都会の側からの視点しかない。それは「流通」という回路かもしれないけれど、もっとさまざまな複合された回路があるはずで、その回路が結ばれない限り、こちら側からの答えもないし、都市・都会の側からの答えも返ってこないだろう。そうすると、そこにポンと金山スギとか金山大工を置いたときに、「アッ、美しいものがあるよね」で終わっちゃう。都市・都会の側が、美しいものに金を出しましたよ、心地いいものに金を出しましたよ、それでいいでしょう、ということで終わっちゃう。それでは、絶対「回路」は結ばれない。それが、まちおこしだとかなんだとかの一番の問題ですね。

森▒　そうなんですね。私たちはいま、そういう困難さを抱えています。さきほどちょっと、希望や未来を託すという話をしました。人が新たに入ったり、入れ替わりをすることによって場が動きます。そうして居

❖49　**高山**［たかやま］……北東部を、日本の屋根ともいうべき飛騨山脈＝北アルプスの槍ケ岳《やりがたけ》や穂高岳《ほたかだけ》などの3000mを超える山々が屹立し、市内を神通川《じんつうがわ》上流の宮川《みやがわ》が貫流する。一位一刀彫《いちいいっとうぼり》や春慶塗《しゅんけいぬり》などの工芸が盛んで、「飛騨の小京都」といわれ、多くの観光客が訪れる。2005年の大合併で、大阪府や香川県よりも広い、日本一の面積となる。人口約9万5000人。

❖50　**妻籠**［つまご］……長野県木曽郡南木曽町《きそぐんなぎそまち》にある、中山道《なかせんどう》＝国道19号線の有名な宿場町。木曽路《きそじ》の宿《しゅく》は、北から奈良井《ならい》、木曽福島《きそふくしま》、妻籠、馬籠《まごめ》と続く。昭和51年（1976）、「重要伝統的建造物群保存地区」に指定され、町並みが見事に保存された。町並み保存が、人びとの暮らしとともに行われた希有な例である。

住者が増えたり、商店街が元気になったりする。そして、ものが流れ出し、新たな細胞分裂が始まります。この一時の運動性を保証していくためには、やはり入澤さんがいうように、「じっちゃん、ばっちゃん」といった生活の細部で動いているものを、どう絡ませていくかということが問題だと思うんです。そうした絡みがなければ、時代の表層のなかでの運動にしかならない。一定の業者や、一定の部分が肥大化されたものに終わってしまう。そのジレンマを抱えてしまわざるを得ないところに、私たちはいるということです。

入澤▨ そのくらいのところまでやらないと、すべて崩壊していっちゃいますね。

森▨ そうなんです。いまこのような立ち位置に自覚的に心を配り、力を傾け、少しの希望を託していくのが、第一歩なんじゃないでしょうか。

◎金山町

金山町役場

町並み保存、異空間、街の匂いや音、大内宿や妻籠

森▨ それでは、ここで金山町の景観を通過しまして、金山町の細部に入っていきたいと思います。

いま、金山町の役場の前に立っています。蔵造りや古い家並みが続いて、非常に静かなたたずまいを見せています。さきほど入澤さんがいいましたように、ホッとする、しっくりくるような空間に立っているわけです。でも少し意地悪なのですが、とても異様な光景にも見えてきます。この異様さというのは、どこからくるのか探ってみたいと思います。

決してこれは、テーマパーク❖51ではありません。人が住んでいるわけですけれども、この異様さというのは、多様なものがひしめき合っている時代空間のなかで、ここだけがなにか静かなたたずまいを見せている。「異空間」をつくり出そうとしている。異空間を演出しなければいけないというところに立っているがゆえの、異様さだと思いました。空間を考えたときに、同質性の仕様というものを、なぜあえて提出していかなければならないのか。そしてそのことが、「再生」というもののはずみになっていくのかどうか。その辺を議論してみたいと思います。

入澤◎ 手前の方では、金山スギで金山大工がつくった町並みが残っていました。そこは、なんとなくホッとしました。しかしここは確かに蔵造り、❖52真壁構造の柱が剥き出しになっている建物が美しい。森さんが、「異空間」とまさしくいわれたように、あえてこれが保存されなければならないのか。どこかで「あえて」というところに「……」、つまり強調があるように映るわけです。これはなんに対して、「あえて」なのか。なんに対して、「あえて」といわなければならないのか。というのが、「異空間」になってしまっているのではないかと思います。

「あえて」はなんに対して向いているかというと、象徴的にいえば東京という巨大な都市、もしくは仙台に対してです。都市・都会に向いている限り、「あえて」というのは失われることはないわけです。「あえて」が、そういうものに向いていなければならないという意識が残されている限り、地域・地方からはなにも始まらない。

「あえて」という意識をもってしまうのが、地方が背

❖51 **テーマパーク**……特定のテーマのもとに設立される、大規模な観光施設をいう。日本では、昭和40年(1965)に開設された、愛知県犬山市《いぬやまし》にある〈博物館明治村〉が始まり。この言葉を有名にしたのは、昭和58年(1983)に開設した千葉県浦安市《うらやすし》にある〈東京ディズニーランド〉であった。

❖52 **真壁構造**［しんかべこうぞう］……和風木造建築で、壁を柱と柱のあいだに納め、柱が外面に出ている壁をいう。壁は、柱に貫《ぬき》を通して受ける。伝統構法では、小舞下地《こまいしたじ》に土壁、漆喰《しっくい》塗りが一般的である。現在では、下地にボードを使うことが多い。

負っている不幸なんです。それもなかなか難しくて、さっきの金山スギとか金山大工が「観光」になっていくのよりもっと「あえて」性が際立ってしまうから、森さんが「異空間」といったんじゃないでしょうか。

森▨　たとえば福島県の大内❖53宿とかでいいますと、「景観」を形成しようとか、「歴史的建造物の保存」とかといった意図の根底に差し挟まれた想いを、自分たちの手に取り戻さなければならないのではないでしょうか。自分たちの町への想いを、外の部分といった観光などに結びつけるのは必然なのですが、ここになぜあえて、このような異なる空間をつくり出さなければならなかったのか。それを私たちは許容しているのですから、まず始まりにその想いに認識の光を当てていくということをしていかないと、この異なる空間も、次なる「異」というものを拡大する無限の再生産の流れに呑み込まれてしまいます。

さきほどからの入澤さんの言葉でいえば、「じっちゃん、ばっちゃん」たちがどう生きているかといった、人びとの息づかいや感情やリアルな交感がどう差し挟まれ、どう活きづいているかといった根拠を考え続けていかねばならないのですが、現実として空間演出していかなければならないというところにも、立ってしまっているんです。

商店が途切れると、〈金山町役場〉である。さすがに「金山スギ」の町。役場の建物の外壁には、「金山スギ」であろうものが使われている。

入澤◎　そうですね。それが地方が立っている現実だし、地方が解決しようとしている、解決の糸口であることははっきりしていますね。話のなかに、大内宿や高山や妻籠など観光地で有名な町が出てきました。そこは、国から補助金が出たりしながら、町並み保存とか「重❖54要伝統的建造物群保存地区」に指定されたりしている。我々が、東京の方を向いているといおうとなんといおうと、やはりそこに人は生きているわけだし、そこに希望を見出さなければ始まらないことも事実だし……。その「事実だし……」というところを、どうしていくかっていうことですね。

森▨　この空間を見て私たちは、一回きたら飽きると思うんですよ。なぜ飽きるのか。この空間は、確かにホッとしたたたずまいを見せている。ここに立って、ああ美しいなあという心情と裏腹に、大変辛いいい方になりますが、もう一度きたいとは思わない。じゃあ、もう一度きたいとは思わないという、そういう欠落の部分になにがあるのか。欠落の部分というのは、入澤さんがいうような「じっちゃん、ばっちゃん」ということに象徴されるような、「生活の襞《ひだ》」のようなものだといい切っていいのかどうか。そこは、どうですか。

入澤▨　観光地のこういう復元された建造物がそうですけど、保存されて観光地なんかになってしまうと、風景が「書割《かきわり》」になっちゃうんですよ。もともと人間が生きている風景というのは、農村風景だろうが都市の風景だろうが、どう考えたって書割にはならないんです。たとえば、東京の汐留❖55の跡地みたいな人工都市は書割じゃないのかといわれればそうかもしれないけれど、

❖53　**大内宿**［おおうちしゅく］……福島県南会津《みなみあいづ》郡《ぐん》下郷町《しもごうまち》にある、会津西街道＝日光街道《にっこうかいどう》の宿場町。昭和56年(1981)に、「重要伝統的建造物群保存地区」に指定された。茅葺き民家がたくさん保存され、民宿や土産物屋などに多用されている。

❖54　**重要伝統的建造物群保存地区**［じゅうようでんとうてきけんぞうぶつぐんほぞんちく］……市町村が条例などで「伝統的建造物群保存地区」に選定したもののうち、国＝文部科学大臣が特に重要と認め、「文化財保護法」に基づいて指定したもの。普通、「伝建地区《でんけんちく》」と呼ばれる。町並みの重要文化財と考えればいい。

❖55　**汐留**［しおどめ］……東京都港区《みなとく》にある、巨大な複合都市。江戸時代に埋め立てられ、武家屋敷街となった。明治5年(1872)の日本における初めての鉄道開業時、始発駅の「新橋駅」が置かれた。大正3年(1914)に貨物専用駅となり、昭和61年(1986)に廃止された。その後巨大な開発が始まり、現在、〈電通〉や〈日本テレビ〉などの企業ビルが林立する。

自然にできていった都市は書割には絶対ならないんです。書割になってしまうっていうのは、どこかに問題があるんですね。そこに、もう一度きたいとは思わないという気分にさせてしまう、最大の原因があるんだと思います。

それはなにか。比喩でいうなら、暮らしであるとか人がそこに住んでいるとかいう、「匂い」を発していないんですよ。「匂い」を発するということは、人がそこに生きているということなんですよ。

森▨ そう、「匂い」なんです。最初に新庄駅に立ったとき、「身体」ということを概念として考えてみました。そういう目線から、人がここに立ったときに、もう見たなと完結してしまう感情。それから、もう一回いってみようかと飛躍させていく感情。この両方にまたがる感情を、考えてみなければいけないというふうに思うんです。

「書割」という言葉でいわれたように、私たちは否応なく近代の思考のなかで、区域を設定してしまいます。そうして私たちは、俯瞰的《ふかんてき》に街を見てしまう。俯瞰的に見て、図面を引いてしまう。知性や言語領域の範囲で、線引きしてしまいます。でもその線引きから、抜け落ちていく「匂い」や「音」というものがあって、その抜け落ちた匂いや音をどう取り込んでいくかということを、こういう景観の前でいつも考えさせられてしまいます。

入澤◎ 一つの方法としてあるのは、たとえば書割になってしまったとするじゃないですか。それは、大内宿であっても妻籠であってもいいんですが、そこのなかで人びとは、土産物屋をやったり食べ物屋をやったりして生活しているわけですね。もしそこで象徴的な、もともとその土地にあった食べ物が人びとの記憶を喚起してしまう。食べ物に限らず、衣食住に関連するすべてでかまわないんです。織物であったって、やきものであったってかまわない。「匂い」という感覚、「触る」という感覚、そういうものを内部に記憶として留めたとすると、二度目というのはあるんですよ。

役場を過ぎると、白漆喰真壁構造の建物や
白壁土蔵の町並み景観となる。
保存されたとはいえ、
まるで「書割」の町のようである。

役場の前にある〈かねほ食堂〉。ここの「たんたんめん」は、
絶美味だった。そして、ここの唐辛子は
本当に辛くて美味しい。金山町はラーメンが有名で、
こんな小さな町に6軒ものラーメン屋がある。

森▨　大内宿なんかでは、人を泊めたり、生活を体験させたり、そういう一つの流れをつくり出して、歴史性を奪回しようとしているのかもしれません。私たちは、消費の自己増殖性に無限に晒され続けているというところから、その戦いを開始してゆかねばなりません。そのことに私たちはどれだけタフであるか、どれだけ柔軟であり続けることができるのかというところ

に、こういう景観が孕んでいる一つの未来性が、あるような気がしているんです。

入澤　そうですね。ところが地方はそこで、形だけできてしまって、「回路」が見出せないで失敗してしまう。回路を見出すというのは、それは、その場で暮らす人びとのそれぞれの発意として、さきほど匂いであるとか音だとかといいましたけれど、それぞれの恣意的な好みであるとか嗜好性であるとかいうふうなところから出てくれば、僕は成り立ちうると思います。

森　私は、柔らかさとか柔軟性などというような言葉を挟んできました。私たちは、超資本主義社会の運動性というものに、自分の力としての運動性を乗り移らせなければならないでしょう。それは、鵺的《ぬえてき》な方法論であったり、制度というものの構造を無化してしまうような戦略であったりしながら、自己速度を増してゆかねばならないと思います。そうして、自分と地域を同時に回転させていく。そういう想いを、意識的にもっていくということがとても重要であると思います。でも、もちろんここが金山町の全体ではありません。この町は、とても未来的に居場所を考案し続けています。私たちに、いま語った本質を喚起させ、刺激し、そうして思考させるのです。

◉金山町

国道一三号線沿いのアカマツ林とブナ林

アカマツとブナ、薪炭材、持ち山・裏山・身の丈の山、技術の大系、工夫・工面

入澤　ここはまさに東北の山、混交林ですね。あれが、[56]アカマツでしょう、[57]ブナでしょう、[58]ミズナラでしょう。面白い樹種の構造ですね。ブナとミズナラだけだと[59]ブナ帯になりますが、深山《みやま》と違うのはそこにアカマツが

混じっていることですね。ということは、人間の手が入っているということです。このアカマツとブナでいうと、せいぜい三〇年とか四〇年くらいしか経っていませんね。

森　この辺の人びとは「持ち山」として、薪炭のために育林してきたんだと思います。だから、こういう形になっていくんですね。混交林で美しいですね。こういう手の加え方が、いまはなかなかできなくなってきました。

入澤　そうですね。この樹林の姿は、人間が一〇〇年くらいの単位で自然に任せながら手を入れていかないと、こういう樹種構成にはならない。ところが反対側を見ると、こんどはアカマツだけの林が続いています。これは完全に管理された山ですね。片や半分は自然に任せた山。こっちは完全に人間が管理した山。まさに象徴的ですね。

森　意図してアカマツを植えたんですね。こっちは、❖60薪炭林ですね。

❖56 **アカマツ**……マツ科マツ属に属し、30〜35mに達する常緑針葉樹。樹皮は、赤褐色を呈する。植林されることが多く、人の手が入らないと別の樹種に遷移《せんい》していってしまう。乾燥に強いので、尾根筋によく生える。かのマツタケは、この林に生える。かつては、茅葺き民家の梁《はり》によく使われた。やきものの窯焚きの材料として、貴重である。松ヤニは、テレピン油やワニスの原料。

❖57 **ブナ**……ブナ科ブナ属に属し、30mにも達する落葉広葉樹。樹皮は灰白色を呈し、きめ細かく滑らか。日本海側の多雪地帯に、自然林が続く。白神山地《しらかみさんち》のブナ林は、「世界自然遺産」に登録された。ブナ林は、山菜・キノコの宝庫となり、ツキノワグマやニホンザルなどの大型哺乳類やイワナ・ヤマメなどのサケ・マス属を育む。家具や、パルプの原料となる。新緑と紅葉の美しさは、筆舌に尽くし難い。

❖58 **ミズナラ**……ブナ科コナラ属に属し、35mにも達する落葉広葉樹。ブナ帯の主要樹種。樹皮は黒褐色を呈し、タテに不規則な裂け目が入る。建材や家具材として使われ、シイタケの原木となる。実は天然のシイタケは、ミズナラの林に多く生える。

❖59 **ブナ帯**［ぶなたい］……ブナを中心とした、広大な樹林帯をいう。ブナ以外の主要樹種として、ミズナラ、イタヤカエデ、トチノキ、カツラなどがある。西日本を中心とした常緑広葉樹＝照葉樹林文化《しょうようじゅりんぶんか》に対し、ブナ帯文化という呼び名がある。縄文時代、ブナ帯の東日本の方が、大型哺乳類、サケ・マス、木の実の生産力が高く、人口が圧倒的に多かった。

入澤◎ 薪炭林でやっているうちに、こうなったんでしょうね。

森▨ だから、人の手が丹念に入っている。こういう山のつくりが、「裏山《うらやま》」と称して、伝統的に行われていたんですね。薪炭だけじゃなく、キノコ採りに利用していましたからね。

入澤◎ ここはきっと、山菜やキノコの宝庫ですね。

森▨ また薪を採ったりと、とても重層的な利用の仕方をしてたんだと思います。人間が自然に関わるということは特別なことではなくて、身体の及ぶ範囲の身近な場所への、手の関わり方というものだと思います。そういう関わり方が、「技術」として残されているんじゃないかと思います。

入澤◎ いま、いみじくも「技術」とおっしゃいました。「技術」というのは、手だけではなく頭にも宿るものですね。このようにある部分、自然に任せるというようなことを計算しながらやるのも技術でしょうね。まさに「技術の体系」が、ここにはあるわけです。技術の体系の結果及ぼされるものとして、人は家をつくったり、家具をつくったり、さまざまな木工品をつくったりする。もしかしたら、紙もつくるかもしれない。そうした総体が、「技術」ですからね。

森▨ さきほどの金山町で、「異なる空間」ということを提起したんですけれど、私はそのとき「俯瞰的に」といいました。俯瞰の思想のなかには、人間の細部に根づく技術というもの、身体の少しの拡張というものへのまなざしが欠落しているんだと思います。

入澤◎ 「技術」という考え方は、いいですね。技術というものを、「里山」という言葉はあまり使いたくないか

❖60 **薪炭林**［しんたんりん］……薪や炭のための林の意。雑木林のこと。一般的には、ブナ科のコナラやクヌギの林をいう。二次林で、アカマツ林と同じように人為的に管理されてきた。つまり、極相林《きょくそうりん》ではない。

❖61 **エコロジスト**……前記、エコロジー＝生態学の立場に立つ人びと、ないしその運動を展開する人びとをいう。「エコ」が正義になりつつある現在、初発は善意から始まったものであっても、一つの抑圧の体系となってしまう場合がある。

ら、裏山、持ち山、深山の手前にある山……。

森▒　私は、「身《み》の丈《たけ》の山《やま》」と呼んでいます(笑)。

入澤◎　「身の丈の山」、それはいい言葉ですね。そうするといまの技術という言葉が、さっきからしゃべっている、可能性、脱出口、反転、端緒、云々という一つの方法になりますね。

金山町の中心から国道13号線を3kmほど北上すると、
右側にアカマツの林が続いてくる。
これは左側の、30年生くらいのブナとミズナラの林である。

アカマツ林。これも、30年生くらいだろうか。ということは、
それまで両側とも「薪炭林」であったということである。

森▒　人が自然を含めてなにかと向き合ったときの「工夫・工面」。ここに人間の発意というか、発動というものの根を探っていくことがとても大事だと思います。開かれた状態として自然が存在していて、そこに人間の身体が立ったときの工夫・工面が、モチーフとして差し挟まれているかということが、さきほどの異なる空間を打破していく力になるような気がしているんです。

入澤◎　金山町にあったような異なる空間があるとします。向こうは街であってこっちは自然だというのではなくて、この混交林、薪炭林の空間は、あの異なる空間を相対化してくれますね。ところが不思議なことに、管理されたこっち側のアカマツだけの林も、実は相対化してくれるんですよ。これが、❖[61]エコロジストたちにはわからないんですよ。それですぐブナの原生林❖62がいい、純林がいい、なんていう。純粋に人の手の入っていない森なんて、日本中どこにもない。バカかといいたくなりますよ。

　ブナの林のなかにアカマツがあるなんて、本当に嬉しいですね。これこそまさに、象徴ではないですか。僕なんか気分としては、「回答はここにある」といいたくなっちゃいますよ(笑)。

　このアカマツ林だってあと五〇年も経ったら、そして人の手が入らなかったら、アカマツは全部なくなってしまって、ブナ林になっていってしまいますね。これはきっと、下草を刈るんでしょうね。刈って、こういう管理をしているんですね。下草に、ブナ帯の樹種が生えてくるんでしょうが、それが全部刈られちゃうんだと思います。面白いですね。

❖62 **原生林**［げんせいりん］……本来の原義は、人の手の入ってない原生的な天然林をいう。しかし、「世界自然遺産」に登録された白神山地ですら、厳密にいえばそのようなところはない。いくらも人の手が入り、人の道が縦横無尽に走っていた。一般的には、200年、300年の単位で斧の入っていない「自然林」をいう。

◉金山町　小蝉

過疎、後継者不足、農家の次男・三男

森　金山町の小蝉《こぜみ》という、とても美しい名前の場所にたどり着きました。「小蝉、小蝉」と呼んでみると、山から蝉の声が聞こえてきそうな、とても美しい里にきました。民家が点在していますけれども、この光景を見ると、山と人の暮らし、そして川と人の暮らしという人間の原型的な営みを考えることができます。

しかし私たちはこの光景の前に立ったときに、大変大きなことにも気づかされます。あえていえば、「過[63]疎」という言葉でしょうか。きっとここには、後継者がいなかったり、農業が困難になったり、働く場所がなかったりという現実があるかもしれません。私たちは、美しい、ホッとするような山と人間の、自然と人間の関わりの原型という言葉で覆ってしまいます。ここでは、村の内部の実態というものに思いをしっかりと留めながら、まず最初に「風景」というものを考えてみたいと思います。

金山町の「小蝉」という響きのいい名前の集落に入ってきた。右に見える山のブナの樹林は、すでに美しく紅葉している。

入澤◎　この風景を眺めて、森さんがいわれたように、僕らは単純に美しいなあとか、懐かしいなあとかいってしまいます。どこの市町村もそうですが、特にこの最上地方は、昭和三〇年（一九五五）を過ぎたくらいから過疎に転じますね。ちょうど集団就職が始まったり、それから森さんが以前からいっている農家の次男・三男が村からいなくなったりというのが、そのときの光景だったんでしょう。都市近郊の工場などが、農家の次男・三男を吸収してきたと思います。最上地方は現在は、少し横ばいになってきたようですが、でも過疎には歯止めがかかっていません。ですから、風景のなかでそれぞれが生きているということは、私たちがいうような単純な姿ではない。

　確かに、現実の大変さとか、生活のなかに入っていったらドロドロしているとか、それは都市・都会のなかにだってあることですけれど、ただ私たちが見失ってはいけないのは、こういう風景が美しいとか懐かしいとかホッとするとか、「原」風景というふうなことをどうしてもいいたくなるということ自体なんです。それは、大切なことであって、そういう言葉を失った瞬間に根っこを失うというか、ダメなんですよ。都市・都会を考えるときだって、それを失っちゃダメなんです。

逆説的にいうんではなくて、こういう風景を「美しい」といっていいんですよ。「懐かしい」といっていいんですよ。「原型」であるといったっていいんですよ。そういわなければ、逆にいけないんですよ。そういった瞬間に、「じっちゃん、ばっちゃん」の現実に近づくことができるのです。過疎だ、出稼ぎだ、長男に嫁がこない、さまざまな現実があると思います。私たちが、美しい風景と認めることによって、その実態を本当の意味で見つめることができるんです。

森　私が「原型」といったのは、そういう意味を含めてなんですけど、その言葉と拮抗するような村の現実というものも、思考のなかでちゃんと届かせていかなければいけないと思っています。でもいま入澤さんがいったように、ホッとする、美しい、と思えることを、しっかりと自分のなかにまず肯定してみる。そこにはエコロジー的な視線を突き抜けたものとして、人間の身体に根ざしたものと私自身はいっているんですが、そういうものとしてこの風景があるとすれば、もう一度そこを活かしていくことの方法論を、探していかなければならないと思っています。

その一つのきっかけとして、さきほど「技術」ということを考えてみました。あの一町歩[64]に満たないアカマ

❖63 **過疎**［かそ］……ある地域の人口が、急激かつ大幅に減少すること。地域のコミュニティが崩壊し、地域住民の生活が維持できなくなることをいう。1960年代の高度経済成長による、地方から都会へ、農山漁村から都市への人口流出から大きくは始まった。それに追い打ちをかけたのは、近年の市町村大合併である。集落は廃村化し、地方は自らそれを選択することによって、二重の不幸を背負った。

❖64 **一町歩**［いっちょうぶ］……1町＝10反＝約3,000坪強。1町＝約1ha＝約100a。1a＝100m^2＝約30坪強。かつて農山村では、一町歩の田畑があれば、なんとか食べられるといわれていた。

ツを中心とした小さな持ち山を前にして、私たちは大変なことを教えられたわけです。自然を工夫・工面して、そこからさまざまな恵みというものを得るという人間の英知みたいなものを見ました。私たちは、そのささやかな具体的な営みが集積されている場所を、どう肯定していけばいいのか、考えていかなければいけないと思います。

入澤　そうですね。さきほどのアカマツとブナ、ミズナラの混交林は美しかった。でもそこで、悪評の高いスギ林を考えてもいいのです。そこにも、人の生きている現実があるのですから。やはり、あの混交林の美しさとスギ林の抵抗感というものを、同時に見ていかないといけない。そこからしか、方法は出てこないと思うんです。

◎金山町　春木

薪炭林の山＝下はスギの植林地で上はブナ林、「〜ながら」の複合性、山菜・キノコ、「アフリカ的段階」、人の「記憶」

森　私たちはいま、薪炭林の山を目の前にしているんですが、さきほどから「技術」という言葉が出てきました。人間は、自然に向き合うだけではなくて、自然からいろいろなものを生み出しています。吉本隆明[65]さんに「アフリカ的段階」[66]というモチーフがあります。私はこのモチーフを、「自分の身体に降り立っていく技」と読み換えています。また彼の著書のなかに、『母型論』[67]という論考がありますが、この言葉はやはり、身体の深度や高速性からの自立、離脱を考える言葉だと思っています。

　私たちはこの自然の前で、一方では原型的留まりにあり、一方では散逸にあると思います。そして生きるということは、その反するものを自分のものとすることではないでしょうか。人間が身体をもったということは、この二重性のなかで「宙吊り」の状態に生きなければならないものとして、世界のなかにあるのではないかと思っています。

この、「宙吊り」の状態ということを考えているのです。入澤さんがいった美しいということを肯定する自分を、目的や意味性に回収されない身体として認識し続け、なおそのことを、この自然に戻してやる生き方をここで模索できないでしょうか。

入澤◎ この山の手前の低いところはスギの植林です。上の方は薪炭林として利用されたんでしょう、ブナやミズナラのブナ帯の樹種が生えていて、今日は一一月六日ですから、非常に美しい紅葉になっています。よく見ると、一〇〇年まではいっていないだろうと思われるブナ林です。この姿は、本当に象徴的です。下の方は、スギの植林地として人工的に更新している。上の方の薪炭林は放棄され、ブナ帯の自然林になりつつある。

この山全体を、ここに暮らしている人びとがどういうふうに利用してきたのか、実によくわかります。僕は「共生」[68]という言葉は嫌いですが、まさに「共生」という言葉を使わなければならないような姿というものが、この山一つに象徴されているわけです。これほど見事に象徴しているところは、なかなかないと思います。スギの植林地とブナ帯のあいだがへっこんでいるように見えるのは、チシマザサ[69]の群落でしょう。ネマガリタケ、月山タケですね。もしかしたら、昔の焼畑[70]の跡かもしれません。

❖65 **吉本隆明**［よしもとたかあき］……1924年、東京都に生まれる。詩人、思想家。フランスのフーコーとともに、戦後の世界を代表する思想家である。1950年代より文芸批評を発表し、昭和35年(1960)の「安保闘争」以降、『言語にとって美とはなにか』から始まる体系的な著述を展開する。個人による「個人幻想」、人と人との対による「対幻想」、三人以上による「共同幻想」の関係の構造を手放すことなく、「国家」という「共同幻想」を無化しようとし、人類史における本源的な「自由と平等」という概念を、終生追い続けている。『共同幻想論』『心的現象論序説』を始め、200冊を超える著書がある。

金山町春木（はるき）にある薪炭林の山。
まさに、薪炭林であったことを実証している山である。下の方の両側は、スギの植林。
上の方は、100年には満たないブナやミズナラのブナ帯の樹林。
そのあいだは、チシマザサ（ネマガリタケ）の群落だろう。

❖66　**アフリカ的段階**［あふりかてきだんかい］……吉本隆明が、『アフリカ的段階について――史観の拡張』（春秋社、1998年）で展開した概念。ルソー、ヘーゲル、マルクスなどによるヨーロッパ近代社会を普遍的価値とすることに対し、反措定《はんそてい》として出した概念。特にヘーゲルが『歴史哲学講義』のなかで、「アフリカ的段階」を「原始未開」として切り捨てたことに対し、吉本は逆に「人類史の母型」と考え、そこに「人類史の未来」を見た。

❖67　**母型論**［ぼけいろん］……学習研究社、1995年刊。『マス・イメージ論』、『ハイ・イメージ論』に続く論考。日本語は『記』『紀』以前を含め、どこまで遡れるのか。日本の民族性と考えられていることは、どこまで遡れるのか。ナショナリズム、インターナショナリズムなどという概念を、どう解体できるのか。普遍的な世界認識を獲得しようとするなら、アジア的、アフリカ的な認識を獲得しなければならないとする。

❖68　**共生**［きょうせい］……生物の種間関係において、同所的に生活する状態をいう。一般的には、相互に利益を与え合う「相利共生《そうりきょうせい》」のことをいう。片方だけが利益を得る「片利共生《へんりきょうせい》」、片方だけに害を与える「片害共生《へんがいきょうせい》」、片方だけが利益を得、もう一方が不利益を受ける「寄生《きせい》」を、トータルに含める場合もある。人と人の関係における「共生」の概念は、建築家の黒川紀章《くろかわきしょう》が使い出したといわれている。

❖69　**チシマザサ**……イネ科ササ属。1.5～3mにもなる大型のササ。鳥取県以北の、日本海側にのみ生育する。通称、ネマガリタケ＝根曲竹と呼ばれ、美味。月山タケなど、さまざまな地方名がある。タケノコは山菜の季節の最後、5～6月頃に出てくる。ソバのザルなど、竹細工によく使われる。

そういうふうに見ていくと、人というのは、この小さな山一つをものすごく「考えながら、考えながら」一緒に生きてきた。それをトータルに、「技術」というふうにいってきたわけです。すると、森さんのいう「宙吊り」とあえてひっかけるわけではないですが、人びとは、自然と「〜しながら」生きている。「ながら」、つまり、さまざまな複合性を演じている。この風景は、その「〜しながら」というものを語っているんです。

森　私は、なにかに還元されてしまう自分から逃れるために、「宙吊り」という言葉を使ってみました。私たちは、どこにも属さない、ただここにあって、工夫し工面し、その総体としての生き方があるという、人間のささやかな根底での生き方を考えていきたいと思ったわけです。ですからそれはエコロジー思想や、自然や里山との「共生」などというような意味に還元されてしまって、どうしようもなく自立性を保てない場所に立たされているこの村里を、もう一回、人間の生命の直なつくり方に戻ることから、考えてみる視線にもつながっていると思っています。

さきほど入澤さんは象徴的に、「未来は、希望は、過去にあるよ」といいました。希望は過去にあるとすれば、希望は私たち自身にある。私たち自身というのは、私たちの身体や吉本さんが「アフリカ的段階」といった、いまここで生を紡いでいる根源にあって、私たちはこの宙吊りの感覚をもう少し大事にし、肯定していかなければならないのではないかと思っています。

入澤　そうですね。ここを薪炭として利用する、建築材として利用する、山菜やキノコを採って食べるというこの山で、この里で生きる「じっちゃん、ばっちゃん」たちは、そんな生き方を普通に身体の技術として、体得していたのではないでしょうか。

❖70　**焼畑**［やきはた］……原野や山林を伐採したり、あるいはそのまま火を入れ、できた灰を肥料として農作物を栽培すること。ソバ、アワ、ヒエ、大豆、ダイコン、カブなどが植えられ、大体5年を周期として場所を移していった。日本では、西日本、特に九州・四国を中心とした照葉樹林帯での焼畑と、越後や東北を中心とした落葉広葉樹林帯での焼畑とに分けられる。

うことが、さきほどから出ているように、トータルで「技術」であると考えると、それはなにを人に生むかというと、「記憶」というものを生むんですね。その「記憶」というのは、どうしようもなくふくよかなんです。どうしようもなくふくよかであると感じてしまう自分がいるとすると、その自分は信じられるんですよ。そしてその「記憶」は、人類史数十万年を遡ることができるんです。だからこそ、本源的・根源的なんです。

　そういうことを「希望」といわなかったら、人類史に希望なんかないかもしれない。それを吉本は、「アフリカ的段階」というふうに呼んだんだろうし、中沢新一[72]は、「宿神[73]」「対称性[74]」なんて言葉に象徴させなければならなかった。「未来は、過去にある」、「過去に、希望がある」といいたくなるような、いうならば「じっちゃん、ばっちゃん」が孕んでいるなにかをいま掘り起こすことが、これから私たちの生きる道であるといいたいんですよ。

森▨　象徴的な村里ですね。

❖**71　里山**［さとやま］……人びとの暮らしに接している山をいう。木材、薪炭、肥料、山菜・キノコと、里山はさまざまに利用されてきた。里山を含む日本の山林は、徳川幕府が保護政策を取るまで、伐採され続けてきた。さらに戦後、1960年代から始まるニュータウンなどの宅地開発、そして現在に至る里山放置などによって荒れ始めていたが、近年、里山保護の気運が高まっている。

❖**72　中沢新一**［なかざわしんいち］……1950年、山梨県に生まれる。宗教学者、文化人類学者。〈多摩美術大学芸術人類学研究所〉所長。ネパールでチベット仏教の修行後、日本に帰り執筆活動に入る。多くの著作を展開するとともに、中沢は現在、人類史数万年、数十万年を遡ろうとしている。そのことは、人類史のこれからの可能性を論じることと同義である。著書に、『チベットのモーツァルト』『森のバロック』『哲学の東北』『芸術人類学』などがある。

❖**73　宿神**［しゅくじん］……中沢新一が、『精霊の王』（講談社、2003年）で展開した概念。山梨県や長野県を中心に分布する「石の神」のこと。シャグジ、ミシャグジ、シャクジン、シュクノカミ、シクジノカミともいう。この列島に、神々の体系も国家もまだでき上がる以前、縄文時代まで遡る「精霊」のこと。芸能や職人の神で、彼らはそれを「後戸《うしろど》の神」と呼んだ。

❖**74　対称性**［たいしょうせい］……中沢新一が、『カイエ・ソバージュ』全5巻（講談社、2001〜04年）で展開した概念。旧石器時代、3万数千年前の新生人類＝ホモ・サピエンス・サピエンスにまで遡る。神話のなかの「二項論理」、「野生の思考」「無意識」の「対称性の論理」をいう。中沢は、非対称性の満ち溢れる現在に対する反措定として提示した。

◎真室川町〈ワーコム農業研究所〉

肥料、微生物、ワラビとゼンマイの人工栽培、農業の複合経営、ワーコム米、六〇歳の活力、都市・都会からの人の力

森▨　いま私たちは、真室川町[75]下春木《しもはるき》の栗田幸太郎さんの農場におじゃましています。最上地域にはさまざまな農業の試みをやっている人びとがおりますが、栗田さんを簡単に紹介しますと、彼は〈うまみの素ワーコム®〉という「堆肥発酵促進剤」を開発し、全国展開している人です。もともと畜産農家だったんですが、自分で肥料を開発し、それを販売するに至るまで漕ぎつけた方です。

　農業という在り方を考えてみたときに、ここに一つの「希望、可能性」というものを考えることができるのではないかと思っています。ただ私は、事業の成功のことだけをいっているのではありません。土地や畜産に根ざした農業から、「個の力」というものにちょっと飛び出す、ちょっと突出するという結実の仕方に、超近代と拮抗する時代の農業というものの在り方を、見ることができるのではないかという視点から、希望や可能性といっているのです。

　そして、「じっちゃん、ばっちゃん」たちが丹念に土地を耕し、野菜をつくるという在り方を否定し、この栗田さんのような形が農業の姿だといっているわけでもありません。いわば宙吊りに、多様に突出している農業の在り方を、未来性のベクトルで思考することの大切さをいっているのです。

　栗田さんは、この下春木というところで代々の家業としての農業を継いで、お父さんの時代に畜産をやり出しました。「農業＋畜産経営」という複合経営の形態

❖75 **真室川町**「まむろがわまち」……西北部を出羽山地《でわさんち》、北東部を神室

で出てきた、一つの方法だと思います。もちろんこの方法は、ここの土地や自然のなかで工夫された営みの範疇のなかにあった農業だと思いますけれども、栗田さんはそこからもう一つ、新しい飛躍を実現したんだと思います。

　最初に栗田さんの方から、〈ワーコム農業研究所〉❖76がどういうものなのか、研究・開発するに至ったプロセスをお話ししていただきたいと思います。

栗田◆　堆肥がひどかったんで、それをなんとかしたいというところからスタートし、いろいろ酵素❖77と微生物❖78をかみ合わせて、

〈ワーコム農業研究所〉の代表取締役の栗田幸太郎さん。

山地に囲まれた林業や漆器の町。町なかを、真室川と鮭川が走る。人口約1万人。近年、タラの芽やウルイ、原木ナメコなどの山菜やキノコの栽培が盛んとなっている。「真室川音頭《まむろがわおんど》」が有名だが、もともと民《みん》譚《たん》が豊富に残っているところである。

❖**76 ワーコム農業研究所**［わーこむのうぎょうけんきゅうじょ］……1996年、創立。ワラビやゼンマイの培養から始まり、微生物による堆肥の発酵促進剤を開発する。現在は、コメや肉牛などの生産・販売も行う。開発した堆肥発酵促進剤を使った農法を普及するため、JAなどと「ワーコム全国大会」を開催している。

❖**77 酵素**［こうそ］……細胞内でつくられるタンパク質を主体とした高分子化合物で、生体内の化学反応を媒介する物質。特定の反応にだけ働く特異性をもっている。酒、味噌、醤油などの発酵は、この酵素の作用によっている。現在では、化学工業、医療、日用品の世界にまで酵素が使われている。

❖**78 微生物**［びせいぶつ］……顕微鏡などによってしか確認できないほどの微細な生物一般をいう。細菌、酵母、菌類、原生動物、藻類、ウィルスなどを含む。地球上のどこにでも、土壌、水圏、ほかの生物体内のどこにでも棲息する。

❖**79 山形大学**［やまがただいがく］……昭和24年(1949)の「国立学校設置法」によって、同年、〈山形高等学校〉、〈山形師範学校〉などを母体として設立される。現在、人文、地域教育文化、理学、医学、工学、農学の6学部がある。特に農学部は、地域的な特性を含め、産学協同のプロジェクトに積極的である。山形以外、米沢、鶴岡にもキャンパスがある。

今日までできているんです。ただ自分個人だけでは限界がありますから、いろんな関係機関、特に地元の〈山形大学[79]〉も含めて、いろんな人たちの関わりでここまで育ててもらったという気がします。

森▨　栗田さんはもともと畜産農家で、高校時代から顕微鏡を覗いたりする研究熱心な少年だったようです。自分の持ち山のブナ林で、あんなに腐葉土があるのに臭いがしないのはなぜか、という研究から始まっていったと聞いたんですが……。

入澤◎　腐葉土が敷き尽められたブナ林は、歩いているとふかふかして、楽しいですね。ブナ帯は、ブナが中心で、ミズナラやサワグルミ[80]、イタヤカエデ[81]やカツラ[82]もあって……。そういうさまざまな樹種も含めて、楽しいですね。なんてったって、山菜・キノコが凄いですから、これが堪《たま》らない(笑)。

栗田◆　そうです。不便な雪の多いところですから、冬場の仕事になればと、最初は山から根株を取ってきて、ワラビ[83]やゼンマイ[84]などを栽培しようとしました。いまでいうバイオ[85]の走りでしたけど、胞子[86]を培養して人工培養に取り組んだわけです。

　とにかくここは中山間地域[87]で、なんとか出稼ぎのない村づくりができないかな、という思いを強くもっていました。単なる有機栽培とか無農薬栽培という類ではなく、周囲を抱き込んで共有できるものは共有しな

❖**80　サワグルミ**……クルミ科サワグルミ属に属し、30mにも達する落葉広葉樹。樹皮は暗褐色で、タテに深く裂けているので見分けやすい。ブナ帯樹種の一つで、建材、家具材として使われる。

❖**81　イタヤカエデ**……カエデ科カエデ属に属し、大きなものでは25mにも達する落葉広葉樹。樹皮は暗灰色で、樹液はタバコの香料として使われる。ブナ帯の主要樹種で、建材、家具材、楽器などに使用される。黄から褐色の紅葉は、美しい。

❖**82　カツラ**……カツラ科カツラ属に属し、大きなものでは高さ35m、直径2mにもなる落葉広葉樹。樹皮は暗灰褐色で、タテに割れて薄く剝がれる。ブナ帯の主要樹種で、建材、家具材、彫刻などに使用される。山吹色の紅葉は、本当に美しい。

❖**83　ワラビ**……シダ植物イノモトソウ科。草原やスキー場、伐採跡地などの日当たりのいいところに生える、ごく一般的な山菜。アクが強いので、木灰や重曹などでアク抜きをしなければならない。おひたし、味噌汁なんにでも合うが、たたきが本当に美味しい。

がら、特に食については、本物をこの地から出していきましょうという思いでした。自分で試験をやって、ようやくたどりついたのがこの堆肥です。そしたらいろんな効果が出始めて、まず臭いがしない。臭いがしないということをみんな安易に考えていますけど、なかなか難しい技術で、国際的にも難しいんです。

入澤◎ たとえばトイレの臭気も、生ゴミの臭気、畜産の臭気も取るということですか。

栗田◆ 人間の体臭までも取るというものですから。しかしまだほんの入口ですけど、将来的には面白い段階に入ってくると思います。

入澤◎ ところで、最初に試みたワラビやゼンマイなどを胞子から栽培するというのは、それなりにうまくいったんですか。ワラビやゼンマイが、人工栽培されているものなんですか。聞いたことがないですけど……。

栗田◆ 人工栽培は、まったく難しいですね。ウチらは、人工培養でやりましたからね。それも、最新鋭のハイ❖88

❖**84 ゼンマイ**……シダ植物ゼンマイ科。丘陵から山地まで広く自生するが、商売用の太いものとなると、急峻な谿筋《たにすじ》に生える。昔からそのための道「ゼンマイ道」が、断崖絶壁の谿筋にずっと続いていた。それが山村にとって、根幹を成す現金収入だったからである。ゼンマイは、そのままでは食べられない。湯がいてから、干してはもみ、干してはもみを何度となくくり返して仕上げる。干しゼンマイは時間をかけて戻すが、その煮付けは美味。

❖**85 バイオ**……バイオテクノロジー＝生物工学のこと。生物学の知見を、暮らしのさまざまなことや産業上に役立たせる技術の総称。醸造、発酵から薬の開発、農作物の品種改良にまで及んでいる。いまや分子生物学、生物化学、遺伝子工学などと結びつき、大きく発展している。しかし、遺伝子組み換え実験やクローン実験が、人間の倫理に関わるものとして、常に話題になっている。

❖**86 胞子**［ほうし］……シダ植物、コケ植物、藻類、菌類などに形成されるもので、単独で成長して新しい個体と成りうる細胞をいう。基本的には単細胞であるが、大量に形成し、拡散して種を広げる特徴をもつ。

❖**87 中山間地域**［ちゅうさんかんちいき］……主として農業に関する言葉で、「都市的地域」「平地農業地域」を除いた地域をいう。一般的には、平地から山間地に至るあいだの、耕地率の少ない地域をいう。耕地率20%未満を、通常は指している。

❖**88 ハイテク**……High-Technologyの略。先端技術一般を指すが、主に応用技術の体系のことをいう。1980年代、エレクトロニクス技術について使われ始め、現在は情報処理技術全般をいう。

テク機械ではことごとく失敗したんですけど、お茶碗に寒天[89]を入れて胞子をまいたり、光合成[90]も金魚の水槽鉢に裸電球を組み合わせてルクス調整したりした。そういう手探り状態の手づくり装置でやった結果が、よかったんですね。

入澤◎ それなりに栽培として成り立つようなものだったんですか。

栗田◆ できましたね。しかし一〇年以上研究して、そこまでできた胞子培養をなぜ投げたかというと、ワラビを食べ過ぎると牛なんかもコロッと死んじゃう。いまでいう発がん性物質[91]が含まれてるからです。昔の人たちは、塩漬けしてアク抜き[92]して食べたわけですが、生ですぐ食べちゃうと危ない。こんな身体に悪いものをいくら研究してもダメだということで方向転換し、酵素とかバイオ技術を生かして、この堆肥の研究開発をしました。

　この堆肥促進剤も、すでにデビューして一五、一六年経っていますけど、お陰さまでロングセラーになっています。営業もしないし、それでも研究費になるぐらいは販売しています。普通ですと、二、三年で消えていく場合が多いんですけど、私の場合はまわりの環境問題への関心の高さという追い風もありましたが、一気に進めないで、同士というかファンクラブというか、時間をかけて実績を出しながら進めてきたということがよかったのかなと思っています。

　ただ、いろんな産学連携や異業種交流をしていても、こんどは農家対農家ではなく、企業対私どものような農家というように、企業との競争がもう始まっています。生き残りというのではなく、いかに先行しうるか

❖89 **寒天**［かんてん］……テングサやオゴノリなどを煮て液体状とし、凍結・乾燥をくり返してできた食品。トコロテンの原料で、水羊羹など和菓子の原料ともなる。さらに微生物の培養基となり医療用に、写真工業など用途は広い。近年、カロリーが少ないため、ダイエット食品としてもてはやされたことは、記憶に新しい。

❖90 **光合成**［こうごうせい］……植物や藻類が、太陽光＝光エネルギーを使って行う炭酸同化作用《たんさんどうかさよう》。緑色植物では、水と二酸化炭素から炭水化物を合成し、その際酸素を放出することをいう。

ということは、ウチらみたいに小さいところは知的所有権[93]を出願して、特許[94]なり商標[95]なりを取得する形でないと、企業とは競争したって勝ち目がないわけです。だから常に自己満足しないで、一歩でも前に進めながら、しかもただ前進のみあるというのではなく、やはり伝統と若さのドッキングが一番いいと思うんですよ。

ですから私どもは先行しながらも伝統文化をきちんと評価して、技術導入する。特に食を相手にしているから、いくらいいものでも科学的データなりいろいろな認証を得ないと公表できないものもあるし、そこらへんはあまり焦らずにきちっとやる方がいいと思っています。

入澤◉ さっきビデオを見せてもらいました。たとえばブナ林なんかの腐葉土に溜まったもののなにが作用したのかは、明らかなんですか。

栗田◆ ほんの一部ですけれども、菌体[96]のなかの菌数といいましてね、もう分析が始まっています。けれども、あまりにも身近で当たり前という感覚があるため、メ

❖**91 発がん性物質**［はつがんせいぶっしつ］……がんを誘発する性質をもつ化学物質。がんになるのは、遺伝子のDNAが損傷を受ける場合もあれば、長期間の炎症反応ががん化する場合もある。その起因は、特定されていない。

❖**92 アク抜き**［あくぬき］……野菜や山菜などで、渋みやえぐみ、きどみを取ること。「灰汁抜き」と書くように、木灰を使ってアク抜きをすることが多い。特にワラビなどは、アク抜きしないととうてい食べられない。やきものづくりでは、木灰をアク抜きして「釉《ゆう》」として使う。

❖**93 知的所有権**［ちてきしょゆうけん］……知的財産権のこと。物品への所有権ではなく、無名の思索、創造的活動によって成された表現や技術を保護する権利をいう。著作権、特許、意匠権、商標などを指す。

❖**94 特許**［とっきょ］……発明などを公開した個人や企業に対し、その発明を一定期間独占的に使用できる権利を与える、国の行政行為。特許権、パテントのこと。この制度は、発明の保護と利用を図り、発明の奨励と産業の発達に寄与することを目的としている。

❖**95 商標**［しょうひょう］……事業者が自己の取り扱う商品を他者の商品と識別するための標識、ないし、商品や役務（サービス）の出所を伝達するための標識。特許権、意匠権とともに、産業財産権の一つ。「商標法」に基づいて登録された商標を、「登録商標」という。商標は、文字や図形、記号、看板などで表す。

❖**96 菌体**［きんたい］……各種の糸状菌、酵母菌、細菌のことで、微生物のことをいう。腐敗しやすい飼料に菌体を添加すると、保存性が高まり発酵飼料となる。

スがいれられなかった部分もあったと思います。ただ、これは私一人だけでは絶対できないし、産学連携を踏まえて、これからは次世代の人たちに、伝統のなかの特殊な技がなぜ生まれているのか、蔵ごとにお酒や漬物や味噌の味がなぜ違うのかなどという究明をしてもらいたい。微生物だけでなく、酵母[97]の力も借りなければならないだろうし、その辺の究明をやっていくと、面白いものがまだまだ出てくると思っています。

　自然が凄いというのは、みんなわかっていることです。アメリカや中国みたいに、まだ経済主義優先の大国があるのは残念でなりませんが、この二一世紀に入って、大量生産、大量消費、便利さだけを追求してきた世の中とサヨナラしなければならないということ、化学物質の抑制、二酸化炭素の抑制、温暖化の防止ということは、世界共通の問題になってきました。大事なことは、これ以上空気や水が汚れない対策、そしてお金をかけない対策です。それはなにかというと、土をよくするということに尽きると思うんです。そうすると、お金をかけずに美味しい空気もできるし、美味しい水もできる。

「真室川音頭の里
ワーコム米」の幟の立つ、
〈ワーコム農業研究所〉の
入口。

　その地域が本当に美味しい空気を吸えるか、美味しい水が飲めるかは、私ども人間が眠っている夜の一〇時以降から明け方の、この大地の微生物の数の差によって左右されます。そんなに過大評価する必要はありませんが、微生物は大事なものだという認識をごく当たり前に一人ひとりがもって、きちんとしたものを重ね上げる時期にきていると思っています。

入澤◎　いま「ワーコム®」の注文は、北海道から沖縄までの全国からきているんですか。

栗田◆　いや地元が中心で、広がっても東北エリアですね。これ以上広げようという気はないですし、いわゆるブランドになっているわけですから。あとは野菜なり果樹なり畜産なり多方面な農業分野で、肥料が効きづらくなったとか、農薬の使いすぎのところとかに使ってもらって、クッション的な役割をして、土地の再生をしてもらいたいなと思っています。

入澤▒　単一栽培をやっていると土がやせますが、それにも効果はあるんですか。

栗田◆　そうですね。化学肥料が一〇〇パーセント悪いとはいえないですけれど、使いすぎはやっぱりダメなんです。政策と同じで、総合的観点から処方箋を見出していかないと、土というのは一気には回復できないと思います。どんないい資材でも、ウチの資材一つですべてをよくすることは不可能なんです。決していまの方法論だけでは、すべての問題解決にはならないと思っています。

森▒　栗田さんは、コメ＋畜産という複合経営をずっとやっていて、「ワーコム®」を開発し、それでもコメと畜産経営から離れないでやっていらっしゃるわけですけども、JA[98]などに出荷していたときと、直接的に市場を相手に「ワーコム®」を販売し、根づかせている現在と、意識的な違いはどうなんでしょうか。

栗田◆　ここまでくるにはいろんなことがありましたが、それは授業料だと思っているんです。これから先どう

❖97　**酵母**［こうぼ］……イーストのこと。単細胞性を示す真菌類の総称で、分類名ではない。普通、出芽によって増殖し、アルコール発酵を行うので、酒の醸造やパンの製造に利用される。酒酵母、ビール酵母、ブドウ酒酵母、パン酵母と多くの種類があり、それぞれ固有の菌で発酵、醸造される。

❖98　**JA**［じぇいえー］……〈全国農業協同組合中央会〉が組織する農協グループをいう。Japan Agricultural Cooperatives の略。種や肥料、機械などの農業指導から流通、金融まで幅広く業務を行う。スーパー、ガソリンスタンド、銀行、共済までを経営し、現在、515万人の正組合員がいるといわれている。日本のなかでは、圧倒的な政治的集票組織であり、圧力団体である。結果としてJAの抑圧的な体質が、日本の農業をダメにし、崩壊を早めたともいえるだろう。

するかということになってきますと、集落営農[99]でも元気に村づくりができるかというのは、やはりＪＡの力というのは大きいと思っています。だから私どもも授業料を払ってきた分を加味しながら、こんどは人がいなければ発展もしないし文化も形成されないので、いままでのものづくり以上に、次の段階のステップアップを連携しながらやっていかなければならない。そうすれば、この先面白いものができてくると思っています。単なる新しい酒をつくる、そば[100]・うどん[101]をつくるというだけではなく、いまの「悩める農村」を再生する重要なキーワードを、少しは担っているのではないかと思っています。

森▒ 栗田さんは大変に研究熱心で、「ワーコム®」という商品をつくり出したわけですが、この辺のいわゆる中山間地域の農家といえば、田んぼと畑、それに畜産を複合するといった経営が普通ですね。栗田さんのように研究にたどり着いた人はいいのですが、地域全体を底上げしていくには、どういうふうなことが必要になってくるのか、その辺はどうですか。

栗田◆ 最上郡全体でも、コメに対する農業産出額の比率がようやく七〇パーセント切って、六八パーセントくらいにまでなってきているんですよ。かといってコメを放棄して、すぐに野菜やその他の複合経営に転換できるかというと、また別の問題なんですが。しかしようやく最上郡内でも、いわゆる持続生産、循環型農業を提唱すべきだということで、未来形も含めて最上のこれからの歩み方に期待しているところです。全県エコエリアといいまして、一〇年がかりで化学肥料、農薬を減らしたエコ農業者数を七〇パーセントまで

❖99 **集落営農**［しゅうらくえいのう］……ここでは単に、集落単位の農業の意味に使われているが、具体的には、2007年から国によって実施されている「品目横断的経営安定対策」における「集落営農」のこと。これは、「強靭な農業構造を構築する」ため、「米、麦、大豆、てん菜、でん粉原料用ばれいしょ」の5品目に限り補助するというもの。その規模は、個人経営は都府県4ha以上、北海道10ha以上、集落営農組織は20ha以上となっている。しかし、この「戦後最大の農政改革」といわれるものも、すでにほころびが生じつつある。

もっていこうという政策が打ち出されましたから。

森▨　エコという意味は、形態としては有機農業❖102でも何でもいいいんですか。

栗田◈　そうです。今年(二〇〇五年)は、その七割を指針として打ち出した、新たなスタートの年なんですよ。ただ国の指導も、平成五年(一九九三)から環境にやさしい農業をいろんな審議会を踏まえてここまで引っ張ってきていますけど、今度ようやく、環境にやさしい生産に奉仕した者に対し、直接支払いする方向できています。経営面積の小さい農家も、それなりの力で活躍できる場づくりというものも模索し出しましたから、決して政策が間違っているというふうには見ていません。逆に、やりようによっては、面白い時代が始まるんじゃないでしょうか。

森▨　栗田さんはこの「ワーコム®」を使った商品を、法人として展開しているんですか。

栗田◈　私の開発した資材を使った「ワーコム米」を販売しているところは、一番大きいところでは〈イトー❖103

❖**100**　**そば**……タデ科の一年生植物で、中国南西部が原産といわれている。栽培期間は2〜3カ月と短く、夏そば、秋そばなどの呼び名がある。世界各国で麺としても食されているが、「日本そば」は、日本独特の食習慣である。そば屋は、屋台形式で江戸時代中期から始まったという。

❖**101**　**うどん**……小麦粉に少量の塩水を加えてこね、麺棒などで薄く延ばして細く切ったもの。生、ゆで、乾、冷凍などがある。奈良時代に唐から伝わったとも、鎌倉時代末期から室町時代にかけて中国から学僧や商人たちが伝えたともいわれる。江戸時代になって、そうめん、ひやむぎ、うどんと太さによって分けられた。現在のカツオだしの醤油味になったのは、江戸の元禄《げんろく》年間(1688〜1704年)といわれる。

❖**102**　**有機農業**［ゆうきのうぎょう］……化学的に合成された化学肥料や農薬を極力使わない農法で、天然の有機物や無機物を積極的に使う農法。単位面積当たりの収量が減ってしまうので、嫌われてきた。多品種生産や、家畜類の平飼いなども含む。土壌の貧栄養化を、防ぐこともできる。2006年、「有機農業の推進に関する法律」が施行され、地方公共団体は施策と実施の責務を負った。

❖**103**　**イトーヨーカ堂**［いとーよーかどう］……沿革を追うと、1920年、〈羊華堂洋品店〉。1958年、〈ヨーカ堂〉。1971年、〈イトーヨーカ堂〉。そして2005年、持株会社〈セブン&アイ・ホールディングス〉設立にともなって、その100%子会社となる。2005年度売上約3兆6000億円。従業員数約4万6000名。〈ジャスコ〉と勢力を二分するが、地方には積極的に出店せず関東中心なので、近畿以西ではあまり知られていない。

ヨーカ堂〉、中部では〈ユニー[104]〉、大阪では〈髙島屋本店[105]〉でやっています。もちろん地元の商品は地元でということも大事なんですが、人口が少ないので、大消費地で評価してもらわないとお金になりませんから。それを、私どもが十数年かけて開拓してきました。

　自分の足で大消費地にいって、ミニバケツでコメをプレゼントなんていうキャンペーンもやってきましたし、環境問題の講演会もやってきました。「ワーコム®」をつくるときに出る虫などをもって子供たちやおかあさんたちと交流したり、毎年やってきました。今日あるのは、こういう交流のいわば先駆けをやってきた結果なわけです。

森▨　最後にお聞きしたいのは、さきほど地域についてお話も出ましたが、地域還元のようなことはどうやっておられるのですか。

栗田◆　やっています。プラント[106]や事業も効用を生まないと活性化しないということで、お酒の会社や私のブランドで出しているコメに対しても、いまのところ手数料は一切もらっていません。そしてブナを山に植栽するとかフラワーロードなどには、寄付もしています。

　しかしいまは、お金で貢献するというのではなく、人材で貢献する時代がきていると思います。この頃つ

❖104 **ユニー**……中部、関東地方中心のスーパーマーケットチェーン。〈ユニーグループ〉の中核企業で、ほかのグループ企業にコンビニの〈サークルケイ・ジャパン〉がある。1912年、〈ほていや〉設立が始まり。2008年2月期売上約1兆2000億円。現在、159店舗。業界では最も早く、ドミナント方式＝特定地域集中出店方式を取った。

❖105 **髙島屋**［たかしまや］……本店はいまも大阪の難波《なんば》にあるが、本社・本店機能は東京の「日本橋店」に移っている。天保2年（1831）、京都で古着・木綿商として始まった。1930年、〈髙島屋〉となる。2008年2月期売上約1兆500億円。従業員数約1万人。1969年、初めての郊外店〈玉川髙島屋S・C〉を成功させる。年商1000億円以上の店舗を4店舗もつ、唯一の百貨店。

❖106 **プラント**……設備、機械などの総称。

❖107 **少子高齢化**［しょうしこうれいか］……14歳以下の年少人口の減少と、65歳以上の高齢者人口の増加が同時に起こっていることをいう。年少人口減少の最大の原因は、女性の晩婚化などにともなう「合計特殊出生率」の低下である。2007年現在1.32で、人口置換水準の2.08を大幅に下回っている。高齢化は、医療の進歩などによるところが大きい。日本では、基本的にこの流れは変わらないだろう。

くづく感じているんですが、いまの少子高齢化❖107の世の中で改めて地域を考えるときに、即戦力になる部隊は、決していまの後継者でもないということに、ようやく私も気づいてきたんですよ。
　役場職員でもＪＡの職員でも、五五から六〇歳で仕事をしなくなるのはもったいない話です。この農村社会にそういう六〇歳で現役バリバリの方々が、そんなに高収入でなくともボランティアでもいいから、地域活性化のためにいままでの技術を生かした地域貢献をやれる場づくりを、ぜひ我々の手でつくっていかなければならないと思います。経験を積んで身につけた技術を若い人たちに伝授するというしくみを消してしまうと、いくら国や県がお金をかけても、農村というのは参っちゃいます。
入澤◎ システムを変えるとするなら、そのうち都市・都会からも人がきますね。実家に帰ってくる形態なのか、定年を迎えてなのか、リストラ❖108によってなのかそれはともかくとして、システムと受け皿をどういうふ

❖108 リストラ……Restructuring＝リストラクチャリングの略。本来は再構築の意で、積極的な意味をもっている。しかし日本では、不採算部門の縮小や人員整理を意味し、極端には単に解雇を指すようになった。特にバブル崩壊以後、企業収益を最優先するため、リストラが日常的となった。そのことは、日本の企業の利点ともいうべき「終身雇用制」を壊滅させていった。

❖109 フリーター……フリーアルバイター、フリーランス・アルバイターの略。現在は、正社員以外の就労形態の総称。〈厚生労働省〉の定義によれば、15～34歳でアルバイトやパートの雇用者、ないしそれを希望する者としている。2005年の統計で、201万人となっている。かつては自分のしたいことが見つかるまでのあいだのものとされたが、バブル崩壊後は、やむを得ずフリーターとなる人が増えてきた。

❖110 ニート……NEET、イギリスの労働政策から出た言葉。日本では、社会学者の玄田有次《げんだゆうじ》が2004年から使い始めた新語。〈厚生労働省〉の定義などによれば、15～34歳で通学、家事をしていない者、就労の意欲をもっていない者をいう。2004年の統計で、64万人いるとされる。

❖111 ヤクザ……一般的に、組織を形成し、暴力を背景に収入を得ている者をいう。暴力団、極道《ごくどう》、侠客《きょうきゃく》などという呼び名がある、日本独特の組織である。博徒《ばくと》という呼称はすでに、平安時代にあったという。さらに、的屋《テキヤ》＝香具師《やし》という呼称もある。歴史的に、さまざまな差別を受けてきた。明治時代の弾圧によって、土木建築請負業の看板を掲げ、「～組」を名乗るようになる。ここでは、「外れた人間たち」一般を指している。

うにつくるかということですね。

栗田◆ ちょうど六〇歳くらいの人が一番多いですね。加工なんかも、仲間うちに成功している人がいるんですが、すべて六〇歳以上ですね。特におばあちゃんたちは、六〇歳過ぎると、本当になにやらせてもきちんとした仕事をやりますね。あと企画がないところは発展がないんで、企画力というのは、JAの職員や役場の職員、県の職員や国の職員なりにやってもらいたいですね。農村でものづくりが弱いのは、企画力が弱いからなんですよ。確かにコメづくりはプロなんだけど、五年後、一〇年後になにをなすべきかなどというのは、まさに企画力の問題です。

入澤◎ 都市・都会には、六〇歳という年齢の人たちだけでなく、フリーター[109]とかニート[110]とか呼ばれている優秀な人たちがたくさんいます。

栗田◆ 森さんなんかに期待しているのは、いわゆる地域社会に小さいときから生きて、住んで、この自然のありがたさとか生命力のたくましさとかを身体で理解している人が、まだいっぱいこの最上地方にいるんですよ。最上には、「巨木」と同じように埋もれた人材がたくさんいるんですよ。それをいかに発掘して、連携がとれるか。それにかかっていると思うんですよ。いままでは、全然連携がとれていませんでしたから。

入澤◎ それのためには、我々のような「ヤクザ[111]」が入らないとダメですね(笑)。

◎真室川町　ほ場整備の田んぼ

正義というファシズム、立ち位置の困難さ、「エコ」や「環境」に優しいという言葉、個を奪回すること、付加価値と横のつながり

森▒　いま、栗田さんの農場から真室川町の釜淵《かまぶち》にきて、ほ場整備[112]の現場に立っています。

近代農業は、土地の形質を変更するというようなことで成立した農業だと思います。栗田さんは、自分の農業の在り方を私たちに語ってくれたと思いますけれども、そこにはさまざまな自己矛盾も含めて、農業のいまある現実というものをも体現しているような印象を受けました。彼のような突出した能力というものすら、時代の流動性に回収されてしまうことにとても辛さを感じました。

その辛さから抜け出していく、柔らかく、鵺的《ぬえてき》なもう一つの技術、方法というものを、彼がどのように内在化するかというところに、栗田さんの今後のテーマがあるのかなと思いました。でも始まりに私は、彼のような在り方が希望になり得るのではないかという思いをもっているのですが、入澤さんの印象はどうでしたか。

入澤◎　すごく「正しいこと」を語っているという部分も含めて、正しいことが大きい意味で正しいことになっていくたびに、どんどん不安を感じてきました。それは、大きいことになってくると、「正しさ」というのは正しさでなくなってしまうからです。

「ワーコム®」という堆肥の元にさっき触りましたよね。それはブナの腐葉土や下草を歩いたときのフワッとした感じに近くて、淡い匂いもそれに近かった。その踏んだときのフワッとした感じなり匂いなりが栗田さんにある限り、大丈夫だと思うんです。ただ、話を聞けば聞くほど、そういう感触が消えていっちゃうんですよ。

いうならば、グローバル[113]という言葉がフッと出てき

❖112　**ほ場整備**［ほじょうせいび］……農家などがもっている水田、畑、果樹園などで、小規模、分散化しているものを集約化すること。用水路が整備されて合理的な水管理ができ、農地が集約化されて貸し借りや受委託がしやすくなり、大型機械が入り、道路や公園といった公共用地ができるという利点があるとされる。しかし、用水路などが直線化・コンクリート化されて、川や魚との関係を分断し、人びとの記憶を崩壊させるものでもある。

たり、地球環境が云々だとかいうふうになってくると、先陣を切ったという自負もあるのだろうけど、真室川の下春木というところにいて立っているというふうなこととはちょっと乖離していっちゃうかな、という不安感は感じましたね。

森　彼のような突出した方法や工作を示した人にありがちな、回帰の仕方というものを典型的に垣間見たように思います。突出が特別の方法になってしまうと、とたんに時代の方が彼を取り込んでしまいます。ですから、さきほどからの私たちの議論の根源に、人間の息づかいや表情も含めた感情といった、原型ともいうべき言葉でたどってきたものがあるとすれば、そこをもう一回現場で身体化できるかどうかということによって、地域というものへの栗田さんの降り方が出てくると思うんです。

もう一つは、いみじくも県や国の指針、方向づけを語っていましたけど、行政が一方ではもっともっとスピードが速く、栗田さんのような存在を回収してしまうことになってしまう。だから栗田さんのような先陣的な農業の在り方が、どれだけ地域に深く根づき、浸透していくかというところの難しさも示したのかなあとも思います。

入澤　県とか市町村とか最上地方という、地方の行政がそうでしょうけれど、栗田さんがいみじくもいったような、エコロジーであるとか環境に優しいとか二酸化炭素がどうしたとかいうふうな言葉は、いまは絶対的な「善」です。特に山形県みたいに、これほどの中山間地域を抱えているところだったら、日本のなかで先駆けてでも、まず第一にそういうことをいうに決まっていますね。そこをどう差異化して、それ自体を食い破るかというふうにしない限り、どんなに「地域」といったって、暮らしている人びとのことをいったって、ほ場整備やられたら終わりというだけの話です。そこが、難しいんですよ。一方ではそれを「希望」とせざるを得ないし、それを捨ててしまったら希望がゼロになってしまう。それを、きちっと見据えていくことだと思いますね。

森▒　私たちの立ち位置が困難であるということを語っていると思うんですけれども、この時代の私たちの立ち位置というものを、さきほど私は「宙吊り」という表現で相対化しました。入澤さんがよくいう「ふくよかさ」や、私がいう「柔らかさ」を孕みながら、方法へ向き合ってゆかねばならないのでしょうね。多様性を含みながら、時代にきちっと対峙していかないといけないと

ほ場整備された田んぼから、
真室川を挟んで
釜淵の集落を遠望する。

ころにきているな、という印象をもっています。

入澤▒　僕らは吉本なんかに倣いながら、超資本主義社会だとかいうことをよくいうわけです。「超」ということをいうわけです。それは、現在の国民国家[114]ですら超えていってしまうわけですね。しかし、本来的な意味における「スーパー」であるとか「超」であるとかの姿は、ここ釜淵だとかこういう地域にころがっているんだよ、

❖113 **グローバル**……世界的な視線、包括的な視線に立つこと。しかし現在では、「市場原理主義」一般をいい、新自由主義＝ネオリベラリズムに基づいた考え方をいう。しかし、もっと具体的、狭義にいえば、アメリカによる一極支配にほかならない。アメリカによる全世界に向けての、英語という言語支配、ドルという経済・金融支配、軍事という政治支配、そしてコンピュータによるネットワーク支配に過ぎない。

❖114 **国民国家**［こくみんこっか］……領域内の住民を、「国民」という単位にまとめて成立する国家、民族国家のことをいう。1648年の「ウェストファリア条約」によって「神聖ローマ帝国」が分裂し、ヨーロッパにさまざまな主権国家が成立して以降、18〜19世紀にかけてのフランス革命などの「市民革命」を経てできた近代国家の形態。日本では、明治維新の廃藩置県などによってでき上がった中央集権国家成立以降をいう。

と私たちはいいたいわけですよ。

そこに「じっちゃん、ばっちゃん」がいるならば、子供たちがいるならば、川が流れているならば、それがまさに「超」というところになっていかなければいけないんだ、という回路と道筋を私たちがどうつくれるかですよね。そういうふうになっていったら、いまの栗田さんなんかのやっていることの「正しさ」と言葉の間違いというか、言葉だけがフワフワと浮いていて、それをあえて間違いと呼びますけど、そういうのはなくなると思います。

森▨　入澤さんが前にいった、「理念」というものはどんなに優れたものであっても、理念として貫徹すればファシズムになってしまうんですね。

入澤◎　栗田さんだって、その危険性をもっていますよね。あれをもし人に押しつけたら、ファシズムになりますからね。

森▨　私は「立ち位置」といいましたけど、啓蒙者にならないとか、一人の個体としてどう向き合うかということ「立ち位置」が「超」を含み、いま、ここにある歴史を、私をもって体現しなければならないのだという印象を強くもっています。

入澤◎　そうですね。触って、なぜ心地いいのかということがいえなかったら、そのことの意味合いを現在においで語ることが、一番難しいことなんですよ。「美味しい」なんていうのもそうだし、「暖かい」とか「ふくよか」というふうな言葉もそうです。現在それが本当は、「超」という形になっていかないといけない。しかし逆戻りしたら、また「エコロジスト」、「エコファシスト」になってしまうんです。

森▨　栗田さんはもう一つ、大事なモチーフを私たちに突きつけたと思うんですよ。それは、「エコ」や「環境に優しい」といった言葉です。私たちはいま、言葉が私たちの現実を覆っていくという、無限の連鎖のようなところに立たされていると思います。それは、進歩的な言葉であったり、革新的な言葉であったりということも含めて、農村、共同社会というものを覆っている「正義」というものの在り方です。栗田さんは、正義のその在り方を問いとして出したんだと思うんです。具体的にほ場整備を前にして、私たちはどう振る舞えばいいのか、自分たちの向く方向でしょうか、その辺を語ってみたいと思います。

まず一つは、いつも入澤さんがいう「言葉で覆う」ということに含まれている啓蒙性のこと、そういうものの正体をどう考えていますか。

ほ場整備された田んぼ。

入澤◎ 僕はもともと、「正義」なんていう言葉が一番嫌いなんです。時代の正義であるとか、社会の正義であるとか、何の正義であるとかというふうになっていったとき、それは言葉として浮いているだけでなく、人と人との関係における「抑圧」の概念なんですよ。

いま、ほ場整備の現場を目の前にしています。ほ場整備をやると真っ直ぐにきれいになって、広くて作業しやすくなる。コメの生産に法人などの大規模なものが入りやすいのかもしれないけど、川を真っ直ぐするのと同じで、まさにさっきからいっている「ふくよかさ」などというのが、田んぼからなくなっちゃうわけです。産業的に田んぼをつくり上げることだし、産業的にコメをつくればいいわけですからね。ただそのことは、近代農業にとっては価値なわけです。

僕は、「手でつくること」が絶対的な価値であるなどというつもりはありませんが、でも田んぼは曲がりくねっていた方がいいし、段々があったっていい。同じように、川は曲がりくねっていた方がいいし、そこのなかでどう水の害を出さないようにするかを考えた方がいい。そっちの方向性に、現在の価値を見出したい。

田んぼも川も、曲がりくねっていて、段々であった方がいい。その方が、人間にとって気分がいい。そして、自然自体にとっても気分がいいんですよ。北川フラムによれば、「新潟県中越大震災」[115]のとき、棚田[116]は大丈夫だったけれど、ほ場整備をした田んぼは見事に切れてしまったそうです。田んぼも、わかっているんですよ。

　そうした回路を、一つひとつに立てていくことだと思うんです。それが立てられれば、「超」ということも含めて、ある一定の説得ができるはずなんですよ。

森　そこでさきほどの「言葉」というものに関わるんですけど、農村をめぐる多くの言葉は果たして、生活者一人ひとりが降り立っている現場に届いているのでしょうか。俯瞰的な景観計画と同じで、言葉によって農村や風景を把握することが可能なのです。そしてその把握は、田んぼの曲がりくねった道や、曲がりくねった川に立っている「じっちゃん、ばっちゃん」のリアルさを囲ってしまいます。そして言葉が一人歩きして、農村というものへの巨大な幻想がつくられてきました。でも農村に住んでいる人たちは、そういう幻想にも身を預けてしまわざるを得ないというところで、生き延びています。

田んぼの前の道（県道192号線）を、元気な二人のおばさんが歩いてきた。なんとも、カッコイイ。

　ここで栗田さんの問題に関われば、そういった現実から身を離すために、農村のなかでこそ、私たちは個というものの確かさを手にしていかねばならないと思います。これまでの農村に欠如していたもの、それは私たちがもっている個の力とか、一人の力とかいうものを、私たちにリアルな力として奪回することではないかと思えます。そうすることによって私たちは、「宙吊り」の位置を確保することができるのではないか。ここにきて主張に捕らわれない、私の言葉でいえば「身体の個」であるとか、「生命の個」というようなものが大事だと思えるのです。そこに、風土というものが関わってきて、互いに補い合っていく。

入澤◎　それに加えさせてもらうと、「個」であるとか、「じっちゃん、ばっちゃん」であるとか、若い夫婦であるかはともかくとして、そこになんらかの形で付加価値がつけられることによって、高められることができたら大丈夫なんですよ。それが本来の、「ワーコム」なんだと思います。

森▨　そうなんです、そうなんですね。

入澤◎　付加価値がつけられて、「関係」において高められる。たとえば、お金のことでもいいんです。稼げたら絶対いいですし、お金で苦労しない方がいいに決まっていいます。我々は「関係」をつくることによって、そういう付加価値を付与することができるのか。そういう準備ができるのか、思想的に準備できるのか、ということですね。

森▨　いま「関係」という言葉を使われたんですけど、まさしくつながりといってもいいと思います。「宙吊り」にされている互いの個が、互いの個の有効性を補い合っていける横つながりのようなもの。そこに、私たちがさきほどからいっている「希望」という言葉の、一つの方向があると思います。

❖115　**新潟県中越大震災**［にいがたけんちゅうえつだいしんさい］……「新潟県中越地震」の、新潟県での呼称。2004年10月23日17時56分、新潟県中越地方を襲った直下型の巨大地震。M6.8、震源13km、最大震度7、死者68名、避難住民10万3000人、家屋全半壊1万6000棟。古志郡山古志村《やまこしむら》(現、長岡市)が道路が寸断されて孤立し、「上越新幹線」が運転中の新幹線として初めて脱線したことは、記憶に新しい。4年経ったいまでも、仮設住宅が残されている。

❖116　**棚田**［たなだ］……一般的には、傾斜地にあり、耕地面積の少ない水田をいう。日本においては江戸時代、各藩が石高を増やすため水田開発したことによって、大きく広がった。現在〈農林水産省〉は、傾斜度20分の1以上の水田を「棚田」と認定し、助成金を交付している。耕作放棄地が増え続けてきたが、幸いなことに、「棚田米」のブランド化や「棚田オーナー制度」の導入などによって保全されつつある。最上地方では、大蔵村の四ヶ村《しかむら》の棚田が、「棚田百選」に認定されている。

◎真室川町　釜淵

山と川の豊饒さ、イワナとヤマメ、渓流釣り、縄文時代以前

森▒　入澤さんは渓流釣り[117]などで、あちこちと歩いていたと思いますが、この辺の山と川についてはどうですか。

入澤◎　この辺の山と川は、そんなに深くないんですよ。神室山の方は少し深いんですけど、真室川[118]というのは神室山地と丁岳山地[119]のあいだから流れ出していますから、そんなに深くない。だからイワナ[120]のようなブナ帯の豊饒なところでないと生育しない魚は、そんなに大きく育たないんです。

川の大きい、小さいというのは、生態系の豊饒さがどこまで川に及ぼしているかによって変わるんです。するとイワナの大小というのは本当に露骨で、それが大きいところの生態系は豊かなんです。山形でいうと、飯豊[121]・朝日連峰[122]が最もイワナが巨大になるんです。月[123]

❖**117**　**渓流釣り**［けいりゅうづり］……谿がせまり、落差が出て、流れが急で、岩がゴロゴロしているような、川の上流部のことを「渓流」という。一般的には、落差と水温との関係から、源流部にはイワナが、その下流域にはヤマメが棲息する。そのイワナ・ヤマメ釣りのことを、「渓流釣り」という。

❖**118**　**真室川**［まむろがわ］……神室山地と丁岳山地のあいだの雄勝峠《おがちとうげ》付近から流れ出し、奥羽本線に沿って流れ、羽前豊里《うぜんとよさと》駅の西で鮭川に合流する。流程36km、流域面積323km²。鮭川はさらに、最上川に流れ込む。

❖**119**　**丁岳山地**［ひのとだけさんち］……丁岳(1145.6m)を主峰とし、男《お》加無山《かぶやま》(997.2m)、男甑山《おとこごしきやま》(981.4m)と、1000m前後の岩峰が東西に続く山地。東は神室山地に接し、西は鳥海山に接している。甑山は、修験最後の地として賑わったという。

❖**120**　**イワナ**……サケ科イワナ属に属し、陸封型でも体長50cmもの大型になる。冷水域を好み、川の最源流に棲息する。しかし棲息は水温に関係するため、下北半島《しもきたはんとう》や北海道では、河口部から棲息する。橙色の体色や斑点など、これほど地域的変異に富んだ魚種はない。そのため、エゾイワナ、ニッコウイワナ、ヤマトイワナ、ゴギなどさまざまな呼称がある。しかし日本産のイワナは、北海道に棲息するオショ

釜淵あたりの真室川の流れ。まさにヤマメのいる、
人の匂いのする里川の流れで、美しい川である。
一日のんびりと釣りをしながら遡る川で、本当に開放的な川だ。

山はそれに比べると小さいんです。なぜかというと、月山を含む出羽三山[124]というのは、飯豊・朝日連峰に比べると山が小さい。

山が小さいということは、ブナ帯も含めさまざまな生き物を育てる空間が小さいということです。ブナムシ[125]を育てるとかという多様さ、当然それにともなって大型の哺乳類[126]や野鳥、山菜やキノコも豊富になってく

ロコマとイワナの2種と見るのが妥当だろう。イワナは降海して、アメマスとなる。日本は、世界のイワナの南限である。

❖121 **飯豊連峰**［いいでれんぽう］……山形、福島、新潟3県の県境を成し、2000mを超す山々が続く山塊である。北部を荒川《あらかわ》が流れ、南部を阿賀野川《あがのがわ》が流れる。主峰は飯豊山(2105.1m)で、最高標高は大日《だいにち》岳《だけ》(2128m)である。ブナ林の自然林が続き、山は深く、谿は険しく、雪は大量という条件は、緯度からいって朝日連峰とともに、3000m級の日本アルプスに匹敵する。磐梯朝日国立公園に属する。

❖122 **朝日連峰**［あさひれんぽう］……越後山脈の最北部を成し、北に出羽三山、南に飯豊連峰を分ける。北部を寒河江川《さがえがわ》を含む最上川水系と赤川が流れ、南部を荒川と三面川《みおもてがわ》が流れる。主峰は大朝日岳《おおあさひだけ》(1870.3m)で、寒江山《かんこうざん》(1694.9m)、以東岳《いとうだけ》(1771.4m)と大山塊が続く。飯豊連峰とともに大豪雪地帯で、動植物を含め日本でこれほど生態系の豊饒なところはない。磐梯朝日国立公園に属する。

❖123 **月山**［がっさん］……湯殿山《ゆどのさん》(1500m)、羽黒山(418m)とともに出羽三山を形成する。標高1984m。日本最大の盾状火山《たてじょうかざん》で、山頂には月山神社がある。最上、庄内、村山地方のさまざまなところから、優美な姿が眺められる。夏スキーが、有名である。

❖124 **出羽三山**［でわさんざん］……三山ともども山頂に神社があり、羽黒山に三神合祀殿がある。日本を代表する山岳霊場で、現在も羽黒修験の仏教系、神道系に分かれての峰入り荒行は激しいものがある。山麓の二つの寺には、それぞれ即身仏《そくしんぶつ》がある。羽黒山門前、手向《とうげ》の茅葺きの宿坊集落は見事で、国宝の羽黒山五重塔、天然記念物の杉並木も美しい。

るわけです。その年の雪の量なんかにもよるんですけど、やはり川というのは圧倒的に[127]流域面積によって決められますから、真室川というのは流域面積は広くはありません。だからどうしても、豊饒さに欠けます。
それからもう一ついえることは、山が高くないから、そんなに渓谷が掘れていない。掘れていないから流れも急にならないということもあって、どうしても豪快さに欠けてしまう。真室川は、[128]里川の雰囲気なんですよ。
確かにこの辺は人家が少なくて、水温も低いですから、イワナは棲息できるんです。[129]鮭川の上流になる[130]大沢川なんかになりますと、ほとんど釣り人が入らないようなところがたくさんあります。ただ、真室川のようなこういう里の川というのは、のんびりと美しい[131]ヤマメを釣ったり、[132]フライフィッシングをしたりして楽しむにはいいところですね。しかしいかんせん、神室山がせいぜい一四〇〇メートルくらい、丁岳が一二〇〇メートルくらいの標高ですから、どうしても川の規模というのは限定されちゃいますね。
飯豊・朝日連峰のように二〇〇〇メートルを超える

❖125 **ブナムシ**……ブナアオシャチホコという蛾の類の幼虫。日本全国に分布し、6〜7月に羽化する。幼虫はブナの葉を食べる害虫だが、源流のイワナはこのブナムシが発生すると、ほかのエサには目もくれなくなる。天敵の関係上、大発生には周期があるという。

❖126 **哺乳類**［ほにゅうるい］……哺乳綱《ほにゅうこう》の脊椎動物の総称。メスに乳腺があって乳で子を育て、鳥類と同じく恒温動物で体毛があり、汗腺があるという特徴をもつ。中生代三畳紀《ちゅうせいだいさんじょうき》後期の2億2500万年前に爬虫類から分かれ、恐竜などの大型爬虫類が絶滅した新生代の約6400万年前に多種多様な種が現れた。現在、19目約4300種に分類されている。

❖127 **流域面積**［りゅういきめんせき］……河川に降水が集まる範囲を流域といい、その面積を流域面積という。集水地域のことで、分水嶺に囲まれた地域をいう。流域面積は、河川の流量と比例するため、河川の規模を示すには流程よりも正確といえる。流域面積の世界最大はアマゾン川、日本最大は利根川である。

❖128 **里川**［さとがわ］……里山と対になる言葉。ザラ瀬が多く、ゆったりと流れ、上流域から中流域にかけての雰囲気をいう。ここを象徴する魚種は、ヤマメとアユであろう。河原が広ければ、気分としてまったく申し分ない。

❖129 **鮭川**［さけがわ］……前記の出羽山地の一つ、丁岳山地の1000m級の山々から流れ出す。上流部は大沢川、小又川《こまたがわ》である。真室川、金《かね》山川《やまがわ》を合わせ、新庄市西部で最上川に注ぐ。流程48km、流域面積844km²。いまも日本海から最上川を通って、サケが遡る。鮭川村内に、サケのふ化場がある。

❖130 **大沢川**［おおさわがわ］……丁岳山地を源頭とする鮭川の上流部をいう。上流に高坂《たかさか》ダムがあるが、イワナは豊富である。林道も発達していないので、上流部はブナの自然林に覆われている。

❖131 **ヤマメ**……サケ科サケ属に属し、体長40cmにも達する個体もある。通常、イワナの下流域に棲息する。北海道や東北、北陸などでは、降海して大型のサクラマスとなって帰ってくる。海で捕れるマスは、このサクラマスである。亜種のアマゴは日本の固有種で、降海型をサツキマスといい、神奈川県の箱根《はこね》から西の太平洋に注ぐ河川にのみ棲息するという、明解な棲み分けをしている。ヤマメはイワナよりも美味しいが、サクラマスは遙かに美味。

❖132 **フライフィッシング**……イワナ、ヤマメ、ニジマスなどの渓流魚を釣る方法で、イギリスが発祥といわれる。フライという、水生や陸生の昆虫を模したハリを使って釣る。日本古来の「テンカラ釣り」はラインの長さが一定だが、この方法はリールによってラインを引き出し、中・遠距離を探ることができる。水面に浮かせて釣るドライフライフィッシング、沈めて釣るウェットフライフィッシング、水生昆虫の幼虫を模したニンフフライフィッシングがある。そして、フライを巻くことをタイイングという。

❖133 **世界自然遺産**［せかいしぜんいさん］……1972年、パリでの第17回ユネスコ総会で採択された、「世界の文化遺産および自然遺産の保護に関する条約」に基づいて登録された自然景観をいう。日本は1992年に、「世界遺産条約」を批准した。そして翌1993年、白神山地と屋久《やく》島《しま》が「世界自然遺産」に初めて登録された。

❖134 **白神山地**［しらかみさんち］……青森県南西部と秋田県北西部に広がる世界最大といわれるブナの自然林の山地。最高峰は、向白神岳《むかいしらかみだけ》(1243m)。青森県と秋田県を縦断し、ブナを伐採するための青秋林《せいしゅうりん》道《どう》計画が、登山家・文筆家の根深誠《ねぶかまこと》などの反対運動によって撤回されたことで、ブナの自然林は保全されることになった。そのとき根深が引いた線に基づいた16.971haが、「世界自然遺産」に登録された。しかし登録以降、遺産地域への「立ち入り禁止」など、白神山地も手垢にまみれつつある。

❖135 **旧石器時代**［きゅうせっきじだい］……約200万年前から始まり、日本でいえば1万2000年前の縄文時代の始まりまでをいう。地質学的には、更新世《こうしんせい》が中心である。前期、中期、後期と分かれ、人類は打製石器、骨角器を使った狩猟・採集の生活であった。日本でも20〜30万年前まで遡るといわれているが、確かなものとしては4万年前くらいの遺跡しかない。

❖136 **新石器時代**［しんせっきじだい］……銅器や鉄器が使われる時代までをいう。かつては、約1万年前から始まる完新世《かんしんせい》に属し、高度な打製石器、磨製石器を使う時代を指したが、現在は農耕や牧畜などが開始されてからをいう。縄文時代を指すのは、正しくないとされるようになった。

くらいのデカイ山塊、❖[133]世界自然遺産の❖[134]白神山地よりもっともっと手がつけられていない、何百年かの太いブナなんかがたくさんあってというふうな生態系の豊饒さから比べると、ここは「人の匂い」のする川ですね。こういうところは見ているとわかるんですけど、緩やかでゆったりとしていて、川がふくよかなんですよ。大きなイワナのいるところは、ふくよかという感じよりは、もうちょっと豪快に見えるんですね。こういうところだと、ヤマメ釣りに疲れたら、河原で寝っころがるとか、非常に楽しい川ですね。

森▨　地形というものがもっている許容性というか、そういうことをいえば、人間はそこに生かされるようにして張りついてきましたよね。

入澤◉　こういう川のほとりというのは、❖[135]旧石器の時代だろうが、❖[136]新石器の❖[137]縄文時代だろうが、人が住んでいた。ここで❖[138]先土器時代の遺跡がたくさん出ているみたいですから、縄文時代以前から人が住んでいたことは確かです。それが何十万年遡れるかはともかくとして、

❖**137**　**縄文時代**［じょうもんじだい］……約1万3000〜2000年前から始まり、紀元前4〜3世紀頃までをいう。土器を指標として、草創期、早期、前期、中期、後期、晩期の六つに区分される。竪穴式住居《たてあなしきじゅうきょ》に住み、狩猟・採集の生活が基本だが、現在ではこの時代からすでに稲作農耕が始まっていたとされている。この時代、落葉広葉樹林帯の東日本の方が、食料獲得上遥かに人口が多かった。

❖**138**　**先土器時代**［せんどきじだい］……土器以前、旧石器時代を指す日本における旧称。「無土器時代」ともいう。

❖**139**　**ツキノワグマ**……クマ科クマ属に属し、150cm、150kgにも達する個体もいるという。ヒマラヤから中国、朝鮮、日本に分布する。ニホンツキノワグマは亜種で、本州から九州にかけて棲息する。黒い体毛に覆われ、胸の上部に三日月型の白斑がある。植物食主体の雑食である。最近では、里山が崩壊し、耕作放棄地が増えたことによって、人との接触が多くなっている。

❖**140**　**カモシカ**……ウシ科ヤギ亜科カモシカ属、ニホンカモシカのこと。アジアの山岳地帯から台湾にかけて、同じ属が棲息する。急峻な岩場も平気で、人をあまり恐れない。いまは狩猟対象ではないが、かつては「アオ」と称され、美味だといわれる。

❖**141**　**サケ**……サケ科サケ属に属し、体長1mくらいにもなる。シロザケのこと。自然分布では、日本海側では九州北部以北、太平洋側では利根川以北である。河川で産卵し、1カ月前後ののち海に下り、北太平洋全域を3〜4年回遊して母川回帰《ぼせんかいき》する。産卵期のオスは、鼻曲がりとなって精悍である。肉は淡紅色で美味。魚卵は、筋子、イクラとして賞玩される。

彼らだって心地よさをもったり、ふくよかさやある気分のよさをもったり、畏怖の念をもったりして生きていたわけです。そういうことを考えると、楽しいですね。そして、ツキノワグマ[139]やカモシカ[140]などの大型哺乳類や山菜・キノコを採っていたはずですし、最上川から遡ってくるサケ[141]やサクラマス[142]も捕っていたでしょう。

◉真室川町　農村工場

植民地的企業、工場誘致の失敗、「結い」や「講」というシステム、相互扶助の可能性

森▒　いま、真室川町の農村工場の前、〈大井電機製作所〉[143]があるところに立っています。昭和五〇年代から、農村にこのような「受諾型」とでもいえるような電子部品や自動車部品の工場が林立しました。その企業は、農家の労働力を吸収し、低賃金で多生産をこなしていくという方式です。どこの村も町もこのような「農村工場」を誘致し、普及させていきました。

しかしこの不況で、さまざまな農村工場が閉鎖されています。高度経済成長[144]の流れのなかでこの農村工場は、農村のなかの従来からの生業のスタイルや労働の観念、そしてさまざまな伝統の行事や集落の機能というものをひっくり返してしまいましたし、そういう現場装置として、これらの農村工場があったと思います。

資本はすべて外部で、外注という関係で……。いみ

❖142　**サクラマス**……サケ科サケ属に属し、体長70cmにもなる。ヤマメの降海型である。分布は、ほぼサケと同じである。河川で産卵するが、サケと違い1年近くを淡水で過ごす。幼魚は、体側の小判型のパーマークといい、まさにヤマメである。3～5月頃遡上し、秋の産卵まで河川で過ごす。サケより遙かに美味。

じくも「受諾型」といってしまったんですけども、安い労働力を目指してつくられた工場です。従業員は農家の主婦などが多いのですが、ここから弾き出された人たちが土建業に入っていきました。その土建業も、この不況で頭打ちになっています。人間の働く現場が変質しつつなお、村や町から働くことそのものさえも奪われていく。そういう実態も、考えてみたいと思うんです。

入澤◎ 森さんの住んでいる大蔵村[145]を案内していただいたときにも、何軒かこういう農村工場がありました。こういう工場は、大きな市などが企業誘致するものとも違って、ちょっとした空き地や広い土地があったらそこに工場をつくるというスタイルですね。外からの資本の場合もあれば、その土地の人間が資本を出してやる場合もあるだろうと思うんです。

　僕はやきものの本の編集の仕事をしていますから、よく瀬戸[146]なんかにいくんですけど、瀬戸はやきものが巨大産業だったんです。ただそれは小さな工場がたくさん集まって、売り上げで巨大だったということです。

　名古屋に近いので、大々的に工場誘致をしています。その結果、市全体の法人税の五〇パーセント以上は、誘致した工場が占めている。ただ、誘致した工場が何かというと、大会社の子工場の子工場みたいなものなんですよ。たとえば〈トヨタ自動車[147]〉でも〈松下電器産業[148]〉でもどこでもいいですけど、そういうところの孫受けに近いような、そういう工場で支えられているんです。

❖143 **大井電機製作所**［おおいでんきせいさくじょ］……昭和39年(1964)、会社設立。昭和51年(1976)、新庄、金山、真室川に工場をつくる。〈アルプス電機〉の部品制作をする会社であった。最盛期には、300人の従業員がいたという。1995年、部品制作事業を閉鎖する。現在は、同じ3市町でカラオケ事業を展開している。

❖144 **高度経済成長**［こうどけいざいせいちょう］……経済が、飛躍的、継続的に発展すること。日本においては、昭和30年(1955)頃に戦前の経済水準に達してから、昭和48年(1973)の「第一次オイル・ショック」までの約20年間をいう。この間、安価で豊富な労働力、大衆的な需要、技術革新、1ドル＝360円の固定相場などに保証された。昭和39年(1964)の東京オリンピック、「三種の神器」＝テレビ、洗濯機、冷

こういう農村工場というのは、内部の資本であったとしても、全体のなかで考えるとどんなに引っくり返っても、構造を変えることはもともとできなかっただろうと思います。さきほどから「回路」といっているところには、どうしても関わる構造はもてなかったん

茅葺き民家の少し先にあった、〈大井電機製作所〉の廃工場。県道35号線に面し、淋しい光景である。

蔵庫に象徴される。

❖145 **大蔵村**［おおくらむら］……南部は月山と葉山《はやま》(1461.7m)に連なる山々に囲まれ、北部は大河・最上川が流れる。そして月山から流れ出し、最上川に注ぐ銅山川《どうざんがわ》が縦断する。人口約4000人。中心の清水《しみず》は、中世以来最上川舟運で栄えた。永松《ながまつ》鉱山などで金、銀、銅が大量に採掘されたが、いまは休山している。銅山川沿いの肘折温泉《ひじおりおんせん》が名高い。

❖146 **瀬戸**［せと］……愛知県北中部の市。矢田川《やたがわ》支流の瀬戸川沿いに街が開けている。人口約13万2000人。鎌倉時代以降ずっと、やきものが大産業であった。窯業の不振で窯屋《かまや》がかつての半分くらいになってしまったが、それでも日本最大の窯業地である。戦後は、置物を主としたノベルティの輸出で賑わった。現在は、名古屋のベッドタウンと化している。

❖147 **トヨタ自動車**［とよたじどうしゃ］……豊田佐吉《とよださきち》が、1933年に〈豊田自動織機製作所〉のなかに自動車部をつくったのが始まり。1937年、〈トヨタ自動車〉となる。2007年に〈ゼネラルモーターズ〉を抜いて、生産、販売台数ともに世界一となった。2008年3月期売上約26兆3000億円、2008年3月期営業利益約2兆3000億円、従業員数約6万6000人。日本最大の巨大企業である。豊田市は、企業城下町。

❖148 **松下電器産業**［まつしたでんきさんぎょう］……松下幸之助《まつしたこうのすけ》が、1918年に〈松下電気器具製作所〉をつくったのが始まり。1935年、〈松下電器産業〉となる。2008年3月期売上約9兆1000億円、従業員数約32万9000人の日本を代表する企業。2008年1月、社名を〈パナソニック〉、ブランド名も同じくすることを発表した。門真市《かどまし》は、企業城下町。

ではないでしょうか。確かに、職を得ることができて出稼ぎの必要がなくなったということは価値でしたし、誰も非難はできません。しかしそれは、地域なり土地なりに何かを残すという形には、ならなかったでしょうね。

森▨　ただ私は、この風景を、もっと日本の構造性のなかで考えてみたいと思っていたんです。私たちの豊かな社会といわれるIT[❖149]産業やさまざまな先端産業が、国内のこういう農村工場の運営によって、もちろん全部ではないですけど、成り立っていったのは事実だと思うんです。これが海外の開発途上国であるか、国内であるかの違いはあるんですけれど、そういう「二重構造」を示していたということだと思います。

　もちろん入澤さんがいうように、何も残さなかったんです。残さなかったばかりか、さきほどいいました農村のシステムや生業の成り立ちという基礎要素を全部、この工場一つで解体してしまったわけです。ここに問いをもってくるとすれば、地域の人びととのつつましい生活などは、外との接触で成り立つようになったということの困難さだと思うのです。

　ですからひるがえって、こういうものが農村になければよかったということだけでは納まらないのです。やはり、農村の方がしっかりとこの浸透するものに踏み堪えられるかどうかという部分が、重要なこととして教訓を残していると思うんです。私たちは、この教訓をどう活かしきることができるのか、教訓をどう超えることができるのかを、考えなければならないで

釜淵から真室川町の中心部へと
至る途中にあった茅葺き民家。
元気なおじさんとおばさんがいた。

しょう。その方策を、ここでただされているということを感じます。

入澤◎ そうですね。その言葉を引き受けていえば、人にとって生業が何であってもかまわないんだということは、原則的にいえば正しいことだと思うんです。人は、生業を問えない。だけど、ある地域なりある風土のなかで考えると、ある部分生業というのは問うてしかるべきだというふうにいってもかまわないのかもしれませんね。それはなぜかというと、こういうふうに廃業状態になっているからそうだということではなくて、これが現に稼動していたとしても、こういう空間に置かれると、なにか寂しさを感じてしまうんですよ、この形と在り方に。そして、ここで働いていた人たちのことを考えると……。

森▨ 一方でこの工場に至る前に、茅葺き屋根❖150の家を見てきました。あの茅屋根の差し替えをするために人びとは茅場❖151をつくって、共同で「結い」❖152でもって茅を刈り、村の人たちが総出で茅屋根を維持してきました。そういう横の関係といえる対称的な関係性を、私たちはこの工場と並べてみなければいけないと思います。

入澤◎ そうですね。この工場は、関係性を絶たれてしまいますからね。

❖149 **IT**［あいてぃー］……Information Technologyの略。コンピュータやデータ通信などの工学的、社会的応用技術の総称。最近では、ICT＝Information and Communcationとも呼ばれるようになった。

❖150 **茅葺き屋根**［かやぶきやね］……茅、つまりススキ、アシ、チガヤなどのイネ科の植物で葺く屋根のこと。イネ藁、ムギ藁で葺く屋根は、「藁葺き屋根」という。地域の共同体が崩壊することによって茅場などがなくなり、いまはほとんど目にすることがなくなった。屋根の形態から、寄棟造り《よせむねづくり》、入母屋造り《いりもやづくり》、切妻造り《きりつまづくり》がある。

❖151 **茅場**［かやば］……昭和40年代くらいまで、各集落には茅場を含む「入会地《いりあいち》」というものがあった。ヒエラルキーのない、共同の作業場である。茅場とは、茅葺き屋根のため共同でカヤを刈る場であった。しかし過疎などにより、集落の共同体そのものが崩壊することによって、いまや絶滅の危機にある。

❖152 **結い**［ゆい］……茅替えや田植え、稲刈りなどの農作業を相互に手伝い合う関係をいう。双務的で、金銭の授受はない。同じような言葉に、「モヤイ」、「テツダイ」などがある。集落などの地域共同体における、相互扶助の組織である。閉ざされた社会の関係とはいえ、人の理想の社会の姿が、そこにはあった。

森▒　その工場が象徴していた、私たちの生活に接近してきた時代の圧力を、あの茅屋根が抱える共同性にどう置き換えることができるのか。そこに引き継がれてきた共同性を、私たちの生きることに有効なものにするにはどうすればいいのか。私たちは、そういう問いに突き当たっています。そして、私たちはふくよかで多様な「個」というものを包み込んでいくその共同性を、いまこの場所で獲得することができるのではないか。というところにこの問いは、つながれていかなければいけないと思うわけです。

　私たちは、大規模ほ場のブルドーザーの前に立って、いみじくも「個」というものの在り方を考えさせられたわけですけれども、関係によって成り立つ「個」をもう一度、この農村のなかで考えなければならないでしょう。ですから、栗田さんの農業の流れにも通じるように、私たちは伝統的な農法や、伝統的な集落システムや、伝統的な共同体の在り方を認知するだけでは済まないところに立っているんで、いまここをもう一回再構築していくことに、この「最上横断」のカギがあるように思います。

入澤▒　いま森さんは、「個」ということと「関係性」という言葉で話されました。もともと、「相互扶助」という概念があります。たとえば、農作業や茅を葺くときの「結い」なんかのシステムです。さらに、富士山[153]や伊勢[154]神宮に詣でたり、金銭を融通し合う「講」[155]というシステムもそうです。少なくとも昭和三〇年代、四〇年代の初めくらいまでは、日本のどこにも厳然とあったシステムでした。岐阜県の合掌造り[156]民家で有名な白川郷[157]みたいなところでは、つい最近までそのシステムが残っていました。

　そうした「相互扶助」という概念をどう高度にもっていけるのか、超資本主義社会の現在のなかにどうもち

❖153 **富士山**［ふじさん］……山梨と静岡の県境にあり、標高3776mで日本最高峰。世界で最も有名な日本の山である。円錐状成層火山＝コニーデの典型。宝永《ほうえい》4年（1707）の噴火で中腹に宝永山ができて以降、活動を休止している。山頂に〈浅間神社《せんげんじんじゃ》〉があり、古くから霊峰とし

込めるのかというのが、現在の最も重要な思想的な課題なんですね。だから、我々が農山村だとか、中山間地域だとか、「じっちゃん、ばっちゃん」だとか一生懸命いっていますけれど、それは相互扶助を新たな形で、高度な相互扶助というネットワークを都市も農村も含み込んだ形でつくり得るか、創造し得るかということであって、そのことが我々の思想的な課題なんです。

その茅葺き民家の軒先には、
干し柿が吊るされていた。
昔からの営みは変わっていない。
懐かしい風景である。

て崇められ、信仰登山が盛んであった。

❖154 **伊勢神宮**［いせじんぐう］……三重県伊勢市にある、皇大神宮《こうたいじんぐう》(内《ない》宮《くう》)と豊受大神宮《とようけだいじんぐう》(外宮《げくう》)の総称。別宮、摂社、末社、所管社を合わせた神宮125社のすべてを総称する場合もある。内宮は天皇の祖である天照大神《あまてらすおおみかみ》を祀り、外宮は農業の神である豊受大神を祀っている。建物は白木造りの神明造《しんめいづく》りで、20年ごとの式年遷宮で建て替えられる。明治以後国家神道の中心であったが、政教分離のため昭和21年(1946)宗教法人となる。中世末から江戸時代、物見遊山も兼ねた「伊勢講」が熱狂的に盛んであった。

❖155 **講**［こう］……同じ信仰をもつ結社で、神社・仏閣への参詣や寄進などをする団体をいう。地域信仰から起こるものと、山岳修験などからの働きかけのものがある。「富士講」、「伊勢講」など、中世から大きく広がった。金を積み立て、講のなかから何人かを選んで送る「代参講」が多く、そのことから金銭を融通し合う相互扶助組織の「頼母子《たのもし》講《こう》」や「無尽講《むじんこう》」に転じていったといわれている。

❖156 **合掌造り**［がっしょうづくり］……民家の建築様式の一つで、3層、4層に達する巨大な切妻造り民家。屋根の急傾斜は、豪雪のためもあるが、養蚕の空間を大きく取る必要からだった。岐阜県の白川郷と富山県の五箇山《ごかやま》が、「重要伝統的建造物群保存地区」に指定され、1995年、「世界文化遺産」に登録された。茅屋根の葺き替えは「結い」によって行われていたが、その相互扶助の関係も崩壊しつつある。

❖157 **白川郷**［しらかわごう］……岐阜県北西部の白川村と旧荘川村《しょうかわむら》(現、高山市)一体をいい、庄川《しょうがわ》流域を指す。前記のように、「世界文化遺産」に登録された。近年では、白川村だけをいう場合が多い。

しかしそれはあくまで、絶対に他人を抑圧しないという構造をもった相互扶助の関係でなければならない。ヒエラルキーをつくってはいけない。それをどこまでもてるかということは、吉本や❖158フーコーなんかが延々とやってきたことですけれど、こういう場面を前にして、それにどうやったら答えられるかということですね。それは、大変なことですね。

森▨　図らずも私たちの「問い」は、ここまできました。

❖158 **フーコー**……ミシェル・フーコー（1926〜84年）のこと。フランスの哲学者。現代世界を代表し、現在を最も象徴する思想家。フーコーは、常に行動する思想家だった。世界を飛び回って、講演し、告発して歩いた。どこにでも発生する微細な権力というものを、どこまで相対化できるかを無限に問い続けた。自らエイズであることを宣言し、同性愛についても積極的に論じた。著書に、『狂気の歴史』『言葉と物』『監獄の誕生』『性の歴史』などがある。

一回目

二〇〇五年一一月七日

「雪の娘——フィリピンの花嫁考1」を踊る森繁哉。

◎大蔵村

大蔵橋の架け替え

土木工事、記憶の分断、フィリピンの花嫁

森▨　この「最上横断」の旅の二日目です。いま、入澤さんと大蔵村に入ってきました。伝統的な大蔵村の「川街」が、大蔵橋❖1の架け替えということによって、いま「分断」されている現場に立っています。

　昨日から私たちは、「地域」というイメージが、内実ではさまざまな思惑を交差させながら、近代の爪痕を引きずるような形で存在する実態も覗いてきました。ここもきっと、なにかが断ち切られようとする現場として見なければならないと思います。この印象を、入澤さんに聞いてみたいと思います。

入澤◉　橋は当然、老朽化しますが、この橋が架けられたのは昭和何年ですか。

森▨　昭和三〇年です。

入澤◉　ということは一九五五年ですか。すると、五〇年経っている。当然、老朽化して架け替えということになったんでしょうね。一般的にいうと、便利になるとか近代性というか、近代的な構造物というのは、華やかに見えるわけです。特に地方においては、土木工事の大きさで金銭的な地元還元などが、ほ場整備なんかよりももっと期待を込めて、逆に救いに見えちゃうんですね。

　救いに見えてしまうというのは不幸なことで、残念ながら地元の人たちがこういうものの結果に気がつくのは、一〇年、二〇年というふうなレベルの年月が経過してからですね。いま「分断」というふうにおっしゃいましたが、昨日からしゃべっている「地域」とか「風土」とかがもっている記憶が、生活に張りついたような気分や記憶がどうなってしまったかということに、

何十年かの射程のなかで遅れて気がついてしまう。

しかし気がついたときには、もう取り返しがつかない。町並みや商店街が消える。道や建物が消える。それにともなって、人が消える。地域や風土にとって最も大切な、「記憶や匂い」が失われてしまう。それは、土地に残された傷痕になる以上に、「記憶の傷痕」になってしまうというのが、一番不幸なんですね。

森　こういう現実を目の前にして、なにによって、なにから分断されているのか、なにとなにが、接続していればいいのかといったことへの思考が促されます。もしかすると、ふくよかで多様な関係の在り方に向けたまなざしだって、分断されているのかもしれません。そして分断は、そんなまなざしのなかで起こっているのです。

フーコーが、「見えない生・権力」の存在を明らかにしました。私たちは見えないなかで、見えない自己を増幅させているのです。私たち自身に忍びよってるものの、実在を見るような思いがしています。

朝まだき、大蔵村の中心街に入ってきた。

「大蔵橋」のつけ替え工事が行われていた。

❖1　**大蔵橋**［おおくらばし］……大蔵村の清水にある、最上川に架かる橋。森繁哉の家の目の前の橋だった。この2005年のときは建て替え中で、現在は少し下流に移り、新しい橋となっている。清水は最上川舟運の港で、川街だった。

入澤● 森さんは大蔵村で生まれて現在もそこに住んでいますが、その大蔵村、あるいは最上全体、また山形全体を眺めて、こういう姿というのはいつ頃から始まったと思いますか。

森▨ そうですね。急速な変化に立たされたなあという実感が出てきたのは、昭和五〇年代からですね。農業でいえば、コメ[2]の生産調整とかが入ってきてからでしょう。まだ一町二反[3]くらいの経営で維持できていた複合的な農業の時代は、昭和四五、六年あたりまでですね。それ以後は急速に、見えない力に押されるようにして、見えないものが浸透してきた実感があります。

大蔵村は、「川街」として端正な美しさをもっています。この街がいま、橋を架け替えなければならないのですけれども、その現実の前で土地の生理といってもいいようなものが、時代の暴圧に置き換えられようとしています。「見えない生・権力」といってしまいましたが、この暴圧への指向は私たちの内にあるものでしょう。私はこういう風景の前で、自己が暴かれる思いをもちます。

入澤● 最初に新庄の国道一三号線の歩道橋の上から眺めたときと同じような気分なんですけれど、どうやったらこういう現実の姿なり、現にある工事なり、でき上がった橋なりを、こちら側が呑み込めるかですね。

森▨ 呑み込みといわれたように、どこまで私たちはもち堪えられ、それを本来的な生理の変化につなげてゆくかですね。

入澤● それを間違えないで、現にあるものを結果として保存したり、そこにさらに人を引き込んじゃうとかいうふうなことが、どうやったらできるかですね。森さんのような人間を、点々とつくっていく以外ないですね。町役場とかJAとか商工会のなかから、あるいはごく普通に生きている人びとのなかから、「間違えない人間」、「狂った人間」をつくる以外に方法はないでしょうね。

森▨ 私自身は、「分子的な[4]」という言葉を使っていますが、「分子状の闘い」を多発することが、どう可能なのかと思っています。

入澤◉ 多くの人は誤解したかもしれませんけど、大蔵村が森さんなどが中心になってフィリピンから花嫁を呼んだじゃないですか。それは確かに、農村の過疎化があって、次男・三男は都市・都会に出て結婚できても、農山村に残った長男に嫁いでくる女性がいなくなった。

森繁哉の家のまさに前にある、
旧大蔵橋の美しい鉄の橋。
このような土木工事の伝統も失われつつある。
森の家のある大蔵村清水は、
かつては最上川舟運の中心であった。

結果として、フィリピンから花嫁を呼ぶということになったのかもしれません。そのことは、まったく違ったことのように見えるけれど、実は、大蔵村なら大蔵村のもっている「記憶」を呼び覚ましたんだと思うんですよ。呼び覚ましたからこそ、「ばっちゃん」たちが、ああやって大歓迎したわけじゃないですか。そういう作用を、何かでしなければいけないんですね。この新しい橋は、その作用を成さないから困るんですよ。

❖2　**コメの生産調整**［こめのせいさんちょうせい］……昭和45年(1970)から始まった「減反政策」のこと。食生活の変化などによるコメの供給過剰に対して、国は全量買い上げの「食糧管理法」制度を変え、自主流通米制度を導入。そして、転作面積の達成度に応じて補助金を出した。さまざまに変化する減反政策により、農家は耕作意欲を失い、休耕田、耕作放棄地が増えた。いうならば、日本の農業を崩壊させた元凶といえる。

❖3　**一町二反**［いっちょうにたん］……1町＝10反＝3,000坪強。1反＝300坪強。つまり、約4,000坪。

❖4　**分子的**［ぶんしてき］……フランスの哲学者、ジル・ドゥルーズと精神医学者、フェリックス・ガタリが共著『アンチ・オイディプス』などで多用する概念。直線状に構成される概念＝「ツリー」に対する概念、「リゾーム」と同じ意。森はこの言葉を、独特に使う。

◎大蔵村　岩神権現杉

巨木、信仰、記憶の集積、希望、「個の関係性」のネットワーク

森▨　いま、大蔵村の「岩神権現杉❖5」というところに立っています。最上地域は「巨木」が多くて、いわゆる自然の豊かさというものを象徴する光景として巨木が目につきます。気候、土壌、それから人びとが山をつくってきたことによって、巨木というものが残されてきたんだと思います。

　考えなければならないのは、岩神権現杉というこの木に、村の人びとは信仰を託しました。人びとは何かを祈り、一本の木に自己自身や自らの家族や村の存続を託しました。信仰というものの、「原型」を見ているような思いの場所です。

　私たちは昨日から最上を歩き、近代というものの実像とは何だったのかを考え続けてきたように思います。そしていま、引き継がれるようにして人びとが一本の木に託した想いに、たどりついているわけです。とても象徴的なのですが、この「道」はつながっているなあと思えます。このことを、「微かな希望」といってもいいかもしれません。微かな記憶をつないでいる一本の木の、それから微かな綱として人びとをつないでいるこの想いの体系を前にしています。入澤さん、どうですか。

入澤◎　いま「微かな」というふうに森さんがいっていた微かなというところに、どうしても「……」(強調)を置きたいですね。それをなぜ置きたいのかということは、こういう巨木に対しては幸いなことに、さっきの

❖5　**岩神権現杉**「いわがみごんげんすぎ」……最上地方には、巨木が多い。大蔵村もそうで、この岩神権現にも日本最大級のクロベと巨大なスギがある。巨木は自然に、人びとの信仰を集める。

橋をつくるように手をつけるのはもう不可能なわけです。これから先、何十年、何百年、この木が倒れるまで、ここに土地があって人びとが暮らす限りは、手をつけないだろうと思うんですね。手をつけられないということが、いま森さんが「微かな」といわれた希望だと思います。

昨日から延々と語っている、地域や風土に張りついているような、ここに生きている人びとの「記憶の集積」みたいなものというのは、絶対ここから消えないわけです。おどろおどろしいなんていうものではなく、ごく普通に「ああ、いいな」と思う瞬間が、記憶の集積として現れてくるような場所だと思うんです。ここは観光地にはならないでしょうが、子孫代々語り継がれ、敬われ続けていくでしょう。こういう巨木、自然信仰の対象といっていいようなものは、どうしたって残っていくんです。ということは微かなどころか、大きな希望になるかもしれませんね。

森▒ 「微かな」ということは、確かに細々という意味ばかりでなく、小さな信仰をもつというのか、このような小さな場所を、人びとは自分のなかに宿らせ続けなければいけないんじゃないでしょうか。入澤さんがいうように、「大きな希望」につながる場所に立ったなあ、という印象をもっています。

最上地方を象徴する巨木の一つ、「岩神権現杉」。
赤松集落にあり、幹周＝7.1m、樹高＝27m、樹齢＝不明。
付近には、樹高＝25mという日本最大級のクロベもある。

入澤◎　やっぱり、こういう巨木なんていうのがあるといいですね。大きいから、何となく「敬虔」な気分になる。敬虔なんていうと恥ずかしい言葉だけれど、こういうものが村とか町にあると、確かに救いになりますね。

森▒　人びとの記憶に根ざした一本の木に対する信仰のようなものこそ、近代の暴圧から逃れながら私たちがつながれる「個の関係性」のネットワーク、横のつながりといえるものを保証するのではないでしょうか。ここに私たちは、「希望」を見出したいと思うのです。こういう見えないものの増幅を、より速度をもって掬い上げないと……。

入澤◎　巨木を結んだからネットワークがそのままできるとか、最上全体に巨木がたくさんあるからなどということだけじゃなくて、この一本が、そういう記憶を呼び起こし結ぶようなネットワークの象徴になってくれますね。希望の象徴というか、その体現みたいなものですね。

◎大蔵村　紅葉の赤松川と旧道

風景、身体、速度、超資本主義社会を超えるもの

森▒　赤松川[❖6]のせせらぎを聞きながら、「古い道」に立っています。紅葉の葉が風に舞って、とても美しい光景です。

私たちは昨日から、記憶としてもっている土地の匂

❖**6**　**赤松川**［あかまつがわ］……葉山山塊から流れ出し、赤松地区で銅山川に流れ込む川で、合流してからすぐに最上川に流入する。中流域は棚田の風景が続き、上流域はイワナが豊富である。

いのようなものを身体のなかに留め、生きるための技術を工夫や工面し、人びとは生活というものを確かに根づかせてきたという在り方を見てきました。そして、さきほどの橋と同じように、風景は近代の大きな運動性のなかに埋没し、さまざまな意志によって切り取られているような現場を目にしてきました。

ここで、「風景」というものについてもう少し考えてみたいと思うんですが、この紅葉の様子を入澤さんに聞いてみましょう。

入澤◎ 本当にきれいですね。目の前に赤松川が流れていますし、この旧道沿いの美しさもそうです。

「風景」という言葉は、日本の近代以前にあったわけではなくて、近代になってから、明治二七年（一八九四）の志賀重昂[7]の『日本風景論』[8]の出版あたりから始まり、国木田独歩[9]や田山花袋[10]などの「自然主義文学」[11]が出て成り立った概念です。ただ考えなければならないのは、近代以前の人びとは、「風景」などという言葉もなしにこの美しさのなかに生きていたという事実です。

❖7 **志賀重昂**［しがしげたか］……1863〜1927年。愛知県に生まれる。地理学者、評論家。〈札幌農学校（現、北海道大学）〉を卒業し、全世界を旅して回る。生涯、地球10周分もの旅をしたといわれる。明治21年（1888）に三宅雪嶺《みやけせつれい》らとともに雑誌『日本人』を刊行したように、明治以降の日本の近代を批判し続けた。著書に、『南洋時事』『河および湖沢』『世界山水図説』などがある。

❖8 **日本風景論**［にほんふうけいろん］……日清戦争開戦の直後、明治27年（1894）の10月に刊行され、大ベストセラーとなった。不思議なことにそれまで、富士山や筑波山《つくばさん》などを除いて、山には名前がなかった。志賀のこの本などによって、山、川、湖、海の自然の景観というものに人びとは気づいた。そしてこの日本で、「登山」というものののきっかけをつくったのも、この本であった。

❖9 **国木田独歩**［くにきだどっぽ］……1871〜1908年。千葉県に生まれる。小説家、編集者。〈東京専門学校（現、早稲田大学）〉中退。徳富《とくとみ》蘇峰《そほう》の「国民新聞」の記者となったり、さまざまな雑誌を創刊する。いまも続く、『婦人画報』の創刊者である。田山花袋、柳田国男《やなぎたくにお》などと知り合い、新体詩を発表。明治34年（1901）、『武蔵野』の刊行以降、自然主義文学の旗手となる。著書に、『独歩集』『運命』などがある。

❖10 **田山花袋**［たやまかたい］……1872〜1930年。群馬県に生まれる。柳田国男、国木田独歩などと詩を発表するとともに、『重右衛門の最後』を刊行して小説家として注目される。明治40年（1907）の「蒲団」の発表はさまざまな衝撃を与え、自然主義文学の方向を決めた。明治42年（1909）刊行の『田舎教師』は、いまも読み継がれている。著書に、『生』『妻』『縁』の長編三部作などがある。

もしかしたら、僕らが「風景」なんて概念はいつから始まったかなどと理路を立てるよりも、もっと大切なものがあったかもしれない。

それは、この風景自体に生きていた人びとということがマイナスではなく、現在の超資本主義社会や高度情報社会に対して逆に、この風景のなかに生きてきた人びとのさまざまな営みというものが、「超」に対して「反」ということではなく、「超」にさらに「超」を重ねるような形で出てきてくれないかなあというのが、僕の希望です。それが、美しさみたいなものにつながってくれる。ある琴線に触れるというか、心に触れるというか、「ああ、いいなあ」というふうな自らの感覚を大切にしようと思ったら、僕はそこに必ず可能性が見出せると思うんですね。

森▨ いま、とても大切なことを提出されたように思います。「超」をさらに超えていく「超」といういい方でした。私は、この超近代の凄まじいスピード、増殖能力をさらに超える速度、膨大に呑み込む力、凌駕していく力、そういうものをいつも自分の運動の根底に据えていきたいと思っています。

この時代の速さを超えていく力、私はそれを「生命」や「身体」などという言葉に置き換えながら、この力のことを考えています。人間の身体の増幅性や高速性、ここに記憶という古層がからまり、現在という突出が交わる。これを一つの生命の交流として、時代を超えていく運動への「シナリオ・地図」を、ぜひともこの風景を前にしなければいけないでしょう。いみじくもこの風景を前にして、私たちのこれからに対するきっかけやヒントといってもいいでしょうか。そういうものがいま話されたような感じがします。

入澤▨ もう一つ別な言葉でいうと、いま森さんが「超近代の速度」ということをいいましたけれど、その象徴がさっきの橋であったとしますよね。

IT産業だとかインターネット[※12]だとかは、さらなる象徴のようなものですね。それが、「グローバル」などという概念に引っついているわけじゃないですか。

それを超えて超近代を考えていこうとすると、速度に対して速度で対応してもしょうがないんですね。たとえば、何バイト[13]に対して何百バイトになる、何メガに対して何ギガになるだけの争いだけであって、そんなのは無限の階梯に入って、なんの解決もしないわけです。確かに技術の進歩はある。しかし、そんな速度だけの技術は人を救わない。そうすると、速度という概念を抱えつつ、速度というものを考えない方法があるのか、ということが私たちの課題なんでしょうね。

赤松から平林に至る懐かしさを喚起する「道」と、右に赤松川の流れ。美しい紅葉の風景。

森▒　とても大事なことにいき着いてきたと思うんです。現在を含む近代という時代は、時代を「超」、「超」と重ねることによって一つの理想に近づこうとしてきた時代だと思うわけです。「理想」、あるいは人間の想念の居場所といっていいのでしょうか。そしてその理

❖11　**自然主義文学**［しぜんしゅぎぶんがく］……19世紀後半、フランスで起こった文学思潮。自然科学思想の影響のもと、現実をありのまま描写しようとしたエミール・ゾラなどの文学。明治後半にそのゾラの作品が移入され、さらに田山花袋の「蒲団」によって自然主義文学は文学の中心を占めるものとなった。国木田独歩、島崎藤村《しまざきとうそん》、徳田秋声《とくだしゅうせい》、正宗白鳥《まさむねはくちょう》などが活躍した。

❖12　**インターネット**……世界的規模におけるコンピュータ相互間の通信ネットワークの一般呼称。コンピュータの進化によって、電子メールやデータベースのサービスが瞬時に世界的に行えるようになった。インターネット上の特徴は、特定の責任主体のないことである。そのことが、さまざまな問題を抱えつつも、どこか「自由」を感じさせるものとなっている。

❖13　**バイト**……情報量の最小単位を、ビットという。ある状態を0か1かで表記する情報の一組を、1ビットとするが、これを8桁並べた単位を、1バイトという。キロバイト、メガバイト、ギガバイトと、千単位で増えていく。

想というものに近づくため、人びとはしのぎを削って速度を速めて自分をつくり、生み出してきた。そして私たちは、その思想を承認してきたのです。

でもこの風景を目の前にしたときに、私たちはその理想の具体的でリアルな実感を、手にすることができるのです。そういう身体の確かな実感を、私たちは理想を手にしながら理想を脱していく在り方として、見続けていかなければならないのではないでしょうか。だから昨日から話している、風景を前にしてフッと安堵する気持ちや、風景の前にたたずんだとき、フッと自分を反芻する感覚が、自分自身を救うのではないかと思っています。

◎大蔵村 放置された畜産団地

大規模農法、生産法人、最上地方の就業者比率、小規模複合農業、ＪＡ・行政・商工会、ＪＡを乗っ取ること、エコロジスト

森▒ いま私たちは、平林《ひらばやし》という集落にきました。昭和五四年(一九七九)に畜産の団地として建てられた共同畜舎ですが、その畜舎が無残に放置されている現場に立っています。ここで何を考えたいかというと、こういう風土での農業の在り方に、共同経営や畜産団地などといったような概念、さきほどから話してきた俯《ふ》瞰的《かんてき》、あるいは線引き的指向の農業が成り立つのかということです。
近代農業というのは、土地の生理や、その土地が抱えている固有性と関わるといった身体の根源的な行為から離れ、一つの「価値」に農業そのものを誘導しようとしてきました。昨日の栗田さんの農業と、この高度成長期に共同畜舎をつくり、共同経営として発足した畜産団地の崩壊の二つの農業を並べたときに、私たちは土地の生業というものに、どんな願いを託さなければならないのかが見えてくると思います。

入澤◎　最上地方のデータを調べてみますと、第一次産業の就業者比率が、一四・七パーセントなんです。全国平均の三・五倍にもなるんです。農業に法人の参入が認められましたので、この地方でも大規模農法が盛んになりつつあります。しかし、この畜産団地〈平林[14]共同畜舎〉の崩壊した姿を見ると、その方向には問題がさまざまあるように思います。

すでに30年放置され、廃墟となった〈平林共同畜舎〉。

もう一つ考えなければならないのは、「じっちゃん、ばっちゃん」、もしくは夫婦などで、裏山でシイタケ[15]などのキノコの栽培をするとか、多品種にわたってきめ細かく野菜を栽培するとかが、これからどういう意味合いと力をもってくるか。経済活動においても、意味合いをもってくることができるかどうか。ということを農業が考えることができなかったら、きっと農業の未来はないだろう。こういう共同畜舎の崩壊などを見ていると、そういうことをつくづく感じます。

森◎　昨日の栗田さんとの関連で話しますと、私たち

❖14　**平林共同畜舎**［ひらばやしきょうどうちくしゃ］……1979年に乳牛3頭から始まり、1998年に乳牛33頭で共同畜舎を解散する。面積7,367m^2。始まるとき、平林地区には6軒の酪農家があったそうだが、何軒が参加したかはわかっていない。

❖15　**シイタケ**……キシメジ科シイタケ属に属する、代表的な食用キノコ。コナラ、クヌギ、クリ、カシ、シイ、ミズナラなどの広葉樹の枯れ木や切り株、倒木に、春と秋の2回生えてくる。天然のシイタケは、たとえようもなく美味。シイタケを接種したほだ木による人口栽培が、盛ん。干しシイタケは、だしとしても食べても生よりさらに美味。

は決して、小農経営であるとか有機農業であるとかだけが、農業の未来を考えることだと思っているわけではありません。私たちは、小農や有機農業だけに希望をもっているといういい方をしているわけではありません。

昨日、栗田さんに触れて、「個の力」ということをいいました。「個」というものが、自分たちの土地に内在しているとてつもない大きな生産の力に触れた瞬間から、農業というものの再生が始まるのではないかというところに立って、話をしたわけです。

このように近代農業のなかで進行していく共同経営であるとか、生産法人[❖16]をつくってさまざまに集約していく農業の在り方にも、私たちは可能性を見出していくという姿勢です。ただ、そこに至っていく道筋のなかで、自分たちの土地をどのように読み、土地に潜んでいる力というものをどのように引き出して、地域内

平林の集落。トタン屋根を被せた中門造りの民家が、2棟見えている。裏山のブナが、美しく紅葉している。

❖16 **生産法人**［せいさんほうじん］……農業経営のため農地を取得できる法人を、「農業生産法人」という。農事組合法人と会社法人の二つがある。2000年に「農地法」が改正され、株式会社も参入できることになった。現在、全国に約2万社がある。

❖17 **マイタケ**……サルノコシカケ科マイタケ属に属し、秋、ナラ、カシ、シイ類の根株に寄生して生える。同じ根に何年となく生えるので、プロの世界では自分の樹というものをもっていた。特にミズナラに巨大なものがつきやすく、照葉樹林帯の西日本ではあまり食用とされていなかった。1970年代の半ば頃から、人口栽培が始まった。食

の横つながりの関係性というものにつないでいくかによって、多様な形態の農業が、一つひとつ可能性をもってくるんだと思っています。
　近代農業がすべて間違っていたというスタンスに立っているのではないことは二人とも同じですし、すでに取り組まれている個別な農業を、まず足場にして考えてゆくという姿勢なんですけれども、ただあまりにも無残な痛みの痕跡を、ここに刻印せざるを得なかった事例として話をしているわけです。

入澤◎裏山のシイタケの栽培などということをいいました。そんなシイタケの栽培は、マイタケ[17]、シメジ[18]、ナメコ[19]などを、工業的に大規模な栽培を行うという考え方とは、逆の考え方なんです。ただ逆といっても、森さんがいうように、大規模農法を認めないというのではない。これからの農業が、大規模農法になっていくのは必然ですし、そこに農業の可能性があることは現実なんです。ただ、その大規模農法の方法が、問われているわけです。

　ここは平林という集落ですけど、遠くに中門造り[20]の美しい建物が二つ見えます。そこはもともとの農家で、いまも棚田でコメの栽培をしているだろうし、裏庭などで畑も耕しているだろう。そういう耕作が裏山まで

感がよく、美味。

❖**18　シメジ**……シメジ科シメジ属に属するホンシメジのこと。秋、アカマツの混ざった林に列を成したり、塊りになって発生する。マツタケが「香りの王様」なら、シメジは「味の王様」といわれるほどに美味。しかし同種のシモフリシメジは、もっと美味。売られているシメジはヒラタケの栽培種で、ホンシメジはブナシメジの栽培種である。2000年代になって栽培種が出てきたが、味は望むべくもない。

❖**19　ナメコ**……モエギタケ科スギタケ属に属し、秋、ブナやミズナラの枯れ木や切り株、倒木に群生する。ぬめりがあって美味。東北地方などでは、いまも天然ナメコが日常的に売られている。原木栽培はまあまあだが、オガクズ栽培の味はいただけない。

❖**20　中門造り**［ちゅうもんづくり］……秋田、山形、越後の豪雪地帯に見られる民家の形態。秋田中門、山形中門、越後中門といわれるように、少しずつ特徴が違う。雪のときの玄関を確保するため、本屋《ほんや》からその部分が突出していることからそう名づけられた。そこには通常、厩《うまや》が設けられる。雪のときの採光のため天井が高く、梁や柱ががっしりしているのが普通である。

広がって、シイタケなどの栽培というふうに複合的になっていったとき、その複合性とともに、それぞれの人びとの暮らしのなかで相互扶助の関係ができていったときに、これからの新しい農業の姿が見えてくるのではないかと思います。それは、付加価値、新たな商品を生むからです。崩壊した畜産団地を見ていると、そう思いますね。

森▨　ですから農業も、選択するという個の力の前にあって、このことをいまのチャンスとして捉えていかないと、農業自身の方で自らの力を封じてしまう気がするわけです。私たちは、有機農業一辺倒、自然農法一辺倒、近代農法悪というような構図からもいち早く脱し、そして近代農業賛美論からもいち早く脱し、多様さに開かれている土地にあってさまざまな「個」が、さまざまな「個の形」の関係性を築きながら、その全体を開いていくという方向に、農業の可能性が広がっているように感じています。

入澤●　たとえば、近代農法の生産システムや流通システムのなかには、崩壊したものもあるでしょうが、いま生きているものもたくさんあるわけです。そこにかつて捨て去ってしまったような、私たちが可能性を何とか見出そうとしているような農業の生産の姿というものを、うまく接ぎ木できたらいいんですけれどね。それは、どうにかしたいですね。

森▨　そこなんですね。確かにこのシステムを読み取り、執拗にこのシステムを自分に引き寄せ、柔らかくそのシステムに乗り、そして土地の内在的な力をそれにつないでいくということを、私たちの方法として、どうしても自分のものにしなければならないと思っています。

入澤●　たとえば、ＪＡがメーカーと一緒になって農機具をどんどん売ったり、資金を貸しつけて利息を取ったりなどという姿は、何とも嫌なんですけれど、行政も含めて、ＪＡのそうした組織力を乗っ取っちゃいたいですね。

森▨　私もいままでずっと、新しい組織論ですとか、団体論、行政論などというものを考えてきたんですけれども。このような集落の毛細血管の末端にくると、特にそう思うんですけれど、とても悪意のある組織としてＪＡがあるんです。このＪＡや行政を、もう一度この場所にきちっと結びつけていくということが、私たちの戦略というか……。

平林の棚田風景。この平林、豊牧（とよまき）、沼ノ台（ぬまのたい）、滝ノ沢（たきのさわ）の4集落の棚田を「四ヶ村の棚田」といい、「日本の棚田百選」に選ばれている。

入澤　これからの戦略ですね。この風景、ここも完全に一つの象徴だと思うんです。手前に崩壊した畜産団地があって、遠くの方に坂道のある平林の美しい集落が見える。その裏山は見事なブナの林で、きれいに紅葉しています。

いまこの場に、ＪＡや行政だとか商工会みたいなものを含めてもいいんですが、既存の、超近代を生み出してきたさまざまな地方のシステムのようなものを降り立たせたいですね。ここに立ってみれば、同じ人間なんだから、この風景、この瞬間、これがなんであるのか少しはわかってもらえるでしょう。それを取っ掛かりにして、こうなったら嫌な言葉をあえて使うけど、洗脳したいですね（笑）。

森　超近代を、「超」で呑み込んでいくということですね。

入澤　そうです。その「超」というのを誤解してもらっては困りますが、過去の方へ「超える」ことでもあるわけです。そして、土地であるのか風土であるのかはわかりませんが、これを見せてていねいに説明したら、わかると思うんです。しかし彼らは、なかなか回路を取ってくれないし、その場を設けようとすると逃げるしね。

森　そして、農村や自然の存続を唱える人たちも、ここには決して降りないんですね。

入澤　そうですね。そういうエコロジストたちは、現実の姿がわからないだけでなく、わずかに残されている相互扶助のような関係をズタズタにします。そして、自分がそうしていることにまったく気がつかない。なにしろ彼らにとっては、すべてが「正義」ですから。彼らに比べれば、まだ行政やJAなんかの方が罪つくりじゃないですよ。彼らがなにをやるかというと、表層を全部かっさらってなにも残していかないんです。これだけは、思想的犯罪というべきであって、許しがたいですね（笑）。天敵（笑）。

森　「天敵」が出てきたところで、移動します（笑）。

◎大蔵村　舛玉

中門造りの民家、民家の再生、都市・都会からの技術とネットワーク、「共同」「協働」の新たなシステム、軒と軒あそび、エコファシズム

森　いま、舛玉《ますだま》の集落が見える高台にやってきました。中門造りの家が点々として、茅葺きも何軒か残っています。緩やかな時間が流れていくような集落の光景ですけれども、ここには自然との関わり、そこに関わる工夫・工面、そして知恵なども含めた高度なといってもいい体系がいっぱい詰まっている、という印象をもっています。

私たちの旅は、一つの集落を前にして、潜在する力への道筋を探るというような流れにたどり着きました。この集落を前にして、さきほどの巨木ではないですけど、なにかを想い、そのなにかをなにかとつなぐといった、村の内実に触れるものを探ってみたいと思います。まず、舛玉の集落の印象を聞きましょう。

入澤◎ さっきの平林や沼ノ台なんかの集落もそうでした。秋田から山形、越後というのは豪雪地帯ですから、中門造りが多いんです。「秋田中門」「山形中門」「越後中門」などといいます。雪に対して玄関を外に張り出す形で、その脇で馬や牛を飼う厩《うまや》を設ける民家の形を中門造りというんですが、そういう民家の形態がここにも多く残っています。いまは残念ながら屋根にトタンを被せちゃっていますが、トタンを剝がせば茅葺き屋根が現れてくるわけです。こういう民家というのは、どういうふうにでも再生が可能なんです。

民家についていいますと、安藤邦廣[21]という〈筑波大学[22]〉教授で、建築家であり民家研究者でもある人がいます。彼は、北関東から八ヶ岳[23]あたりに残されている板倉からヒントを得て、スギの四寸角の柱と一寸厚の板を使った、「板倉構法」[24]というのを編み出し、木の住まいを強力に推し進めています。同時に、土地にある

❖21 **安藤邦廣**［あんどうくにひろ］……1948年、宮城県に生まれる。建築家、筑波大学教授。〈九州芸術工科大学〉卒業後、〈東京大学建築学科〉助手を経て現職。自ら名づける「板倉構法」と民家の再生を、積極的に進める。安藤が1991年の『住宅建築』誌上で、板倉構法3棟の実例と「住まいを四寸角で考える」という論文を引っ下げて登場したときは、衝撃だった。著書に、『茅葺きの民俗学』『現代木造住宅論』『住まいを四寸角で考える』などがある。

❖22 **筑波大学**［つくばだいがく］……1973年、〈東京教育大学〉の移転にともない、「筑波研究学園都市」に総合大学として設置される。キャンパスの広さ258ha、2007年データでは、学部1万154人、大学院6,087人、計1万6241人の巨大な大学である。そして、外国人留学生が1,221人と多いことと、総合大学としては〈芸術専門学群〉という美術学部をもっているところに、特徴がある。

❖23 **八ヶ岳**［やつがたけ］……長野と山梨の両県にまたがる大火山群の総称。狭義には、夏沢峠《なつざわとうげ》から以南の編笠山《あみがさやま》(2523.7m)までをいう。近年、夏沢峠以北を「北八ヶ岳」と呼ぶようになった。南は急峻で岩峰が続き、北は樹林帯が山頂付近まで続くなだらかな山容をしている。最高峰は、赤岳《あかだけ》(2899.2m)である。山麓一帯には多くの縄文遺跡があり、石神信仰といい、独特な地域である。

民家は、その土地で再生すべきであるという民家の再生にも取り組んでいます。その安藤邦廣はいみじくも、民家というのはその地域や地方、集落などのすべての「記憶」が集積、総合されたものだといっています。

そのなかの部屋がどういうふうになっているのか、そこでかつてどういうふうな生活が営まれていたのか、というようなことを考えること自体が、その「地域の記憶」を掘り起こすことになります。そしてそこには、もしかしたら都市・都会から人が移り住むかもしれないし、定年を迎えた人が実家のその家に帰るかもしれない。となったときに、そういう記憶の集積というのは、再度開かれる形になる。開かれる形というより、開かれるようにしなければならない。それがこれからの地域・地方の可能性だと、安藤邦廣は著書のなかでも書いています（『住まいを四寸角で考える——板倉の家と民家の再生』、学芸出版社、二〇〇五年）。

舛玉をはじめ、大蔵村のさまざまな集落を見ていると、トタンは被っていますが、まだ中門造りの民家がいくらかは残っています。これがもし安藤邦廣がいう、記憶の集積としての民家の再生になったとき、そしてそのことが農業のさまざまな多様性と重なっていったとき、可能性が出てくるんです。

つまり、都市・都会から移り住んだ人間たちは、さまざまな技術とネットワークを運んできます。それが、地元の人たちと相互扶助の関係に基づいた「共同」「協働」の新たなシステムをつくり上げることができたら、それこそがこれからの可能性であり、未来なわけです。「結い」とか「講」の、まさに再生です。

対岸の舛玉集落を眺めながら、語る。
左は森、右に入澤。

たまたま目の前に、銅山川[25]が流れています。この辺はシラス台地[26]ということですから、崩落などに見舞われる厳しいところで、すぐそこに堰堤[27]があります。向かい側の山には、雪崩や崩落防止のための鉄柵なんかが設けられていますす。

これも一つの象徴なんでしょうけど、僕は堰堤も崩落防止の柵も、はっきりいって好きではありません。しかし、その近代ということの上に艸玉の集落が成り立っている。でもそれとともに、そこには中門造りの民家がある。そして、多様な農業を営んできた「じっちゃん、ばっちゃん」が住んでいる。そこにおいて「記憶」というものを再度掘り起こしできるか、ということを考えますね。さきほどいった、「再生」であり、「共同」「協働」の姿というものですね。

森▒ いま中門造りの民家について触れられていますが、私はこれは大変機能的であると同時に創造的な空間であると思っています。この中門を、この辺では「軒《のき》」といっているのですが、この「中間地帯」がとても

❖**24 板倉構法**［いたくらこうほう］……安藤邦廣が、前記の1991年に発表した論文で提唱した構法。戦後の拡大造林で植えられたスギが伐期を迎え、そのスギ材が唯一価格で外材に対抗できるとし、スギの4寸角を柱とし、スギの1寸厚板を床や壁に使用することを主張した。その構法によって、家は呼吸する住まいとなり、結果として山村を活性化させ、大工の技術を残すことになる。安藤は、八ヶ岳山麓や茨城などに残されている板倉から、その構法を発想した。

❖**25 銅山川**［どうざんがわ］……出羽三山の一つ、月山から流れ出し、大蔵村を貫流して最上川に合流する。流程58km、流域面積186km^2。上流部に鉱山があったため、悪水が入り込んで魚が棲息できなかったが、近年だいぶ回復してきた。中流部には、有名な肘折温泉がある。源流部は月山水系のなかでは、大型のイワナが釣れる。

❖**26 シラス台地**［しらすだいち］……一般的には、鹿児島県など九州南部に広がる白く多孔質な火山噴出物で覆われた台地をいう。ここでは、艸玉から肘折温泉にかけての台地状の地形のこと。肘折火山の噴火によって形成された。シラス台地は水の浸食を受けやすく、土地の栄養分が少ないため、稲作には適さない。イモ類の栽培や、牧畜が主にされてきた。

❖**27 堰堤**［えんてい］……一般的には、砂防堰堤《さぼうえんてい》のことをいう。土砂災害防止のためであり、普通は貯水機能をもたない。明治30年(1897)の「砂防法」制定以降、全国に無数にできた。崩落地帯はやむを得ないが、「工事のための工事」という事例が本当に多い。それは結果として、川の生態系を分断してしまう。

大切なのです。人びとはここで仕事もし、子供たちもここで遊びました。外でもなく、内でもないようなこの柔らかい緩衝地帯が、人びとの感性や情緒を育むのです。また、たくさんの物語や想像力もここから生まれますし、なにより家に入る、外に出るなどといった通過の実感が、ここで体験されるのです。

　その軒には、家々の鎌や鍬や縄がつるされ、その家の象徴となっていたでしょうし、ほどよい暗がりはきっと人の微細な色彩の感覚を刺激すると思うのです。子宮[28]のような柔らかい、中間領域の存在が中門だと思います。

　このように民家一つとっても、その民家のどこかの部分を一つとっても、とても豊かな意匠や合理性に満ちた工夫や工面がなされ、見事な世界観すら形成している想像空間だと思えます。

　私は、私の舞踊の実践の「道路劇場[29]」で、なんどもなんどもこの中門を通り、家の庭の広場に立ちました。門付芸[30]だったのですが、この通路が一つひとつの家ごとに特徴をもって真に個性的で、それは特別な生き物に出会ったような体験でした。

　近代の暴力的な速度からはじき飛ばされながらも、かろうじてここに民家が存在しているということが、私たちの「微かな希望」なのだと思うのです。私たちは、そういう具体物をネットワークとしてつなぎ、それを引き継いでいく作業しか残されていないのではないか

❖**28** **子宮**［しきゅう］……単孔類を除く哺乳類のメスの生殖器の一部。輸卵管の一部が変化して、筋肉性の器官となったもの。受精卵が内壁に着床して、出産までそこで成長する。

❖**29** **道路劇場**［どうろげきじょう］……森繁哉は、19歳で踊り出してから、長いあいだ一人で踊ってきた。大蔵村のなかで門付けをし、見学者の有無に関わりなく道路でも踊ってきた。それを森は、「道路劇場」と呼んだ。そして、1980〜83年の道路での踊りを「聞き書き」として、『踊る日記』（新宿書房、1986年）にまとめた。

❖**30** **門付芸**［かどづけげい］……人家の門前に立って、祝福して回る芸能をいう。特に新春に多く、万歳《まんざい》、獅子舞、鳥追《とりお》いなどが訪れた。八戸《はちのへ》のえんぶりや越後瞽女なども、門付芸の一つである。江戸時代に身分制度が確立すると、被差別民化していった。

❖**31** **柳田国男**［やなぎたくにお］……1875〜1962年。兵庫県に生まれる。日本民俗学の祖。〈東京帝国大学法科大学政治科〉で農政学を学ぶ。

とさえ思っています。

さきほどからエコロジストの人びとの言動などという話で、具体的に出会う現場のことを語ってきました。この民家に立ち合ったとき、ここから農村へ向けたどんな言葉が発せられるのでしょうか。

これは、郷愁でも癒やされることでもありません。まして自己意識の拡大でも、正義でもないのです。具体的な「もの」、私たちを鼓舞し続けるナマな「もの」、器官といってもいい「もの」の現実の在り様なのだと思えます。

入澤◉ そうですね。中門造りの「中門」は、❖31柳田国男のいう❖32学童期の「外あそび」の前の「❖33軒あそび」の場所ですね。母親などが農作業をしながら、子供たちを見ていた、ふくよかで懐かしい空間でもありますね。

そういう中門造りの民家が再生されることは、こちらの願いですね。そしてその軒に、たとえば❖34干し柿や❖35大根や❖36唐辛子が吊るされているとか、土間や台所に漬物や❖37味噌などの樽が置かれているとかいった現実の場

卒業後、〈農商務省〉〈法制局参事官〉〈貴族院書記官長〉などを経て官を辞し、後年〈国際連盟常設委任統治委員〉をしていたときには、ヨーロッパ各地を旅行する。明治42年(1909)、『後狩詞記《のちのかりことばのき》』を自費出版して日本民俗学の途に踏み出し、日本全国をめぐり歩く。昭和24年(1949)、〈日本民俗学会〉を創設し、初代会長となる。柳田の「常民《じょうみん》」という思想は、山と平地、海を縦断し、過去、現在、未来を通底する重層された思想であり、それに向き合う者には無限の宝庫となる。『遠野物語』『海上の道』『故郷七十年』など、膨大な著書がある。

❖32 **学童期**［がくどうき］……乳幼児期、児童期に続き、思春期とのあいだの時期をいう。一般的には、小学校の時代をいう。ここは、「遊び」が主の時期である。

❖33 **軒あそび**［のきあそび］……柳田国男は、集団で外で遊ぶようになる前に「軒あそび」の時期を設定した。軒＝母の範囲を、比喩したものである。

❖34 **干し柿**［ほしがき］……渋柿の皮をむいて干したもの。日本産ドライフルーツか。日本、朝鮮半島、ベトナムなどでつくられているという。干しかたにより、つるし柿、串柿、ころ柿などの呼び名がある。干すことで渋抜きされて、遙かに甘くなる。

❖35 **大根**［だいこん］……アブラナ科ダイコン属の越年、または一年草の野菜。白く、太く、長い根をもつのが一般的である。弥生時代に日本に入ってきたといわれ、江戸時代、江戸周辺の「練馬大根《ねりまだいこん》」、「三《み》浦大根《うらだいこん》」などが有名であった。料理にはさまざま使われるが、干して切り干し大根、タクアンも美味。軒に干すのは、タクアンを漬けるためである。葉は、春の七草の一つ。

面というものを、どうにか切り拓いて「超」というふうなところにつないでいきたい。それを具体的にいうと、都市・都会からの人びととの相互扶助のネットワークなんです。当然、地元民同士ということもあります。そうでないと、農業の再生どころか、日本のこれからの再生もないと思います。舛玉なんかを見ていて、つくづくそう思いますね。

森▨　と同時に、この舛玉は私たちの「身体の未来性」に通じていると思っています。一つところの風景の再生、場所の再生は、私たちの全身を揺さぶり、私たちを鼓舞し続け、私たちを充実させ、私たちを自分の慰安に結びつけていくのです。だからこそ、私にとっても「風景」なのです。ここは、私の身体の反映の場でもあるのです。そしてそれは、あらかじめ予測されている場所では決してありません。予定調和のなかで孕まれる空間ではないのです。常に動き、葛藤している人びとの生きている現場なのです。

　この現場を言葉で覆ったり、理念や意図を添加したり、自己意識に取り込んではいけないのだと思います。そうなった瞬間から、言葉は抑圧するものに変わっていくでしょう。そういう善意の拘束からも、逃れていなければならない。まさしくそこから漏れていったものこそが、地域の実態ですね。そこを間違ってしまう。

入澤▨　そうですね。まさにいま森さんがいわれたようなことを、僕は「エコファシズム」と呼んでいます。そういうものというのは、言葉で全部かっさらっていってしまいます。言葉で全部をなでていってしまう。それは

❖36　**唐辛子**［とうがらし］……ナス科トウガラシ属の香辛料で、ピーマンは同種。日本などでは、一年草である。中南米原産で、日本には16世紀にポルトガル人がもち込んだため「南蛮《なんばん》」と呼ばれるようになった。ちなみに、唐辛子の「唐《とう》」とは唐＝中国のことではなく、外から入った意である。熟すと、鮮紅色になる。

❖37　**味噌**［みそ］……大豆に麹と塩を加えて発酵させた発酵食品で、日本を代表する調味料である。戦国時代には糠《かす》が原料とされ、兵糧食とされた。調味料となったのは、江戸時代からという。麹の種類により、米味噌、麦味噌、豆味噌がある。米味噌が一般的で、東日本から近畿、中国地方東部にまで分布するが、岐阜、愛知、三重の3県だけは豆味噌である。麦味噌は、中国・四国地方西部と九州である。

現に、この舛玉や平林などで生きている人たちをないがしろにする以上に、関係においてバカにしている。そのようなことを気づかないと、思想というのは始まらないのであって、そこを間違えてはならないと思います。

それは、現にある姿に立つことなんですよ。現にあるその姿、柿が干してあるかもしれない、大根が干してあるかもしれないなどと象徴的に語りましたけど、そういうところに立てば、絶対に間違えないはずなのに、間違えてしまうんですよね。

森　でもそれらの人びとは、「私たちだって田んぼを耕し、畑を耕しているよ」っていってますよ(笑)。

入澤　やってください、それは(笑)。

手前に見える銅山川を挟んで
国道458号線から、
中門造り民家が何棟か見える
美しい舛玉の集落風景を眺める。

◎大蔵村　砕石現場

古道、山菜採り、相互扶助のネットワーク、シンクタンク、新しい事業、地域・地方と都市・都会との凄まじい格差、「無償の贈与」

森　私たちは、砕石現場にきています。肘折火山[38]の優秀なシラスの砂を求めて、工業化社会は一つの砕石の現場をこの場所につくりました。ここはもともと、土地の人たちが「神の棲む山」として信仰を集めてきたところですが、それが一夜にして山が消えるというような事態が起きています。

　この道は、カサマツなどが点々とあり、平林という集落へ抜ける、非常に美しい歴史的な古道でもありました。そして、山菜のシオデ[39]やワラビなどが豊富な山でもあったわけです。私の父なども、再三ここに山菜を採りにきていて、私も父と一緒にきた記憶があります。土地の人びとは、ここを歩き、そして山男や山姥《やまんば》や雪女《ゆきおんな》に遇い、物語を紡ぎ、ここで雪崩に遭い、人の死と遭遇してきたのです。そうした記憶のたどる道を、さきほどのブルドーザーが寸断してしまいました。

　この山が砂山に変貌し、山が一晩で消えてしまうという実態を、私たちは目の前にしています。ここを私たちは直視し、自分たちの足下の現場として考えなければならないと思います。

入澤　さっきの橋のつけ替えなんかと同じ場面だと思いますけど、工事をやっているのは天童市[40]の業者ということですが、ここの地主たちもそこに雇われているということですね。そんな構図を考えてみると、当然ゼネコン[41]まで至るかもしれない。

　この採石場の姿が、日本の超資本主義社会を支えてきた構造のなかに入ってしまう。そういう構造の悲しさというか悲惨さが、片一方で、さまざまな人びとの山菜やキノコを採る道だったかもしれないし、信仰の道だったかもしれない記憶の道を、寸断してしまう二重三重の悲しさ。

ただそこでも、大蔵村なら大蔵村の人びとが生きているわけです。僕らが決して忘れてならないのは、採石場がすべてダメなんだということじゃなくて、我々自身も採石場という近代の思想の上に立って生きているということなんです。自分の意志に関わりなく、生かされてしまっていることを考えない限り、この「道」というものも救うことができない。そこが、エコロジスト、エコファシストと我々が呼んでいる人間たちに完全に抜け落ちてしまっていることなんです。

自分たちがどういう時代に、どういうところに立って生きているのか。いつもいうんですけれども、そこまで原子力発電❖42が嫌だったら、自分で発電してみたらいいではないか。風力でやるのか、水でやるのか、そのとき本当に自然破壊をしないでできるんだったら

❖38 肘折火山［ひじおりかざん］……肘折温泉を中心に直径2kmの範囲を、「肘折カルデラ」といい、活火山に指定されている。肘折温泉、黄金温泉《こがねおんせん》、石抱温泉《いしだきおんせん》の肘折温泉郷は、この火山によっている。この周辺は新潟の妻有地方とともに、冬の積雪が4mを超える日本一の大豪雪地帯である。

❖39 シオデ……ユリ科シオデ属の多年草。茎は直立するが、成長するとほかのものにつるで巻きつく。伐採跡地などの、比較的開けたところに出る。「山のアスパラガス」といわれるように、まさにアスパラガスの食感と味で美味。

❖40 天童市［てんどうし］……山形市の北に接し、山形盆地の東半部を占め、扇状地上に立地している。人口約6万3500人。市の中央部を、山形新幹線、奥羽本線、国道13号線が南北に縦断する。有名な将棋の駒は、天保《てんぽう》元年(1830)に立藩した織田《おだ》家の内職から始まったという。全国生産の95%を占める。近年、山形市の新興住宅地になりつつある。

❖41 ゼネコン……元請け業者として、土木・建築工事全般を直接発注者から請け負い、工事全体を取り仕切る総合建設業者をいう。「General Contractor」の略といわれているが、和製英語である。設計と施工が一体となっている日本の形態は、珍しいとされる。

❖42 原子力発電［げんしりょくはつでん］……原子核反応のうち、核分裂反応によるエネルギーによって水を熱し、その蒸気でタービンを回して発電する方法をいう。ウランとプルトニウムが使われる。昭和38年(1963)、茨城県那珂郡東海村《なかぐんとうかいむら》の実験炉で、日本で初めての原子力発電が行われた。

やってみればいい。「小国寡民」❖43でできるならばどうぞ……、ということなんです。

できっこないんです。すでに発電量の三一パーセントは、原子力発電なわけです。それは拒否できない。我々は時代のなかで生きている限り、大なり小なり時代性を背負っているわけです。その時代性を背負っているところに立ってしか、現在の超近代をさらに超えて、「超」という未来の思想はついに生まれない。

森▨　私たちはこの現場に立ってみると、さきほどのダンプに乗っていたおじさんは、村の農家の長男であったり、この山を売った人はこの土地の人であったりというふうにして、一方では近代というものに加担しているわけです。そして私たちも、そうしてできた道路を使って、ドライブしているわけです。つまり、横の関係として加担しているのです。

このように現場に入ってみると、私たちはそこで生きている人びと、自分の身を切り売りしていながらでも生きている人びとの、現実に触れてます。それを取り込んだ形、入澤さんがいうような近代を取り込む形としての戦略、道筋、方向を考えなかったら、ここで生きている人びとを、理念によって追放してしまうことになると思います。ですから、私たちの考えてきたモチーフは、その「超」というものを内実のなかに逆に取り込むことによって、それを凌駕していく、呑み込んでいくというような方法しかないと思っています。

ただ一つには、きちっと現場報告をするというか、この大蔵村の近代化がたどってきた道筋を、私は「裏《うら》山《やま》の生涯」という形で論文化し、綴りたいと思っているんです。この光景を私たちは、私たちの網膜に留めておかなければならないという務めというものを、考えるざるを得ないのです。

❖43 **小国寡民**［しょうこくかみん］……中国古代の思想家、老子の唱えた概念。まさに、小さな国と少ない民。ものがなくとも、隣国へと越境することもなければ、人びとは平和であるとする考え。日本では戦前、農村の疲弊のうえに立って、権藤成卿《ごんどうせいきょう》や橘《たちばな》孝三郎《こうざぶろう》などの農本主義者が唱えた。その考えが、「5.15事件」や「2.26」事件を生んだといえる。

入澤◎　自分たちがそこに立っているんだといいながらも、やはりはっきりいわなければならないのは、絶対的によくないことであるのは事実なんです。やはり、やっては絶対にいけないことなんですよ。やってはいけない方向性をつくれなかったから、問題なんです。やってはいけない方向性をつくっていくのが、「超」として超えていくことだと思うわけです。

それはどうしたって、この古《いにしえ》の「道」につながるんです。この「道」につながる方向性にしか、これからの社会の可能性もないんです。だとするならば、「道」につながる方向性を我々が出せれば、ここにこういう砂の山を築くこともなかったんですよ。やはり、やって

国道458号線からうしろに振り返ると、
肘折火山によってできた「シラス台地」が層になっているのが見える。

国道458号線から右に入り、
平林へと抜ける道の途中に砕石現場があった。

砕石現場のブルドーザーの運転手は、
森の知り合いの大蔵村の人だった。

はいけないことはやってはいけないんです。それを、はっきりいわないといけないと思います。

森▒　私は、「記録」もしていきます。ここに、こういう現実があったという記憶も、自分のなかに呑み込んでいきます。神が棲んでいた山も、私の記憶が留まっていた山も、あまりにも痛ましいので、ここは決意を語ってしまいました。

入澤●　さっきから、「超」だの「道」だのと、あいまいな言葉に聞こえるかもしれません。ではその具体性を、どこに見出していけばいいのか。それは、新たな相互扶助に基づくネットワークをつくり上げること。都市・都会の側からの、「無償の贈与」なんです。そこには、いままでとは違った「新しい事業」が展開されるはずです。地元の人たちと都市・都会からの人びととの相互扶助に基づいたネットワークとは、シンクタンク❖[44]のような機能をもつべきなんです。そこから生じるからこそ、「新しい事業」なんです。

いま、「格差」ということが、さまざまに喧伝されて

❖**44** **シンクタンク**……本来は政策立案、政策提言を主たる業務とする研究機関であるが、日本では、経営コンサルティングや市場調査、システム開発などを行う組織をいう。政府系、銀行・証券系、企業系などさまざまなシンクタンクがある。

❖**45** **県民所得**［けんみんしょとく］……企業所得も含めた一人当たりの所得をいう。各都道府県の経済力の指標として、最も一般的に使われる。ちなみに2004年度のデータでいうと、1位の東京都が455万9000円、最下位の沖縄県は198万7000円で、なんと東京都は、沖縄県の2.3倍である。

❖**46** **南北問題**［なんぼくもんだい］……地球の北半球に先進経済諸国が偏在し、南半球に発展途上国が偏在する経済格差の諸問題をいう。具体的には、日本、アメリカ、EUなどの北と、東南アジア、中南米、アフリカなどの南との経済格差である。世界にはいまも、一日1ドル以下で暮らす人びとが数多くいるのだ。

❖**47** **EU**［いーゆー］……欧州連合、またはヨーロッパ連合のこと。EC＝欧州共同体を基礎に、1993年、「マーストリヒト条約」によって発足する。経済、政治、軍事に至るすべての政策を共通化し、通貨統合を目指した。現在、加盟27カ国。本部は、ベルギーのブリュッセルにある。統一通貨「ユーロ」は、ドルとともに世界通貨となっている。EUの実験は、国境を超え、国民国家を相対化し、国家の廃絶という人類史の壮大な未来を語っている。

❖**48** **東京、大阪、名古屋、札幌、仙台、福岡**……一つひとつの都市の説明はうるさいので省き、ここでは指標として人口のみを取り上げる。6都市ともすべて、「政令指定都市」である。東京23区＝867万人、

います。そのなかで地域・地方と都市・都会との格差というのは、凄まじいものがあります。たとえば一人当たりの「県民所得」[45]などを比べてみると、三大都市圏の半分なんて地域が、ゴロゴロある。確かに、暮らしのスピードというものが、あまりにも違います。でもそれは、どうにかしなければならない問題なんです。「過疎」のことも、あわせて大きな問題です。

「無償の贈与」というのは吉本隆明の概念なんですが、世界でいえば南北問題[46]なんです。日本、アメリカ、EU[47]から、「南」の国々への「無償の贈与」。東京[48]、大阪、名古屋の三大都市圏から、地域・地方へ。札幌や仙台、福岡から、それぞれの地域・地方へ。それはお金だけでなく、「技術」をもったネットワークの移動です。そしてそれが、「無償の贈与」の構造なんです。そしてそのことが、「じっちゃん、ばっちゃん」の複合的な農業を照らし出して欲しいのです。まさにそれが、「可能性」の実態なんです。

大阪市＝264万人、名古屋市＝224万人、札幌市＝188万人、仙台市＝103万人、福岡市＝143万人。

◉大蔵村　柳渕

シアター、舞踊、現代美術、「大地の芸術祭」、「異和」としての芸術、ささやかな「希望」、他人の土地に入ること、相互に変わること、空き家を再生すること

森▒　ここは、大蔵村の柳渕《やなぎぶち》というところです。ここでは、私自身の「希望」を語らせていただきたいと思っています。十数年前、この柳渕の民家を借りて、〈すすき野シアター〉[49]という劇場をつくりました。そして五年前から、廃校になった分校も借りて、「芸術学校」を開いています。このことについて語ってみたいと思います。

　ここ柳渕は、昭和三〇年代には三〇戸ありました。それがいまは七戸。私たちの左に建っている家も、東京に引っ越すことになっています。櫛の歯が抜けるように、この三〇年間に集落の人口が四分の一以下になってしまうという実態が浮き彫りにされています。一体なにが、人びとを住めなくしているのでしょうか。

　しかしその一方、劇場ができることによって都会からの移住者が少し増え、子供も三人増えました。「希望の種子」のようなものが宿っていることも感じるのです。私たちはここに変化を促していこうとして、芸術活動を行っています。芸術の力というものに触れながら、入澤さんにも何度かここに足を運んでもらっていますが、まず、その印象を聞いてみます。


入澤◉ 懐かしい〈すすき野シアター〉、それから去年僕らが料理をしたり、泊まったりしてお世話になった分校ですね。いま、美術とか芸術とかアートとかいう話が出てきました。そうなると第一に取り上げなければならないのは、「大地の芸術祭」のことです。

　やはり、地域・地方の人びとか、中山間地域で農業を営んできた人びとにとってみると、最も「異和」をもつものが美術であったり、芸術であったり、アートと呼んでいるような世界なわけです。理解不能な世界だと思うんです。それは森さんの踊りの世界、演劇の世界も同じことであって、森さんはたまたま同じ大蔵村だったからその異和が少しは緩和されたかもしれませんが、本質的な異和というのはどうしようもなくあるわけです。

　そういう異和というものを、本当はさっきからいっている希望とか、中山間地域の農業なんかをどう変えていくかということにぶつけていかなければならない。その異和を見事に注入したのが、「大地の芸術祭」だっ

❖49 **すすき野シアター**［すすきのしあたー］……築60年ほどの寄棟造りの茅葺き民家を、森繁哉が借りて劇場としたもの。森と入澤は1999年、〈双葉社〉から発行されている『小説推理』という雑誌の座談会で、この大蔵村と〈すすき野シアター〉で出会った。

たわけです。さきほどの「無償の贈与」ということの、まさに具体性です。

異和というのが逆に、結果としては集落のなにかを掘り起こして、美術や芸術やアートというものを逆に土地の「神話」に変えていく。その実験場が、森さんにとってはこの〈すすき野シアター〉、柳渕ではなかったかという感じをもっています。

森　まったくその通りです。「異和」というか、単にここに同化したり、なじみ親しむだけではなく、私たちはまったく別のこと、異質性に富み、極立ったものをここに置いて、変化というものの発生を促してきました。生命は溢れ漏れ、そして逸脱していく過剰ですから、ここの自然そのものです。だから私たちは、ここに拮抗するもう一つの生命を対峙しようとしたのです。

芸術という行為もここでは、そのもう一つのなにかを提出していくこととして成立します。私たちは、その力をバネにして、集落や人が生きている現場というものにもう一度、関われないかと考えてきました。

いまおっしゃられたように、「大地の芸術祭」などでもそうですが、農業や林業や集落の人びとと関わりながら、同じ土地の上で多様な違いをつくり出して提出していくことが、関わりの一歩だと思うのです。

いま、入澤さんは「神話」とおっしゃいましたが、そのことをたくさんの可能性という言葉に置き換えて、私たちは「異なるもの」が互いに極立っていきながら、なおつながろうとするその瞬間をつくり出そうとして

柳渕にある森の拠点〈すすき野シアター〉を正面から見る。築60年ほどの寄棟造りの民家は、差し茅の修理中だった。

きました。そしてそのことは同時に、人が移動し、住み着き、ものの動きという変化を地域社会に与えました。人が入ってくることによって芸能が蘇ったり、自分たちの仕組みを見直したりという咀嚼《そしゃく》が始まりました。またなにより、世代を超える交換が現実のものとなって、学んだり教えたりという相互交通が、小さな現場の細胞の縁で始まりました。

このような時代ですから、アートというものが、そういう状況を押し上げ、村の人も私たちも同じ地平で同等の位置でなにかを語ることが、少しずつ出てきました。アートというものが力をもっているものだとしたら、単に個を拡大するだけでなく、このように人とつながることができるのだということを、示したことにあるのではないかと私は思っています。

私たちは、ここでそういう現場にいまいるということが、ささやかですが「希望」といえるものではないかと思っているのです。

入澤● 僕は、美術であるとかの表現というものは、「個のもの」であると考えてきました。たとえば一〇〇人がいたとする。一人だけは、それを演じたり見たりしながら理解できる。そのとき、残りの九九人というのをどう考えるんだ、という対立の構造として見てきたわけです。結果的に、理解できる一人は、一人でしょうがない。そういうものが「表現」というものの現場であり、「現在」なんだという理解の仕方をしていたんです。

この〈すすき野シアター〉もそうですし、「大地の芸術祭」のさまざまな展示を見ることによって、その考えがいかに間違っているかを思い知らされました。

北川フラムという総合ディレクターがいみじくもいっているように、「他人の土地に入る」ということはどういうことか。その他人の土地に、「現代美術」なんてものを設置することはどういうことか。そのことは結果として、美術家をして、地域であるとか風土ということに積極的に関わらざるを得なくなるわけです。関わらない限り、自分の美術表現はできない。そうすると、美術家側が変わるだけではなく、他人の土地に入っていくことによって、その他人であった集落の人びとをも巻き込んで、変えていってしまう。美術みたいなもの、森さんがやっている舞踊みたいなもの、それが最先端であればあるほど、逆にそういうふうになっていくんです。

そう考えたとき、僕にとって「一対九九」という問題は、解消されてしまった。解消されてしまったということだけではなくて、解消されてしまったことの実態が、さきほどからいっている「希望」であり、超えていく「超」の道筋を表している。先端の表現というものが関わったことによって、初めて「相互扶助」という関係の社会が、垣間見えてくるんです。

森▒ 「他人の土地に入る」ということ。土地に暮らしていれば、そういうことは当たり前に出てくることでしょう。人は暮らしていれば、他人の土地を踏まざるを得ない。他人の土地を通過し、自分の田んぼにいく。そういう現場では、同じ道の下草を共同で刈るなどという約束事があって、ささやかで柔らかいシステムができ上がっているわけです。

現代美術というものが、個に帰結したがゆえにそういう手続きを抜け落としてしまって、やっとここにきて、他人の土地に入るという足裏の感触を提示しなければ成立しないところにきたんだということを、越後妻有にいって感じました。こんなささやかな行為すら、現代は取り込むことができなかった

〈すすき野シアター〉の側面。
端正なつくりである。

のでしょうか。
そのことは、私たちに対してとても大きなことを示唆しているんだと思います。近代は、私たちを置き換え可能なものとして処理しています。現代美術も、そのことに答えていくための自己分化ではなかったでしょうか。
しかし、この目の前にある土地という関係項は、常に生々しく、過剰で、なにごとかを露出させながら、私たちを呑み込もうとしたり、引き込もうとしながら増幅している運動体でもあるでしょう。一つの形を成さしめて、それを壊してさえいきます。ですから、現代美術がこの土地に向き合うということは、私たちが自分の分化を、近代を超えていくもう一つのほかのものによって促されるということだと思っています。
土地の力によって分化させられ、私たちはそれと拮抗する自分を発見しなければならないのです。私たちの外部にあるもの、それを土地だとしたら、これは現代美術の一つの救いではないでしょうか。

入澤◎　現代美術の話になってきました。現代美術や現代舞踊などのさまざまな表現というものが、地域・地方に対して位置を占められるじゃないか、現在に対して可能性があり得るじゃないか、ということを初めて気づかせてくれたのが、「大地の芸術祭」だったわけです。最上地方で森さんがえいえいと築いてこられたこともそうですが、そこに結果として産業の創出だとか、人と人との関係が新たに起こる。そうしてしまう力を、美術がもってしまったというのは、凄いと思いますね。

森▨　それとですね、私たちのうしろに、この秋に東京に引っ越してしまう家があります。また、空き家になるわけです。そうした空き家を、「大地の芸術祭」では、「空家プロジェクト」として、約六〇棟もの民家や廃校を保存していくでしょう。美術というかアートによって、その土地に存在するものを、ちゃんと具体的につないでいった。この方法、これは消えないですね。確実になにかが、起こっていきますね。

入澤◎　「大地の芸術祭」のことばかり話してもしょう

がないんですが、この柳渕の空き家を、〈すすき野シアター〉として森さんが活用しているのも同じ一つの方法だろうと思います。「大地の芸術祭」の「空家プロジェクト」は、民家や廃校を再生、再利用することによって、まさにさきほどからいっている、「無償の贈与」の構造、相互扶助に基づくネットワークをつくり上げようとしているんです。安藤邦廣のいうように、民家はその地域の「記憶の集積」だとするならば、そこにこそ、「共同」「協働」の現場が発生するんです。

「記憶の回路」というものを、つなげたまま失わない。記憶と記憶の回路だけは絶対に失わない方法論。それは民家であったり、田んぼや畑であったり、作物であったり、漬物であったり、発酵食品であったり、なにであってもかまわないんですけど、記憶の回路だけはどうしても失ってはならないんです。

森▒　ここは、私にとってはいまも「希望の現場」ですし、「学習の現場」ですね。

◎大蔵村　柳渕に移り住んだ人

移住、雪、雪降ろし、広域組合

森▒　奥村ユミさんです。結婚なさって、藤島町❖50から柳渕にこられた方です。旦那さんは、茅葺き職人なんですよ。

入澤●　そうなんですか。柳渕にこられてどのくらいに

❖50　**藤島町**［ふじしままち］……2005年、鶴岡市に合併する。合併前は東田川郡に属し、人口約1万2000人。羽黒山のある羽黒町の北に位置する、中世の城下町。町内を、最上川水系の藤島川が貫流する。特産品として、庄内柿がある。

なるんですか。

奥村◆ 七、八年ですか。

入澤◎ ここに関わって結婚されて、お子さんもここで生まれたんですか。

奥村◆ はい、三人います。

入澤◎ どうですか、柳渕の生活は。

奥村◆ どうなんでしょう。大変は大変ですけど、お金もかからないし、楽といえば楽ですね。

入澤◎ ご主人は、どちらの出身ですか。

奥村◆ 滋賀県の、琵琶湖[51]に面した大津[52]です。

入澤◎ 関西と東北の結婚の組み合わせは、珍しいですね。

森▨ ここの生活が大変というのは、どういうところですか。

奥村◆ それは、雪でしょう（笑）。去年は凄かったですね。

入澤◎ 去年は、やっぱり大蔵村も凄かったんですか。

奥村◆ 凄かった。森さんのところ（すすき野シアター）、よくもちましたね（笑）。雪、何回降ろしたかわからないくらい、凄かったですね。

入澤◎ この辺で、積雪は何メートルくらいだったんですか。

奥村◆ 三メートル超えましたね。

森▨ いやぁ、四メートルくらいあったよ。

入澤◎ いい勝負だね、越後妻有と。

森▨ いやぁ、抜いた、抜いた（笑）。一週間のあいだに、屋根を傷めたんですよ。越後妻有を完全に抜きましたね（笑）。

入澤◎ どこが一番かって、豪雪地帯同士で張り合っていてもね（笑）。

奥村◆ 森さん、知らないかもしれないけど、一番奥のおばあちゃんが急に亡くなって、幸一さんのおばあちゃん。それで幸一さんも一人になったから、昨日から天童さ、いってしまった。設楽さんも、年内に東京、いや千葉だっけかな、移るって。だから、二軒減っちゃうの。森さん、移ってきて住めば（笑）。でも、雪、大変だからね。

入澤◎ でも越後妻有では、絶対これから廃屋・空き家は出さない、つくらないってね、ほとんど借り受けるか買うかして、六〇棟くらいを保全したんですよ。

奥村◆ 雪がなければ、家も維持できるんですけどね。一年留守すると、屋根がバタッと落ちて、軒がやられますからね。

柳渕に越してきた奥村ユミさん(中央)に、インタヴューをする。

茅葺き職人の奥村さんの家も、寄棟造りの茅葺き民家であった。

入澤◎ 越後妻有では、雪降ろしを引き受ける組織をつくっちゃおうとしているんです。

奥村◆ お金は誰が出すんですか。

入澤◎ それは、頼んだ人たちからある一定の金額だけ取って、それ以外の仕事もする組織をつくるんです。やはり都市・都会の人間にとって、一番抵抗があるの

❖**51** **琵琶湖**[びわこ]……滋賀県にある日本最大の湖。バイカル湖などに次いで、世界で3番目に古い古代湖といわれる。淀《よど》川《がわ》水系に属し、大津から流れ出し、瀬田《せた》川《がわ》、宇治《うじ》川《がわ》、淀川と名を変えて、大阪湾に注ぐ。特に中世から近世、「北前船《きたまえぶね》」の瀬戸内海航路が開発されるまで、北の地から京、大坂への交通の大動脈だった。今津《いまづ》や堅田《かたた》は、港として賑わった。生態系も豊饒で、ビワコオオナマズ、ホンモロコなど固有種が多く、ニゴロブナを使った「フナずし」の独特な美味しさは、二度と忘れることはない。

❖**52** **大津**[おおつ]……滋賀県の県庁所在地。琵琶湖の湖尻に位置し、比叡山《ひえいざん》(848m)で京都と分ける。人口約33万人。667〜672年、天智天皇によって「近江大津京」が遷都された。京都とのつながりが深く、延暦寺《えんりゃくじ》、日吉大社《ひよしたいしゃ》、園城寺《おんじょうじ》(三井寺《みいでら》)、石山寺《いしやまでら》など力をもった大きな社寺が多い。琵琶湖の湖上交通の要衝であり、宿駅であり、園城寺の門前町でもあった。

は、雪なんですね。家を買えとか借りてくれっていったって、半年間も雪に埋もれるところで、その間、誰が管理するのかっていう問題がある。それを自分でやるのは、無理だってことになるじゃないですか。その間は、その組織が管理するんです。雪降ろしだけ請け負うとして、一軒、たとえば二〇万円とかで請け負う。二〇万円を一年で割って、それに家賃を入れて、月に三、四万円くらいであるなら、借りてもいいかなってことになるでしょう。

森▨　実際に、その組織ができちゃったんですか。

入澤◉　きっと、つくってしまうでしょう。そういう方法がない限り、家の保全はできないですから。でもここだって最上地方全域で、と考えたらできるじゃないですか。柳渕だけで解決しようとしても、できませんよね。大蔵村全体でやるとか、それなりに地域が広がる。この場合、大きいということはいいことなんですよ。「相互扶助」の関係を、さらに大きくつくることができるということですから。

森▨　やはり私も考えているのですが、広[53]域組合のようなものをつくれますからね。

入澤◉　行政を抱き込む必要があるというのは、そういうことですね。

◎戸沢村　片倉の住人

民家、離村、空き家、雪

森▨　ここは、戸[54]沢村片倉《かたくら》ですよね。このソリは、冬のあいだ使うんですか。アッ、堆肥を運ぶためのものですか。

住人◈　堆肥でねくて、薪運ぶため。

森▨　いまも、薪ストーブにしてるんですか。

住人◆　んだ。

森▨　薪は、どこからもってきてるんですか。

住人◆　内山《うちやま》から伐ってきて。

森▨　私の家も、薪ストーブです。暖かくて、こでらんねって感じですね。温泉に入っているような感じで、いいですね。でも、山から木を伐ってくるというのは大変な作業で、なかなかできないですね。山に入れば、山も整備されるから、山にとってもいいことなのですね。ここのお宅ですか。

偶然出会った戸沢村片倉の住人に、森がインタヴューをする。

住人◆　んだす。

森▨　凄い家ですね。

入澤◎　被せてあるだけで、その下には茅が入っているんですか。

住人◆　茅、入ってます。

入澤◎　被せているのは、トタンですか。

住人◆　そうだす。

森▨　これは、中門造りではなかったんですか。

住人◆　中門造りではないな。

❖**53**　**広域組合**［こういきくみあい］……広域事務組合ともいう。特別地方公共団体の一つで、地方公共団体の事務の一部を共同で処理するために設置される法人である。消防、上下水道、ゴミ処理、福祉、学校などを担う。地域住民と直接関わるため、地方公共団体より組織が緩やかである。最上地方には、〈最上広域市町村圏事務組合〉がある。

❖**54**　**戸沢村**［とざわむら］……丁岳山地の東斜面に位置し、東西に大河・最上川が流れる。村役場のある古口《ふるくち》を前後して、北から鮭川が、南から角川《つのかわ》が最上川に合流するため、水害に悩まされ続けた。日本における、国民健康保険発祥の地である。人口6000人弱。古くから庄内と最上を結ぶ舟運の要衝で、それは「陸羽西線」が開通するまで続いた。日本最大といわれる最上川の川下りが、観光の中心となっている。

入澤　入母屋[55]にしてるんですね。

住人　んです。

入澤　この辺はでも、中門造りが多いですね。これで、築何年くらいですか。

住人　これで、百五十何年だね。

入澤　じゃあ、江戸の末期ですね。

住人　んだなっ。

森　もともとこの片倉は、何軒あったんですか。

住人　一番多いときは、二三軒。いまは、ここにずっといる人は、五軒だな。あと、新庄さいったりきたり。オレも、新庄さいってんだの。

森　じゃあ、この家にはもう住んではいないんですか。

住人　夏場は、田んぼを少しつくってるから、オレ一人なんなんだ。

森　そうですか。この辺は、じゃあ空き家が多いんですか。

住人　空き家が多いいな。いったりきたりしてるもんだはげ。新庄さな。

森　新庄にいくっていうのは、なぜですか。

住人　若い人が、新庄に住んでるはで。

森　じゃあ、冬は一緒にということで。

住人　んだなっ。

森　大変失礼なんですが、息子さんでしょうけど、新庄でどういうお仕事をなさっているんですか。

住人　息子は会社、嫁は保育所。

森　こういうところは、通勤が大変だからということでしょうか。

住人　通勤大変だはげな。あと、子供のこともあるんだべな。若い人は、皆そぅだな。まず、ほとんどい

❖55　**入母屋造り**［いりもやづくり］……屋根形式の一つで、屋根の上部を切妻屋根のように前後二方に葺き下ろし、下部を四方に葺き下ろす。切妻を真屋《まや》といい、その真屋が内側に入った意がなまって入母屋となったといわれている。寝殿造りや書院造りから発展し、茅葺き民家でも上層階級の住まいとなっている。そのため現在でも地方などにいくと、破風《はふ》が強調された瓦葺きの入母屋民家が見られるのが面白い。破風から、換気や排煙ができる構造をもっている。

ねぇな。

森▨　この家は。

住人◆　その家も、東京の方さ引っ越していったんだ。

森▨　いやぁ〜、もったいないないなぁ〜。

片倉の人の家は、入母屋造りの直屋(すごや)だった。
トタン屋根の下には、まだ茅葺き屋根があるという。

住人◆　雪多いもんだはげ、人いねずとダメだあな。屋根、ぐずぐずくる。オレ家だって、これ、ダメだもは。

森▨　どうしてですか。

住人◆　火焚いてると、雪滑って落ちるけっども、火焚かないと落ちねぇだもの。すっと屋根壊えでしまう。冬、こさいねもんだはげ。

入澤◎　いつ頃から急激に減ってきましたか。

住人◆　一〇年ぐれぇなるべぇがな。

森▨　でも、いい場所ですね。オマエら、勝手にいいなんていうなっていわれそうですけど。

入澤◎　急がないと。いまなら、なんとでもできるんです。

住人◆　冬は、雪が凄いもの。これぐれぃ多いどこはねぇもの。

◉戸沢村　片倉
民家の再生と保存

森▨　入澤さん、いまならなんとでもできるといってましたけど。

入澤◉　この片倉の集落は、一〇年くらい前までは二三軒あったのが、いまは五軒までに減ってしまったということでしたね。すでに崩壊してボロボロになっているところが、一軒ありました。

　ここから集落の全景が眺められます。五棟が中門造りの形をして、屋根にトタンを被せてあります。右側か左側に出入口があり、さきほどの家と同じように、このトタンの下にはまだ茅屋根が残っているはずです。そしてその茅屋根の下は、どんなに改造されていても、梁[❖56]や桁、主な柱であるとかの民家の構造が残されていると思います。とすると、どういう保存の仕方もいまならできるんです。少なくともこのなかの半分の一〇棟くらいは、そのまま使える。さきほどの話の延長じゃないですけれど、記憶の回路というものの切断がなくなる。それは、空き家になったとしても、民家が残っているいましかできないんです。これがもう少し進んで、本当に廃村にでもなってしまったら、もうアウトです。五軒がなんとか頑張ってくれればいいけれども。家が朽ちない前に、構造を全部生かして何らかのシステムをつくったら、まだまだどうにでもなりますよ。その実践が、越後妻有の「空家プロジェクト」なんですよ。

森▨　このことも、一つの「希望」というふうに捉えていいのでしょうね。

入澤◉　それを「希望」とするかどうかは、こちらの問題ですね。単純に行政がなんだかんだというんじゃなくて、少なくとも越後妻有ではできているわけですから、できないはずはない。

森▨　ここに住んでいる人たちだけの風景じゃなくて、私たちはいいなと思ってここにきてたたずみ、そして一息つく、そういう風景の共有をしている。この広がりのなかで、風景は成り立っているのだから、ここは私たちへの問いの場所として存在しますね。

入澤◉　さっきたまたま、柳渕の茅葺き職人になって、お子さんも育ててという奥さんの話を聞きました。そのとき越後妻有の試みを少し話しましたけれど、なにしろ空き家や廃屋はもう出さないといって、雪降ろしを含めた家の管理を引き受ける組織をつくる。そこで事業を興す。どのくらいの規模で、どのくらいの金額であれば、都市に住む人たちでも借りられるか。そのときに都市からの人たちは、ある知識なり技術なり人と人との関係、ネットワークというものを運んでくる。相乗効果というか、一石三鳥くらいになっちゃうでしょうね。越後妻有の真似をしろというんではないけ

片倉の集落を遠望する。

片倉にあった廃屋。ここまでになってしまうと、再生もへったくれもない。
もう一棟は、跡形もなかった。

❖**56** **梁と桁**［はりとけた］……梁は、柱頭《ちゅうとう》ないし柱上部の側面で主に枘差《ほぞざ》しにしてある水平材で、小屋組《こやぐみ》を支える最も重要な部材。側柱《がわばしら》上にあって、垂木《たるき》を受けるものを特に「桁」という。梁はもともと、棟《むね》に対して直角の梁行《はりゆき》方向にしか走ってなかったが、民家の構造が大きくなるにつれて、桁行方向にも渡されるようになった。

れど、そうやって先陣を切って、実験をして、現に効果を現している。その現実を見たら、いま手を打たないともう危ないかもしれない。

森▒　私たちはいま、そういうところに立っているんだということを、改めて実感していますし、柳渕を含めてなんとかしたいなあ。

◎戸沢村　与吾屋敷

フィリピンの花嫁、国際結婚、村の顕在化、グローバルということ、移民・亡命、コメの自由化

森▒　私たちは、戸沢村与吾屋敷《よごやしき》という集落にきました。五軒ほどがひっそりと寄り添う山村の集落です。ここには早坂さんという、五十代の男性がいます。田んぼももっていますが、この山ですから反収❖57も少なく、山を中心として山菜採りなどをして、朝市にそれを出したりして生計を立ててきました。父親の代は、炭焼きなどを生業としていたのでしょう。

その人がフィリピンから嫁さんをもらって、子供さんも育ち、現在は高校に通うと聞いています。最上郡には、フィリピンや韓国、中国といった国からやってきて結婚した女性たちがたくさん住んでいます。新しい南北問題を引き起こしたとか、経済力をバックにした侵略的な嫁取りなどと、さまざまに批判されました。そうした言説にはあまりリアリティのある思考がないように思っていましたし、思考の停滞、ある種の幼稚ささえ感じました。

そのような批判に晒されながらも、私たちは現実を閉じないでおこうと思っていました。私たちは、そんな流れの底に自分たちの実感のようなものを育てていたと思っています。これまでになかった結びつき、身体の奥底で確かに要求しているいいといってもいいつながり、関係、そういうものを構築していく、進んでいく思いのような実感といえばいいのか。それが国際結婚の当人たちの、本当の実感です。

批判は、人と人の関係を固定化して認識し、正しいことは一つでなければならないというような主張に彩られていましたし、自分のいっていることは客観的であって、客観的であるがゆえに正しいという短絡だったように思えます。この議論には結婚した当人たちは不在で、現実は、なにか別なものでさえありました。

でも実は、フィリピンの女性たちこそ、とてもしたたかに個の事情に徹し、その個を超えようとしていました。新しい結びつきといいましたが、日本の男性もフィリピンの女性も、歴史の底流で、新しい動き、要求、つながり、新しい営みに向かって自分を開こうとしていたのだと思います。そういう実感が、確かに根づいていたのです。

結婚という極めて個的で、ややもすれば矛盾を引きずりそうな事情によって現れてはきたのですが、それは生命の要求だったと思い、そのことは歴史の必然だとさえ感じました。国を超え、歴史の底流で、確かに動いているこの実態を掴まねばならない。それは、私自身の生命の要求のようなものでさえあると、思っていました。

ですから当初からこの国際結婚は、男性の自立などという近代の自立思想だけでは解決できない問いを含んでいました。みんなその前で、立ち往生していたように思えます。関係は、一列に並んだのです。まずこのことが、大切なのだと思えました。

さきほどいいましたように、子供さんも生まれ、育ち、新しい関係はたくさんのことを抱えながら、新しい営みを続けております。この山村に、一つのことが宿ったように感じていいのではないでしょうか。

❖57 **反収**［たんしゅう］……田畑1反＝300坪強の、農作物の収穫高をいう。コメでいうと、全国平均522kg。1俵＝60kgなので、約9俵ということになる。

入澤　フィリピンの花嫁の問題というのは、前にも森さんと話したことがありましたね。そのなかで一番感動的だったのは、彼女らを真っ先に歓迎したのは、ばっちゃんたちだったということでした。たとえば、汲み取り便所が使えないだろうから水洗に替えるとか、そういうところに手をつけたのは、ばっちゃんたちだった。あの話が、最も感動的だったんですよ。

確かに、国を超えて結婚するということも凄く大きなことです。しかし、村の立場からいってなにが最も大切なことかというと、「村の現在」、この集落ならば五軒なら五軒しかないということ。それが、どういうふうな生活をしているかということを、顕在化させちゃうんですね。フィリピンから花嫁がくることによって、南北問題だなんだかんだと逆に叩かれることによって、当事者たちが自らを顕在化しちゃう。それが、もの凄く大きいことなんです。実はそれこそが、いまの社会に対する反措定になり得るものなんです。

五軒が生きる場所はなんなのか。なにによって食べているのか。そこでどういう関係を培ってきたのか。隣りの片倉集落とどういう関係をつくり、最上郡全体とどういう関係をつくってきたのか。などというふうなことを考えていくと、今回延々としゃべってきたことの可能性が、実はそこにこそあるんだということなんです。

森　まさしく、そこに芯があるなと考えます。彼女たちが村にくることによって、二重の外の目に晒されました。一つは、彼女たちの目、もう一つは、村の外の目です。

私たちは、そうして自分自身を相対化できる位置に立ったのです。そのことによって、内に潜在していた営みを続ける力のようなもの、最も生きるということに直に結びついたさまざまなものが顕わに、出現したのだと思います。そして私たちは、その出現したものを再構築しなければならない。そうした事件でもありました。

そしてもう一つ、彼女たちの存在は、私たち自身が「外国人」であることを、内に在りながら私たちに認識させたのです。そういったことの衝突、錯綜を私たちは引き受け、引き継いでいかなければならない。そしてそこにしか、「グローバル」の意味はないと思うんです。

入澤◎ そうですね。いまいわれているITやインターネットを中心とした「グローバル」という概念は、本質的、本来的なグローバル、世界性とはいえません。ここにフィリピンの花嫁がきて、村が顕在化されてくる、いまの課題が明らかになる。そこには、まさに「グローバル」という視点があると思いますね。

森▒ それが、「超」ですよね。

戸沢村与吾屋敷の早坂邸。

入澤◎ そうです。それこそが「超」ということの実態であり、可能性でもあるのです。「超」として現在を超えていける、それはいってみれば「正しいグローバル」だと思うんです。そういうことは、どんどんやった方がいい。

もっと大きなことでいうと、日本は基本的に「移民」や「亡命」を認めていない。というのはどういうことかというと、国を開いていないということですよ。日本はここまで高度になって、世界に冠たる経済大国であり、さまざまな自由なところをもっているけれども、外に対して開いていないというのが最大の問題なんです。確かに、EU、特にフランスやドイツなどではやっかいなことがいろいろと起こっていますが、ほかの国の人びとに開かれている姿は、国を開いている具体性は、うらやましい限りです。フィリピンからきた花嫁を含めて、森さんたちがやってきたことは、それを顕在化したと思います。

森▒ そうだと思います。フィリピンの花嫁さんが大蔵村などにきてから、都市の周辺に潜在的に眠っていた人びとの声が顕在化していきました。地殻変動を彼女たちは促したのかもしれない。というような大げさないい方もできるほど、その振動は広がりをもっていました。私たちはここで触発されたものをしっかりと受け止め、そしてもう一度ここに通過させながら、そのことを自分自身のこととしなければならないと思います。ここに静かにポツンと立っているこの山村に嫁いできたフィリピン女性の生き様を、私たちはちゃんと時代のなかで生きたものにしていかなきゃいけない。

入澤▒　そうですね。この間ずっと「希望」とか「可能性」とかいうことばかり語っていて、オマエら少しは具体的なことに近づいているのかよ、といわれるかもしれませんが、それが一つの顕在化と方法だったということです。森さんと大蔵村がそこまで考えて導入したかどうかはわかりませんが、結果から見ても、また実際の行為のなかから出てきたことから考えても、人の関係を顕在化し、それを大きく変えてしまいましたね。

森▒　私もそう思っていると同時に、それを自分のなかに種子として取り込むことの必然性を、私だけじゃなく、大蔵村の人びと、最上郡の人びとが考えなきゃいけないいんじゃないかと思います。

　フィリピンから嫁さんをもらい、一方では外国人の労働者の職場を放逐したり、なお外国のコメをシャットアウトするという、日本の農村の二重構造。この捩じれた構造こそ、私たちは逆に顕在化しなきゃいけないのです。農村のもっているこの捩じれた構造をもっとちゃんと露出させ、陽に当て、排除性や自己隠蔽といったものを、自分たちの目でしっかり見届けなければならないのです。

入澤▒　そうですね。いまコメ[58]の自由化のことが出てきましたが、ＪＡや政治政党も含めて、日本の農業に関わっている人びとのほとんどは、自由化に反対だった。自由化反対というのはどういうことかというと、人の選択肢を奪うことなんです。生活するすべての人びとは消費者ですから、安いコメが入ってくることはいいことに決まっているんです。

　農業の側がコメの自由化を拒否したことによって、都市と農村、都会と地域の人びととの交流の場を断ってしまったことが残念ですね。それといっておけば、いまのままでは日本の農産物の自給率❖59が上がりっこないのは、自明のことなんですよ。


森▨　それは、農村をめぐるイメージといえばいいのか、農村、農業は当然こうあるべきだとする観念を固定化してしまい、ほかの考えを追い出して、農村をそこに留めてしまったことの結果だと思います。

　生命の活動は常に動き、自然というもののそこでくり広げられる営みは、たえず流動しているのだと思います。地域だって、動いているのです。もろもろのことが互いに影響し合って、関係を続け、そうして編成し合って、より強度のある新しい現実をつくり出しているのでしょう。

　この運動性を文化や固定の思考によって封じ込めてしまい、農村の変化を遮断してしまいました。農村自身も、そのことを隠蔽してしまったのです。それこそ、私たちが打破しなければならなかったことなんです。

　逆説的にいえば、コメの自由化こそラッキーチャンスであったと捉えるべきだし、「超」という時代を取り込むチャンスであったというふうに思えるわけです。「超」ということを、私たちはしたたかに、柔軟に、ふくよかに、広やかに、取り込んでいく。この身の置き方と身の構え方、そこに私たちの戦略というものの根っこが潜んでいる、という印象をもっています。

❖58 **コメの自由化**［こめのじゆうか］……1995年の「ウルグアイ・ラウンド」によって、コメが関税化されたこと。ウルグアイ・ラウンドとは、1986〜95年にウルグアイで行われた貿易障壁をなくすための通商交渉。1995年、日本はコメの輸入量を、国内消費量の4%から8%へと、2000年まで毎年0.8%ずつ増やしていくことを義務づけられた。

❖59 **自給率**［じきゅうりつ］……食糧自給率のこと。一国内で消費される食料のうち、国内生産でどのくらいまかなっているかの数値。通常は、カロリーベースで表記する。2006年度、日本はついに40%を割り込み、39%となった。ちなみに2002年データでいうと、アメリカ119%、フランス186%である。日本での2005年データでいえば、東京都1%、北海道201%である。

◎舟形町

最上川に面した蕎麦屋

そば、川魚、風土食、食のネットワーク、漬物や発酵食品、衣食住という伝統、後継者、観光、フリーターやニートの移住とその可能性、農業の担い手、大学生の豊かさとしたたかさ

森▒　いま、舟形町❖60にきました。いろいろな場所、現場を見て、また少人数だったですが、そこに住んでいる人びとにも会ってきました。最上郡の市町村の縁のような部分をたどりながら、一方では内部に入っていく往復運動をくり返しながら、村の現在に触れる旅だったと思っています。いま、あるそば屋さんに入って、新そばを食べています。ちょっと私たちの可能性というところから、「食」というものを考えたいと思います。

もちろん「食」というものも、それが単独に成り立っているものではなく、山や川や海があり、人がそこに関わり、そして引き継がれた料理の技術があり、それを味わい尽くしながら「食べる」という行為に至ってい

❖**60**　**舟形町**［ふながたまち］……町内を最上川支流小国川《おぐにがわ》が貫流し、南部には最上川が流れる。人口約6500人。江戸時代、羽州街道の宿駅であった。明治時代になると亜炭《あたん》の採掘で賑わい、隣りの最上町などとともに「最上炭田」と呼ばれたが、いまは廃坑となってしまった。現在、有名な小国川のアユで、まちおこしに取り組んでいる。

❖**61**　**モクズガニ**……イワガニ科のカニで、「ズガニ」といわれることが多い。はさみに黒から褐色の毛が生えているのが特徴で、サハリン、台湾、朝鮮半島東部にかけて分布する。成体は夏から秋に河川に姿を現し、秋から冬にかけて降海して産卵する。幼生は1カ月ほど海で過ごし、川を遡上する。肉は少ないが、味噌汁などにすると本当に美味。

❖**62**　**アユ**……キュウリウオ科アユ属に属し、最も知られた淡水魚である。体長は、30cmにも達する個体もある。北海道西部以南の日本各地に棲息する。奄美大島と沖縄本島のアユは、亜種である。世界では、朝鮮半島から中国沿岸部、台湾に分布する。産卵期は、北では8月下旬〜9月、南では10月下旬〜12月で、孵化した仔魚《しぎょ》は海へと下り、翌春まで海で生活を送る。遡上期は、南では3月〜5月、北では5月〜7月で、中上流域で定住するようになると、エサ場の石を中心とし

くという膨大な体系をもっているものです。そして非常に面白いのは、温泉などと同じように、普遍性をもって人間の外部性につながりながら開いていく装置としても有効な機能をもっているのですから、観光や新たな産業を生み出していくものでもあると思います。議論の端々に食べものの話が出たり、その土地の郷土食のようなものが出たりしましたが、食べるという行為を含めて、「食」について聞いてみたいと思います。

入澤さんは最上にきて、ずいぶんいろんなものを食べて、いろんな店も回っていると思うんですけども、伝統・郷土食も含めて最上の食についてどう思われますか。

入澤●　たまたまいま〈そば処重作〉というそば屋にきて、新そばを頼み、ズガニ(モクズガニ)[61]の味噌汁、落ちアユ[62]の塩焼き、カジカ[63]の唐揚げも注文しました。今日は頼んでいませんが、ここにはハヤ[64]の塩焼きと味噌焼きなんていうのもあります。ズガニ、アユ、カジカ、ハヤ、これにウナギ[65]、ドジョウ[66]、コイ[67]、そしてこの辺

て1m四方くらいの縄張りをつくるのを特徴とする。この習性を利用した独特な釣方が、「友釣り」である。一年魚であるが、まれに年を越す個体もある。琵琶湖では、琵琶湖を海と見立てて、各流入河川に遡上する。食べ方は種々あるが、超美味というべき淡水魚である。

❖**63**　**カジカ**……カジカ科カジカ属に属する日本の固有種。河川陸封型の「大卵型」と、産卵後川を下り稚魚の時代を海で過ごして再び川に遡上する、「小卵型」に分けられている。小卵型は川の中・下流域に棲息し、大卵型は上流域の溪流に棲息する。最近では、金沢の「ゴリ料理」にはこの種が使われる。美味。

❖**64**　**ハヤ**……正式名、ウグイ。コイ科ウグイ属に属し、全国に分布する。イワナ・ヤマメと同じように陸封型と降海型があり、北にいくほど降海型が増える。陸封型は30cmくらいまでだが、降海型は50cmにまで達する。通常は不味だが、産卵期は春から初夏で、これも南にいくほど早くなる。通常は不味だが、産卵期には雌雄とも3本の鮮やかな赤い条線が走り、この時期だけは超美味になる。遠火であぶり、唐揚げや甘露煮、そして塩焼きや天ぷらにして食す。

❖**65**　**ウナギ**……ウナギ科ウナギ属に属し、体長1mを超える。日本全土から東南アジアにかけて分布する。体表はヌルヌルしていて、皮下に小さな鱗がある。産卵を含む生態は明らかでなかったが、産卵場所も突き止められつつある。養殖用に獲られるシラスウナギは、透明で体長5cmくらい、1~3月を盛期に川を遡る。全国に無用な河口堰がたくさんできているため、天然遡上のウナギは本当に少なくなっている。美味。

にはあまり食の伝統がないかもしれませんが、ナマズ[68]を加えると、渓流魚[69]を除いて川魚の料理はほとんど出揃います。

山の畑で栽培したそば、そして塩や味噌などで漬け込んだ漬物などを含めて、里や山、川の恵みが並んでいます。最上は、もともと山菜、キノコが豊富に採れるし、日本海からサケやサクラマスが上がるところです。そういう意味合いでいうと、目の前を最上川[70]が流れていて、兼業農家がやっているんだと思いますが、ささやかではあってもズガニ漁などの川漁が行われている。私たちは、その恩恵にこれから浴するわけです。

先走って一つだけいってしまうと、都市・都会と地域・地方との格差を相対化しようとか、都市とのさまざまな関係をつくり出すとかというふうなことを本当に真面目に考えようとすると、単に珍しいものを出すとかということではなく、それがもっている意味合いであるとか、その風土がもともともっていた食の考え方というものをかい潜りながら提示をしていかないと、関係性はもてないと思います。

川魚料理などを出す料理屋のいまある一般的な姿は、残念ながらどういうふうに高度にやっても、どういうふうに安くやっても皆同じで、観光事業の一環でしかない。観光というところでは接点をもてるけれども、

❖66 **ドジョウ**……ドジョウ科ドジョウ属に属し、体長12cmほどになる。日本全国に分布するが、中国、台湾、朝鮮半島にも分布する。水田や湿地、細流などに棲息し、体表のぬめりと口ひげに特徴がある。産卵は、オスがメスにからみついて行う。えら呼吸だけでなく、腸で空気呼吸もできる。開いてゴボウと煮て卵でとじる「柳川鍋《やながわなべ》」が有名だが、東京では「まる」と呼ばれる「どぜう鍋」である。蒲焼きでも食す。美味。

❖67 **コイ**……コイ科コイ属に属し、体長60cm、まれに1mに達するものもある。日本の自然種は関東平野から四万十川《しまんとがわ》にかけて分布し、日本の固有種かともいわれている。全世界に分布するが、自然分布はユーラシア大陸のみである。雑食性で悪食であるとともに、どんな汚れたところでも棲息できる。コイの洗い、コイこくなど、美味。

❖68 **ナマズ**……ナマズ科ナマズ属に属し、体長60cmにも達する。河川の中・下流域や池、湖沼に棲息し、肉食で悪食。日本産淡水固有種の食物連鎖の頂点に立つ。上あごと下あごに一対ずつひげがあることと、長い尻びれに特徴がある。日本のナマズは3種で、ビワコオオナマズ、イワトコナマズは、琵琶湖の固有種である。食の習慣が一般

それ以上でも以下でもないんですよ。
たとえば、南蛮味噌❖71でしたね。それは肘折温泉❖72の朝市だって新庄の街なかの呑み屋だってあるのに、ここにはないわけです。確かに美味しいそばを出すことが第一義かもしれませんが、地元の人間だけを相手にするんじゃなく、観光客なりにあるインパクトを本当の意味で与えようとするなら、漬物一つだって、この地域の豊饒さのなかの素材を使った、三つ、四つの漬物を出すことはできるはずだと思うんですよ。

美味しい南蛮味噌がもし出てきたとする。その「食の記憶」というのは、絶対に人からは失われないはずなんですよ。不思議なのは、地元の人たちが日常的に食しているものだから、そんなものを店で出したって、というふうにしてしまう。でも本当は、「そんなもの」なんかが、大事なんです。

そしてそれらが、「現在」というスピード社会のなかで、新たな「価値」を生み出す。それはきっと、地域・地方と都市・都会の双方の人びとを変えていくんです。

的でないのが残念だが、天ぷら、フライ、蒲焼きと、すべてにわたって美味。最近では、北アメリカ原産のアメリカナマズが多く出回っているのが、なげかわしい。

❖69 **渓流魚**[けいりゅうぎょ]……河川の最上流域で、段差があり、岩がゴロゴロしているような形状のところを、「渓流」という。そこに棲息するイワナ、ヤマメ、そして北アメリカ原産のニジマスを指して、「渓流魚」と呼ぶ。その魚種を釣ることを、「渓流釣り」という。

❖70 **最上川**[もがみがわ]……源頭は吾妻山《あづまさん》(2035m)だが、飯豊・朝日連峰、吾妻連峰のさまざまな河川を集めて流れる。一つの都府県を流れる河川としては最長で、流程232km、流域面積7,040km²。米沢盆地、山形盆地、新庄盆地、庄内平野の穀倉地帯を潤して流れる、大河である。日本三大急流の一つ。江戸時代、瀬戸内海を経由する「西回り航路」が開発されると舟運が発達し、その隆盛は明治時代まで続いた。そのため最上川流域は、京、大坂とのつながりが深い。

❖71 **南蛮味噌**[なんばんみそ]……なんばみそともいう。唐辛子に味噌を加え、酒や砂糖などで味つけした発酵食品である。東北から越後地方の特産品といえる。そのまま酒のつまみに、野菜につけたり、調味料としても使える。美味。

❖72 **肘折温泉**[ひじおりおんせん]……前記、銅山川中流、肘折火山上に位置する温泉。開湯は大同《だいどう》2年(807)といわれている、古くからの湯治場である。4月~10月の5時30分~7時30分に、山菜やキノコ、さまざまな食品が並ぶ、有名な「朝市」が開かれる。もともと月山を中心とする出羽三山の登山口で、現在も「肘折口」がある。「肘折こけし」も、よく知られている。

「食」を中心とした、新たなネットワークです。

森▨ 非常に大事なことが指摘されているわけですけれども、たとえば「観光」という一つの産業の成り立ちを考えたときに、私たちは商品価値として、持続的に一つのものを提供し続けていかなければいけないわけです。ところがその価値を消費する、たとえば食する人たちは、さまざまな時代の観念というものを、食に貼りつけながら食に向かってもいます。美味しさも、量とか形とか出し方の問題とか、食する人は時代を食しているのかもしれません。このように嗜好物としての商品を仕上げていくというのが、まず前提になるわけです。そこに、近代の装いが入ってくるわけです。いやがうえにも私たちは、時代に絡め取られながら、観光を推行しなければならないという現実があるのです。

そしてこのことがどんなことを誘発してるかというと、一定量を持続して提供するということは、村自体のシステムも変えることに至るわけです。でも食というのは、そんなふうにシステム的ではありません。日常的に存在しているものです。だから、観光という産業を取ったときに、私たちは意識的に商品として仕上げていかなければならないし、村のシステムを見直していかなければならない。そうしながら、商品からいかに土地の人たちの「息づかい」や「貌」というものを復活していくことができるのかということを、考えなければいけない場面に立ち合っているのです。

さらに、商品は商品として時代のなかで再生産され、独自性をもって自己運動を続けてしまうわけです。そして自己運動しながら、土地と切れた別個のものをつくり出してしまう。世界にどんな「秘境」もないように、超時代の「超」は、秘境を暴いていくわけです。次の秘境、次の秘境とこのカラクリのなかで自分にとって「秘」なるものを生み出していく。そこに、どう歯止めをかけていくかが問われています。

商品価値としての商品の自己運動に、作物などをつくっている人たちのリズムや息づかいを、どう失わないでいくかというところにかかっているわけです。そしてそれを、超近代の商品としてどう提供し続けていくか。ここに観光、たとえば温泉、料理、さまざまなものの関わりがあるんですけれども、そのカラクリがなかなか摑めなくて、失速してしまうという状況が続いているのです。

戸沢村古口の最上川の流れ。とうとうたる大河に、「最上川芭蕉ライン舟下り」の屋形船が下っていく。この少し上流が、発舟場である。

入澤◎　さっきからあえて、このそば屋兼川魚料理屋で、南蛮味噌や漬物などがもっとあるじゃないかといってきました。確かにそれらだって、資本主義の論理に絡め取られて「商品」となっていってしまう。商品である限り、持続性をもたなければならない。そうなると、土地の漬物なんかは落ちていってしまう。

ここが難しいところなのですが、「超」ということが課題だからこそ逆に、南蛮味噌があるよ、漬物があるよ、発酵食品があるよということを、さきほどいったように新たに生かさなければならないわけです。それを、象徴してつなげなければならない。そこに、都市・都会に住む我々を含んでシステムをつくることができなければ、絶対に負けてしまうのです。

森▨　これまでの観光産業は、特異性というかそういうものを際立たせていく方向を目指してきました。でも、それでは負けるんですよ。ですから、「超」というものを取り込んでいくことによって、形のある商品が提出できるかもしれない。それはシステムを見直し、システムをこちらが奪回し、それを再編成してゆくなかに、私たちの息づかいを復活させていくということかもしれません。

入澤 たとえば柳渕みたいな過酷なところで育てられたり、焼畑で育てられたりした作物というのは、食べると本当に美味しいんですよ。ハウス栽培された作物などと比べてみると、どうしようもなく美味しいわけです。その差は、誰にだってわかるはずなんです。それが、肌合いや風合い、息づかいなどという言葉を使う意味合いなんです。

それは結果的に、土地が孕《はら》ましてくれるんです。それをどこかで持続可能な商品にしていく、付加価値化していくことができなかったら、はっきりいって、これからの農業の救いはないんです。

森 さきほどもいいましたように、これまでの観光というのは、個別化するとか、現象を際立たせる方向をもっていました。でもそれは、一部分の有効でしかなかったと思います。

入澤 ある一定の有効性をもち、それは地方の現実をどこかで救ったわけです。救ったことは事実であって、それをも認めないというと、おかしな話になっちゃいますね。

森 もちろんその有効性は、さまざまなことを開いてきました。でも地殻変動にはなかなか至ることができなく、表層性に絡め取られているのが現状です。そして個別化という言葉によって、再生産のシステムを、自分自身がつくり出してしまわざるを得ない場に追い込まれる。秘境なんてどこにもないのに、どんどん、どんどん秘境をつくらざるを得なくなるんです。

入澤 そうですね、無限階梯に入ってしまう。いつまでたっても抜け出せない。そのときにさっきのキノコ栽培じゃないけど、缶詰にすればいいのか、塩蔵すればいいのかということではないんです。ばっちゃんが漬けている漬物とか、森さんと一緒に買いにいった大蔵村清水の南蛮味噌をつくっていたおばさんがいたじゃないですか。ああいう姿そのものを、そのものとしてシステムにできなかったらダメなんです。そのものとしてシステムにできる方法を、こっちが具体的にどうやってもてるかなんです。

もう一つ大きなことはなにかというと、「肌合い」や「風合い」とか「息づかい」とか、それは漬物とか発酵食品などには幸いなことに、全部残っているわけじゃないですか。各家がもっている匂いとか、風土の匂いを背負っているわけですよ。それがもし持続可能な形になっていって、「超」の世界を呑み込むような商品になっていったときにどうなるかというと、「伝統」なんていう言葉も必要なくなるんです。必ず、受け継がれるんです。

具体的にいえば、商売にしちゃえばいいんです。そういう道筋ができたら、後継者がどうだとか、もっというと、過疎化なんていう概念もなくなると思っています。「食」は、そのくらいの可能性と問題を孕んでいるんですよ。食だけではない、やきものや織りだってなんだって、衣食住のすべてがそうです。

そこにも、さきほどからいっているように、都市・都会の側からの「力」が必要なんです。わけのわからない、「ヤクザ性」が求められるんです。ネットワークであり、システムであり、新たな「事業」というものの創設です。それは、いままでになかった「商品」を生み出すはずです。

森▒ ただ、今日回ってきた農村のように、若い人がいない、じっちゃん、ばっちゃんだけで、何をやるにも資金力もない。ほとんどが食べるという現実に、踏みとどまっているのが現状じゃないですか。そんななかで、その担い手は誰かとなったら、どうですか。

入澤▒ 越後妻有が面白い姿を見せてくれたのは、「こへび隊」❖73という存在です。じっちゃん、ばっちゃんの世界から最も遠い、学生やフリーターとかニートとか呼ばれて、都市・都会でウロウロしながらもやもやしている若者を募ったのが「こへび隊」ですが、そういう若者が入ってきたりとかなったら、あり得るかもしれない。都市・都会に出た子供たちが農業を継ぐから帰ってくるのではなく、ITやインターネットなどに晒されたフリーターやニートといった人たちが集落に入ってくるとしたら、彼ら彼女らのささやかな「ヤクザ性」が、救ってくれると僕は思っています。

森▒ 入澤さんと北川さんの対談で❖74一番印象に残ったのは、その「こへび隊」に触れたところなんですね。越後妻有にいけば、食うだけはできるだろうと二人はい い切っている。担い手が誰かと問うたとき、ここなんだと思うんですよ。

入澤● それを受け入れるだけの土壌を、最上地方はいっぱいもっているわけです。あの五軒になってしまった集落も、実はもっているわけです。

森▒ コメの自由化は、確かに外圧だったかもしれない。そうせざるを得なかったかもしれないけども、その門戸が開いたわけでしょう。もう稲作も、抑圧的な側面での「固有信仰」から解き放たれたのです。だからこそ、若い担い手といわれる人たちに、さきほどのフィリピンの花嫁と同じように、もう一度登場してもらう。もう一度、外部に開きながら村自体が自らを再構築する。たまたま観光できたかもしれない若い人たちが、ちょっとした縁で集落暮らしを始める。そういうことを受け入れていくプロセスに、大変大きな可能性が孕まれているのだと思います。村はそういうことに、もう一度門戸を開く以外にないと考えています。

入澤● 担い手は誰かと問われたので、担い手はこういうふうにあるといいましたけど、北川フラムは対談でいみじくもこういっていました。「少なくとも、そこではやることがありますよ。それに、田んぼをやりゃ食えますからね。そして何より、そこでは大切にされます。時給九〇〇円労働よりは、ずっと意味をもってその労働力は扱われます。」（『希望の美術・協働の夢――北川フラムの40年 1965–2004』、角川学芸出版、二〇〇五年）。

そうすると、そこにはまた新しい渦が発生するわけじゃないですか。リストラや定年退職で帰ってくる人たちにも渦が発生するかもしれないけど、フリーターとかニートとか呼ばれている人間たちがくることによって、もっと大きな渦が発生します。

たとえばさっきの柳渕でいうと、フリーターやニートではありませんが奥村さん夫婦みたいなもんですよ。それは、森さんの力によってああなった。そこに彼らがきただけで、じっちゃん、ばっちゃんたちが凄く元気になる。それと、じっちゃん、ばっちゃんたちは、彼らになにかを教えようとし始める。田んぼの耕し方、畦《あぜ》のつくり方、土留めの仕方、どんな作物をいつ植えるかなど栽培の仕方、山菜やキノコの採り方、それらの保存の仕方など、全部教えるわけですよ。教えるという行為が、イコール全部伝えることなんですよ。そのなかに、持続可能な商品化だとかの芽があると思います。

さきほどから話の出ている越後妻有の〈まつだい「農舞台」〉❖75のスタッフは、全員「こへび隊」出身なんです。その彼らの働く姿を見ていると、あなた方はよくきてくれたと、涙が出るほど嬉しくなっちゃうんですよ(笑)。

❖73 **こへび隊**［こへびたい］……北川フラムが、「大地の芸術祭」を運営するために呼びかけて結成した。北川は、さまざまな大学などに直接いって参加を募ったという。「こへび隊」は、1999年の秋から稼働した。彼らはたった一人、雪の集落のなかに投げ出された。集落の人びとの協力を得られず、泣く泣く帰ってくる者が多かったにもかかわらず、「こへび隊」は増え続け、2000年と2003年の「大地の芸術祭」を主体的に担ったのだった。フリーターやニートも加わった「こへび隊」と地元の集落の人びととの交歓は、これからの日本の未来を指し示している。

❖74 **対談**［たいだん］……北川フラムの『希望の美術・協働の夢――北川フラムの40年 1965–2004』に載った北川と本書の著者、入澤との対談のこと。2004年12月31日の雪の降る日、6時間にわたって行われた。

❖75 **まつだい「農舞台」**［まつだいのうぶたい］……十日町市松代にある、「大地の芸術祭」の中心施設。正式名称、〈まつだい雪国農耕文化村センター「農舞台」〉。設計＝MVRDV（オランダ）、2003年竣工。「ほくほく線」松代駅から直接いけるようになっている。ギャラリー、ショップ、レストランやさまざまな作品が併置され、多くの人で賑わっている。日本において、これからの地域・地方と都市・都会との関係を相対化する、象徴的な施設といっていい。

森　村というものの毛細血管が、ズタズタに切り裂かれたような状態になっている。若い人たちの位置だって、決して未来性が保証されているわけでもなく、これもズタズタに引き裂かれている。このような状況が結び合う道筋を、むしろ農村がつくり出せるのではないか。そこに、農村の再生力があるのかもしれません。

入澤　双方とも、強烈な圧迫感をもっているんでしょうね。いま回ってきた大蔵村とか戸沢村でいうと、じっちゃん、ばっちゃんたちの長男はかろうじて残っているかもしれないけど、次男・三男は都市・都会に出てしまっている。長男が農業をやっていたとしても、先行きなんの希望ももてない。特に長男は、期待を一身に背負うわけだから、その圧迫感も凄いでしょうね。その圧迫感と、都市・都会でまわりの人間たちがやれITだ、グローバルだとか、「勝ち組」❖76だ「負け組」だとか、人がそこに生きているとかいうこととはまったく関係のない、下品な言葉に晒されているフリーターとかニートと呼ばれている人たちの圧迫感は、確かにパラレルですね。

森　凄いなあ、「勝ち組」、「負け組」という、あの選別の仕方は。若い人たちは、どう考えているんでしょうか。

入澤　北川フラムは、「時給九〇〇円の時間労働者であるという意識は、彼らには極めて強い。それしかないんじゃないかと思うほどに。」（同前）といっていましたけれど。しかし彼らは逆に、選択しないことによって、どこかで人間の自由さというものを体現していることだってあると思うんですね。そういう部分を見なければ、一方通行になってしまいます

❖76 **勝ち組、負け組**［かちぐみ、まけぐみ］……地位や名誉、大きな資産を得た経営者や実業家、弁護士や医者などの富裕層を「勝ち組」といい、低賃金、貧困、エリートコースを外れた人間たちを指して「負け組」と呼ぶ。象徴的には、大手町《おおてまち》、汐留、六本木《ろっぽんぎ》などの超高層ビルに勤めたり、住んだりする「勝ち組」と、定住せずインターネットカフェなどに出入りする「負け組」となる。人間の本質に思い至ることのない、下品な言葉である。

からね。

森　そう思います。

入澤　時給九〇〇円の労働者としての彼らの生活は、悲惨なんでしょうね。確かに悲惨だろうけれど、その一方で可能性も含めていうと、彼らのもっている自由さというのは大きいと思う。それは、どこか人類というものがもっている自由さの、普遍性というものの姿を、多様性を、彼らが見せてくれるからなんですよ。だからこそ、ここにきて欲しいわけです。

森　九〇〇円というのは、両義的ですね。成熟と悲惨の、両極の可能性ですね。

入澤　アルバイト料の時給九〇〇円で生きていたって、確かにもの凄い圧迫と圧力を感じるかもしれないけれど、一方でそれに代えられない自由だって感じていると思う。そういう彼らの姿を、雪が大変かもしれないけれども、山だの川だの野原だの、土地の匂いというふうな多様性、じっちゃん、ばっちゃんたちの多様性というものと、ドッキングさせたいですね。

森　そしてですね、私も大学で若い人たちとつき合っていてよく体験するのですけれど、彼らは限定のなかで、そのことを享受していますね。たとえ給料が一二万円しかもらえないとしても、自分のやりたいことをやるというところの自由さを確保しているんですよ。これは一方では、自分を引き延ばしているのかも

143頁の写真と同じ場所で、
最上川を水辺から眺める。
この舟下りのところも、紅葉の名所である。

しれませんが、「時代の豊かさ」でもあると思えるのです。彼らは富んでいるのです。

入澤● それは、戦後を知らないからですよ。

森▨ そうでしょうね。でも時代をちゃんと乗り切っていけるんじゃないでしょうか。そこが彼らの柔らかさというか、可能性だと思うんですけど。やはり社会の受け皿を、私たちは性急につくる必要があると思うのです。

入澤● 彼らは、僕らよりも遥かに高度だと思います。

森▨ 飢えとかいうもののカタルシスを、通り超していった「成熟」と見てもいいと思うんですよ。少なくても心意の在り方においては、私たちよりは遥かに賢明です。しかしその先が問題なので、その成熟を留めてはいけないのだと思います。

入澤● もし戦後という現在の歩んできた道に価値があるとするならば、そういうことが許容できるところだと思います。日本がアメリカに負けて、民主主義だなんだかだという言葉はどうでもいいですが、唯一の価値は、そういう人間たちを生み出したことですよ。

森▨ 本当の成熟といい切っていいところですね。大学で彼らに接していて、日々の実感としてあります。

入澤● フリーターとかニートが出てきたのは、国の政策とかの誤りからなんですけど、逆にいうと、彼らが出てきたということは、さまざまな多様性を認めるという思想が出てきた。それはやはり、「現在というものの価値」なんです。

森▨ そこはやはり、きちっと言語化していかないと、結局若い世代に媚びたり、世代性を隠蔽してしまい、世代を消費し尽くす論理に還元されてしまうと思います。一方ではこのように、自由に枠を超えようとする人びとがいて、もう一方ではやはり、枠に留まろうとする人びとがいる。その両方の在り方の錯綜を地域の人びとと言い換えたなら、私たちの社会はこの二重性のなかにあるということを、しっかり認識していくことだと思います。多くの思考は、どちらか一方だけを見てしまい、一方を欠如させています。村に何十年も住み続けるばっちゃんも真実で、日々移動をくり返す若者も真実なのです。

格差をめぐる論考にしても、若者を語る言説にしても、ましてや芸術をめぐる評価にしても、一方だけの現実が語られていないでしょうか。私たちは錯綜する、多様なものの層から成っている社会に生きているということを、自分の思考のなかに入れないと、こういう議論は成り立たないですし、なにものも見えてこないと思えるのです。

最上郡全体について

イワナ・山菜・キノコ、生態系の豊饒さ、現在における革命

森▒　いま舟形町で「食」というものに触れながら、地域の担い手は誰かというところにまで話が及びました。私たちの「最上横断」も、一つ道筋にたどり着くことができたように思います。しかし、いったんこのように定点を定めてしまいますと、とたんに時代の速度は、私たちを逆に凌駕してしまいます。私たちは、留まることなく、停滞することなく、思考を鍛え、柔軟にし、ふくよかに実態に向かって、私たちの力を加速させていかなければいけないと思っています。

今回は二日間にわたって「最上横断」第一期の旅をしてきましたが、これを締めくくって入澤さんに聞いてみたいことがあります。さきほどもいったように、最上の縁の部分を横断してきたんですけれど、全体としての最上の印象を聞きたいと思うんですが、いかがでしょうか。

入澤▒　僕はもともと渓流釣り、とりわけイワナ釣りに

狂っていましたので、そういう縁にこれまでも少しは関わっています。イワナ釣りで沢に入ると、必然的に山菜とかキノコなどにもなじむわけです。神室山や丁岳の方でも釣りましたし、真室川でも角川[77]でも釣りました。イワナが豊富であるということは、生態系が豊饒であるということです。

　最上地方というのは、単に生態系が豊饒であるというだけでなく、そのなかで人びとが生きています。雪は確かに深いかもしれないですが、人びとが暮らしている姿がきちんと残されています。それが最上地方八市町村の特徴ではないか、というふうに思います。

　そういう意味合いでいうと、生態系の豊饒さを含めた地域や風土というものを、どうこの先につなげていくことができるか。それが、これからの大きな課題になるでしょう。昨日から森さんと延々としゃべっている、希望であり、可能性であり、ふくよかさであり、息づかいであり、というところにつながっていく空間として最上地方はあり得るのではないか、という印象をもっています。

　ただ残念ながら、広大な最上の豊饒な風土というものを、八市町村の人びとは気がついていないように思えます。気がつかないまま人びとの生活が成り立っていて、どこかで過疎の問題も含めて疲弊している。これからは、その「不幸」ということを考えていかなければならないでしょう。

　それにはどうするか。豊饒な土地や風土というところに、「ふくよかさ」であるとか、「息づかい」であるとかを、いかにして戻せるかにかかっています。ということは、いかにして超近代であるとか、超資本主義であるとか呼んできた現在の日本というものを、相対化できるかということです。最上は、その可能性の象徴的な地域なり地方なのではないか、と思います。

森　そうすると私たちは、「可能体としての最上」という場所に立っている、といってもいいのかと思います。しかしこの場所は、いったん場所として固定され、絶え間ない思考や運動性というものを失ってしまうと、とたんに超近代や超資本主義といったもう一方の運動体から凌駕されてしまいます。この無限の増殖運動の渦のただなかで、失速してしまうということを考えなければいけません。

この旅で、とても顕わになったことが何点かあります。農村自らが、この最上という地域の身体を、凝視し、考え、そしてなにが自分たちの自由を阻害してきたのか、ということを考え直さなければいけない場所にたどり着いたわけです。そういうふうに考えてみると、さきほどフィリピンの花嫁さんのところで入澤さんが話したように、私たちはなにごとかが顕在化してきた時代を迎え、顕在化してきたがゆえに、あらゆるものが「可能体」として私たちの前に置かれている。というふうに捉えていけば、さまざまな社会の動きのなかで、たとえば若者とお年寄りが直接結び合うシステムや方策というものをたどってさえいけば、この最上というところをもっと多くの人が住める場所にすることができるのではないか、という地点に立つことができました。

後半はもっと技術的に、行政論や団体論、そして観光などという産業論、それから産業を育成する具体性に向かっていきたいと思います。しかしそれは、決して啓蒙という意味ではなく、最上の土地の現実に直接結び合う形で、二人の思考が向き合っていければいいのではないかと思っています。

入澤◎ 僕の立場をあえていってしまえば、東京で編集や出版の仕事をしています。そのなかで森さんとも出会い、さまざまなことを考えてきました。高校時代から学生運動に関わり、「革命」という概念にずっととらわれながら生きてきました。

そうすると、現在の「超」という時代のなかにおける「革命」の概念の実態は、どこにあるのか。その可能性

❖77 **角川**［つのかわ］……丁岳山地南部の山々から流れ出し、古口のところで最上川に合流する。落差はさほどなく、大型はいないがイワナ・ヤマメは数が多い。上流域に、腰に白布を巻いて入湯する特異な霊場温泉「今神温泉《いまがみおんせん》」がある。

というのは、どこにあるのか。日本やアメリカ、EUが、ここまで高度な超資本主義社会になってしまった現在、マルクス[78]の考えた「革命」、労働者の経済的な革命はすでに達成されてしまっています。とするとそれは実は、こうやって最上なら最上という地域を語るなかにしかないんだということが、はっきりといえるのではないかと思っています。

現在における「革命」とは、一九一七年[79]のロシアにおけるレーニン[80]やトロツキー[81]による、政体奪取による「革命」ではありません。何度も述べてきましたように、地域・地方と都市・都会の人びとの相互扶助に基づく「共同」「協働」であり、そこから生まれ出るネットワークや産業、商品であり、「じっちゃん、ばっちゃん」であり、フィリピンの花嫁であり、「食」の新しい形なわけです。そして、JAや各地の「広域事務組合」を、それこそ「奪取」することなのではないでしょうか。

森　「革命」という言葉が出てきました。死語に近いというふうにいわれるかもしれません。しかし私たち

❖78 **マルクス**……カール・マルクス(1818〜83年)のこと。ドイツの革命家、哲学者、経済学者。現代の世界に最も影響を与えた思想家。1848年、エンゲルスとともに階級闘争の書『共産党宣言』を発表。1867年、『資本論第一巻』を刊行。同年、〈第一インターナショナル〉を創設。マルクスの思想の根幹にあるものは、人間が自然に作用することによって「価値」が生じるという「価値形態論」にある。著書に、『ユダヤ人問題によせて』『ドイツ・イデオロギー』『ルイ・ボナパルトのブリュメール十八日』などがある。

❖79 **1917年**……1917年の2月と10月に起きたロシア第二革命のこと。「2月革命」は、ニコライ2世が退位してロマノフ王朝が崩壊し、ケレンスキーによる臨時政府ができたことをいう。「10月革命」とは、その臨時政府をレーニンとトロツキーを中心とした「ボルシェヴィキ」が倒し、「ソヴィエト政権」を樹立したことをいう。遅れた資本主義社会におけるものだとしても、これは世界で初めての労働者による革命であった。

❖80 **レーニン**……ウラジーミル・レーニン(1870〜1924年)のこと。ロシアの革命家、思想家。1897年、シベリア流刑。1900年、スイスに亡命。1914年からの第一次世界大戦では、「帝国主義戦争を内乱へ」のスローガンのもと、ロシアの敗北を主張。1917年の2月革命後ロシアに戻り、10月革命を成功に導く。1918年に銃撃を受け、1924年死去。第一次世界大戦後の国際的包囲網があったとしても、レーニンがマルクスの「プロレタリア独裁」を「一党独裁」と読み替えてしまったことが、その後の世界をいかに不幸にしてしまったか。著書に、『唯物論と経験批判論』『国家と革命』『哲学ノート』などがある。

は、じっちゃんやばっちゃんたちが、フィリピンの花嫁たちが、「革命」のただなかにあるという現在形のこととしてそれを受け取っています。「革命」という言葉がくちはばったいとすれば、「自己生成」、そして村自体はなにかを変えていく「自己生成」の途上にあるという言葉に置き換えてもいいと思っています。

この「自己生成」の途上にある村というもの、そしてそこに住む人びとの在り方というものを考えれば、いま入澤さんがいったように、そのことは単に最上に留まることではなく、普遍に、私たちの生命の行く末といったものに、私たちの思考は届くのではないでしょうか。そういう、微かな願いに向かっているのではないか、というふうに思っています。

❖81　**トロツキー**……レオン・トロツキー（1879〜1940年）のこと。ロシアの革命家、思想家。1896年から労働運動に参加して、流刑と亡命をくり返す。1905年の「第一革命」では、ペテルブルグ・ソヴィエト議長を務める。1917年の2月革命後ロシアに戻り、10月革命では軍事委員会委員長としてレーニンとともに革命を担う。1924年のレーニンの死後、スターリンによってさまざまな国への亡命を強いられ、1940年、亡命先のメキシコでスターリンの放った刺客によって暗殺される。トロツキーは、スターリンの「一国社会主義」に対し、「世界革命」「永続革命」を唱えた。著書に、『永続革命論』『文学と革命』『ロシア革命史』『わが生涯』などがある。

三回目

二〇〇五年一一月二一日

「荒れ地」を踊る森。

◉大蔵村

七五三の行事と「隣組」

「隣組」と「結い」、町内会、ヒエラルキー、「講」、相互扶助、反転の可能性、都市・都会と地域・地方のドッキング、若い世代が担い手

森▒　私たちは朝から大蔵村に入っています。今日は最初に、地域の行事を少し取材しました。大蔵村には、二三の集落があります。この集落のなかに、毛細血管のように横のネットワークが張りめぐらされています。それはたとえば、「隣組」[❖1]という、官によってつくられた組織でもあるわけですけど、村のさまざまな生きた情報などを伝え合う、非常に機能的な組織であるし、また、互助組織でもあるという性格をもっている組織に象徴されます。この組織は、ある意味でとても前向きな組織として捉えることができるのではないかと思っています。

　この「隣組」の組織は、「結い」などの共同性の最も根っこにあるものとして、人びとのあいだでその土地の生理に合う形につくり変えられ、小さな単位としてこの土地に根づいた組織だと思っています。村や共同体というものを考える際の、最も細部に根づいている人びとのネットワークのような組織と考えられます。

　今日は、その「隣組」の行事、子供が生まれた際にお祝いをするという七五三[❖2]の場面を見てきました。冠婚葬祭、人びとの人生儀礼のさまざまな場面での、このような小さな行事を「隣組」が支えているということができると思います。入澤さん、さきほどの行事について、どのような感想をおもちですか。

入澤●　「隣組」というのは、戦争中につくられたものがそのまま生きているんですか。

森▒　そうです。

入澤● もともとあった「結い」とかなんかとかはまた別の、一つの組織というわけですか。

森▨ 要するに、もともと「結い」の組織というのはあったんですが、戦時下でつくられた「隣組」が融合し、一度それが分解し、その地域に合うように再構成されていったということでしょうか。

入澤● 「隣組」なんていうと、いまの女子高などで先生が門の前に立って、髪の毛を切れとか、スカートの丈がどうだとかいうみたいな作用を戦時下でしていたわけですけども、それがいまみたいな形に変化していく、いうならば「結い」の形みたいになっていった。

あの七五三の行事を見ていて思い出したのは、吉本隆明が僕のインタヴュー（『考える人びと[3]——この一〇人の激しさが、思想だ。』）のなかで話していた町内会[4]のことです。これは吉本の持論ですけれども、三人以上が集まって組織や社会ができるとする。するとかならずヒエラルキーが生じて、階級ができる。それは、国家へと至る始まりなわけです。でもそのとき、誰を「長」にするかとなったとき、皆が嫌がる掃除当番のような形で輪番制にしてしまえば、ヒエラルキーは解体するというの

❖1 **隣組**［となりぐみ］……アジア・太平洋戦争の戦時体制下、町内会や部落会の下部組織として、5〜10軒を単位として設けられた。互助、動員、供出、配給、自警、防空などにあたった。昭和15年(1940)に法制化され、敗戦後の昭和22年(1947)に〈GHQ〉によって廃止された。現在も、町内会や自治会などに、面影が残っている。

❖2 **七五三**［しちごさん］……男児5歳、女児3歳と7歳の年の11月15日に、子供の成長を祝う行事。晴れ着を着て神社などに参詣し、「千歳飴」を食べて祝う。本来は氏神に参る行事だったが、有名神社に詣でたり、11月中に祝ったりと、だいぶ風習は崩れている。

❖3 **考える人びと**［かんがえるひとびと］……本書の著者の一人、入澤が、2001年に〈双葉社〉から刊行した単行本。入澤が長年月にわたって考え続けてきた領域の第一人者10人に、インタヴューしたもの。本書の森繁哉以外には、網野善彦《あみのよしひこ》=日本史、安藤邦廣=建築、伊沢紘生《いざわこうせい》=サル学、森山大道《もりやまだいどう》=写真、吉本隆明=思想などで、一人に3時間という長さのインタヴューを基本とした。

❖4 **町内会**［ちょうないかい］……集落や都市のなかで、地域住民によって互助や親睦のため結成される緩やかな自治組織。昭和15年(1940)、戦時下に法制化され、市には「町内会」を、町村には「自治会」が設けられ、その下に「隣組」が組織された。町会、自治会、区、区会、常会《じょうかい》など、さまざまな呼び名がある。現在、一人暮らしや共働きが増えることによって、組織率は減りつつある。

です。町内会が、そういう組織ではないか。だとすれば、それを市町村へ、都道府県へ、日本国へと広げることは、可能だといえる。そのとき、国家の解体の道筋が見えてくるというようなことをいったんです。

さっきの行事に出ていたおばちゃんたちの集まりなんかを見ていると、戦時下でつくられたものが「隣組」という形態で残されていたとしても、我々が未来への可能性についていてえいえいとしゃべったことの根幹にある、社会的なつながりというものの紐帯《ちゅうたい》になるんではないかと思います。かつての相互扶助なんかを考えたときの最も基本的な形、相互扶助というものが過去の遺物ではなくて、これからの未来の変革の礎《いしずえ》になっていくんだ。そのことの基点に、こういう「隣組」みたいなものがある。

確かに七五三みたいな行事には、「結い」みたいなものと同じですから、冠婚葬祭とどっか似ていますね。料理を「隣組」の人たちがつくるかとか、いうならばそれはどこか強制に近いようなものになります。しかし少なくともさきほどの現場を見ていると、ごくごく自然に和気合いあいである。誰がどうというふうなことがなく、ヒエラルキーが全然ないような雰囲気でした。

そんなことが形としてでもあるとするならば、大きな可能性、いうならば「反転の可能性」をもっていると思うんですよ。「反転の可能性」というのは、さきほどいった「革命」ということと同義です。大蔵村で見たあの行事は、そういう姿として映ったことは事実です。

森▒ その「隣組」という組織が、変革のコアにあるべきなんだ、という確認を私もしています。村が行き先を失ってしまう、崩壊というものの現場をさまざまな形で入澤さんと見てきました。そしてそのことで、内部ではどのようなことが起きているかというと、このような「隣組」が機能しなくなり、またばっちゃんたち

❖5 **婦人会**［ふじんかい］……女性によって組織された団体、またはその会合をいう。親睦、教養、娯楽、ボランティアなどを目的としたもの。昭和27年（1952）に〈全国地域婦人団体連絡協議会〉が組織され、男女平等が推進されてきた。

の「講」のようなネットワークが崩れたり、さまざまな時間軸のなかで小さな組織というものが機能しなくなっています。また、茅葺きなどの共同の「結い」という形態なども、生活の現場サイドで崩れていっています。実は、村というものが変化してゆく底流には、このような結びつきが消滅していくという現象があるのではないかと思っています。

そのようにこのネットワークというのは、地域の共同体というものを隅々のところで強固に支えていたものだ、ということを確認することができます。お寺の組織がそうであり、婦人会[5]などの組織もそうだと思えます。人生儀礼のさまざまな場面、場面で、人びとが互いになにごとかを分担して共有し合う。それは強固に閉じていく面も性格としてもっていたんですけども、入澤さんが「反転の可能性」という言葉に置き換えたように、これらの組

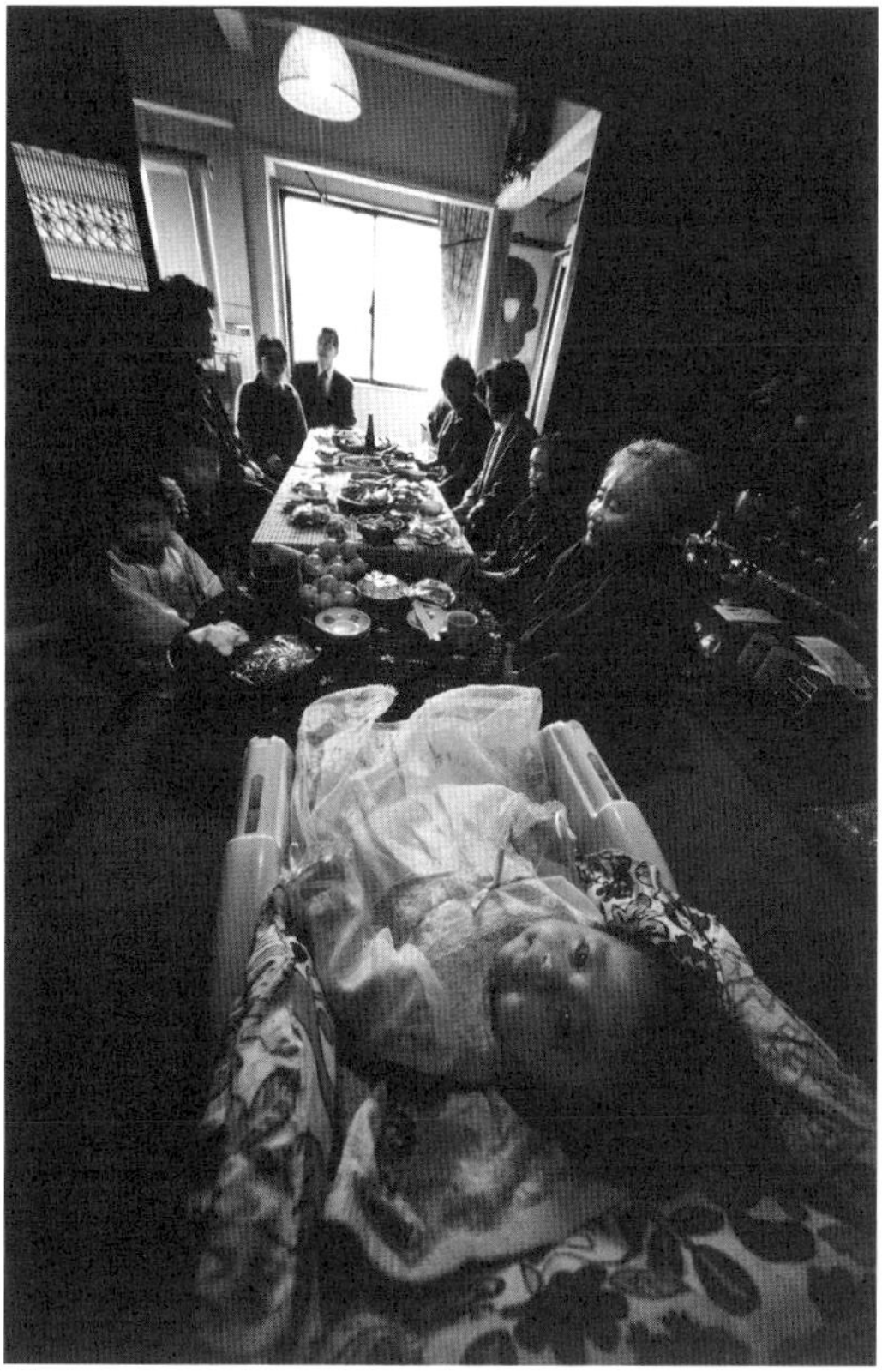

森の自宅での、
「七五三」の行事。
手前で
顔を向けているのは、
森の長女の
「舞哉(まや)ちゃん」。

織をまさしく反転していくことによって、地域というものがしっかりと自分自身のものとして立ち返ってくる可能性があるのではないか、というふうに思っています。

私の家内は、宮城県の方から嫁いできたんですが、この地域に入って、カルチャーショックを受けたようです。お寺の組織であるとか、「隣組」の組織であるとか、女性の組織であるとか、さまざまな場面で、自分の容姿や能力やもっているすべての力をまわりから監視されてしまうという、村社会がもっている同一性に、自分が晒されていく感覚をもったのかもしれません。

しかし、行事などを通して人びとがさまざまに関わり合うことによって、それが確かに反転される場面を彼女は体験したというのです。それは非常に些細なことなんですが、お寺の料理一品に命をかけているような人も登場したりするわけです。そういうのも見ていくうちに、個のアイデンティティが他者性へ溶解してゆく体験を経て、次第にこちら側の意識も変化して、そのなかで地域というものを認識し、また自分がそこに生きている実感を味わっていった、というふうなプロセスを感じたということです。そのことが彼女にとっては、一つの喜びだったということです。その話を聞いて、「隣組」のような組織は、確かに人間を反転させていく力をもつものとして機能しているのではないかと思いました。

この横に並ぶ、たとえば「講」であるとかを、自分自身のものに、地域のものに取り戻すためのさまざまな

「七五三」の行事には、「隣組」のおかあさんたちがつくった料理が、こんなにも賑やかに並ぶ。

工夫が、これからは一つの具体的な戦術として登場するのではないか。このようなことを私自身は、「内部生命」などといういい方をしていたこともあるんですけども、村の約束ごととか、さまざまな小さい機能をもう一度見直してみなければならないと思っているんです。それこそ、変革の最も細部で生きている種子のようなものと思うんです。

入澤▩ そうですね。これからの課題というのは、そういう「隣組」とか「結い」とか「講」とかいうものを、かつてであればそれは閉じられた関係の体系であり、結果として抑圧の作用を成したものであったかもしれませんけれど、逆にこれほどまでに社会が高度になった現在、未来の可能性として切り拓いていかなければならない。「共同」「協働」の場へと、換骨奪胎、接ぎ木しなければならない。

さらに課題は何かというと、たとえば都市・都会を考えてみたときに、フリーターとかニートに象徴される若い人たち、そういういき場のないアモルフなエネルギーというものと、大蔵村なら大蔵村にあった「隣組」であるとか「結い」であるとか「講」であるとかのシステムと、どう結びつけられるのか。さっき「反転」といいましたけれど、反転するためには、都市・都会のアモルフな若い人間たちと、大蔵村なら大蔵村のじっちゃん、ばっちゃんたちとをどう結びつけるか。その回路を考えることこそが、今後の我々の課題になるだろうと思います。本当は、そこのところが一番重要な課題になっていく、というふうなことも思います。

森▩ いきなり大変重要なことが話されていますけれども、まさしくそこにいき着くんだろうというふうに思っています。大蔵村のここに、若い世代の力がどのように参加し、加わっていくのか。地域の再生というものを考えたとき、運動していく力、さまざまなネットワークなどを再生産していく力を、地域にだけ期待してゆくのは不可能になりつつあります。私たちが「希望」というものを考えたときに、外の若い世代が新しい村の担い手になるということは、時代のとても大きな流れになるのではないかと思っています。

大学で若い世代といろいろつき合いをしていますけれども、彼らの生態のなかに、彼らの状況のなかに、この小さなネットワークがとても重要なこととして浮上していることを、日々実感しています。この一見、まったくなんの脈略もないように見える小さな組織を、どうしても横一列につないでいくということが、とても重要になってくるのではないかと思っています。

◎舟形町　炭坑跡

亜炭産業、付加価値、「じっちゃん、ばっちゃん」農業、「エコタウン」、「二重性の経済」、大規模農法、流通を含めた新たなシステム、和紙製造

森　いま、舟形町にきています。この舟形町は、昭和の初めから三〇年代までは、亜炭[6]の採掘がずいぶん盛んでした。これからその炭鉱跡に立ってみたいと思います。最上郡は全体として、亜炭の産地として栄えたところです。大蔵村や舟形町は、坑夫さんをたくさん抱え、多くの鉱山がありました。そこで、最上の人たちが農業以外の産業に着手するきっかけをつくったのが、この亜炭産業だといっていいと思います。

この亜炭産業は、エネルギー革命などのさまざまな社会の変化によって、いまではほとんど産業として成り立っていません。高度経済成長後期の昭和四〇年代に、すでに最上郡から亜炭産業は消えています。この話をなぜ入澤さんとしたいかというと、最上における産業の基盤ということを、考えてみたいと思うからです。

この亜炭産業が示すように、最上では土地の利を巧みに産業というものに生かしていました。たとえば、紙漉[7]きなどがこの土地に根づいていて、最上郡の産業の形態になっていたのです。いま産業育成を考えるというときには、地域の特産品を開発したりというような流れになっていますが、最上における産業の在り方を考えたときに、やっぱり自然というものの利を巧みに利用していく産業の方向を、もう一度考え続けることが可能なのかどうか、論議してみたいと思います。

いま右側に、旧「木友炭鉱」❖8の坑夫さんが住んでいた社宅跡があります。この舟形町も、縄文時代の遺跡などもたくさんありまして、豊かな資源に恵まれた場所でもありました。そのようなことから、亜炭産業なども盛んになり、交通も発展しました。鉄道なども通り、非常に賑やかな街をつくっていたのですが、昭和四〇年代にこの産業が壊滅的に衰退したわけです。入澤さんは、このような地方における産業に対して、どうお考えですか。

入澤◎　亜炭産業が盛んな頃、昭和三〇年頃ですか、舟形町も大蔵村も最も人口が多かった。鉱山が稼動していたので、人口が多かったんだろうと思います。そのことはさておき、すでに亜炭産業はなくなっているし、銅山も閉山してしまっている。そして、コメづくりに転換していった。しかしこんどは、減反❖9という問題を抱えてしまう。最上地方全体で、コメだけで食べるというのは、この中山間地域では無理ですね。

❖6 **亜炭**［あたん］……石炭は、約3億年前の古生代石炭紀から7000～2000万年前の新生代第三紀までに堆積した植物化石である。一般的には、年代が新しいほど品質が悪い。炭素の含有量によって、90%以上の無煙炭から70%以下の亜炭、さらに泥炭《でいたん》にまで分けられている。亜炭は褐炭《かったん》を含むこともあるが、炭化の程度が低く、発熱量が小さいものをいう。日本では、戦争中から戦後にかけて積極的に使われた。

❖7 **紙漉き**［かみすき］……和紙を漉くこと、またはその職人のこと。コウゾとミツマタの樹皮が主体だが、ガンピなどを使うこともある。産地としては美濃《みの》、越前《えちぜん》、土佐《とさ》などが有名だが、全国に風土色溢れた産地が点在する。

❖8 **木友炭坑**［きともたんこう］……開山ははっきりしていないそうだが、明治時代の前半であったようだ。しかしその前の江戸時代、すでに露天掘りがされていたともいわれている。本格的に稼働を始めたのは大正6年(1917)で、最盛期は昭和36年(1961)、年産5万8000tもあった。従業員数が最大だったのは昭和22年(1947)で、550人を数えるほどの企業だった。閉山は、昭和46年(1971)。

❖9 **減反**［げんたん］……前記、「コメの生産調整」の項を参照。

そういうなかで最上がもつ自然特性を利用して、どういうふうに亜炭産業などに代わる産業を築き得るのか。たとえばそれは、東京などの大都市に本社と資本があって、その支社が地方の都市にあって、さらにその孫請けの工場のようなものが大蔵村や舟形町にあるというふうな、企業誘致の形でならば救われるのかというと、某電気関係の小さな工場が潰れていましたけれども、その結果としてああいうふうな姿を見るわけです。

だとすると、これから最上などがやっていかなければならない道というのは、そういう自然特性などを含めて、いかに「付加価値」というものを生み出していけるか。さきほど「隣組」のところで「反転」などという言葉を使いましたが、この場合も同じように、産業構造上の反転というものを、対都市・都会に向かって、対東京に向かってといってもかまわないと思いますが、その自然特性を利用して、付加価値のある商品としてつくっていくことができるかどうかなんです。

しかし残念ながら、まだどこの地方、どこの地域も、そう成功していないんですよ。〈ワーコム農業研究所〉の栗田さんのように、個人では成功しているけれど、地域全体というふうな意味合いではまだ成功していない。「一過性」のもので終わってしまっているんです。

なぜ、一過性で終わってしまうのかというと、「反転の構造」を摑まえられていないからです。もしその反転の構造を摑まえることができるとするならば、「じっちゃん、ばっちゃん」農業が成り立つんですよ。いうならば、家のまわりで田んぼを耕し、畑を耕し、四季折々に山菜やキノコを採り、山に入ってなにをしてという農業です。漬物や発酵食品に象徴される農業です。

人間の労働ということから考えると、それはある部分理想なんですよ。そのなかから反転の構造を、我々がつくっていくことができるのか。それから、流通などに関わっている人間たちも、行政などを含めてそういうふうなことを考えていくことができるのかどうか。

それが、これからの課題だと思います。

森▒　確かにそうなんです。この最上地方でも行政が音頭をとって、未来産業としてバイオなどの産業を導入しようとしています。私はこれに対しては、大きな危険をともなうことだと思っています。未来都市のようなイメージをもち、「エコタウン」という宣言をして、そこに農業を未来産業と位置づけていこうとする、時代の要請をそっくりそのまま受け入れるというようなスタンスをとっています。

しかしいま入澤さんがいわれた「反転」しながら「価値」を増幅し、その価値を大消費地帯にどう届けるのかといった方向づけから考えてみますと、入澤さんのヒントに沿うわけですが、私自身は「二重性の経済」ということを考えています。「二重性の経済」というのは、じっちゃん、ばっちゃんたちが、家のまわりで自立し、家のまわりで成し遂げうる自己の経済を一方に据え、それからそれらをもう一度開いて、広域性に農業を委ねながら進行させる市場性の経済、この閉じていく在り方と開いていく在り方が交差する経済に、最上という地域が生き延びていく方策があるのではないかと思っています。

閉じていく経済は、じっちゃん、ばっちゃんたちが家のまわりでやれる農業で、農業の原型的な在り方を

舟形町にある旧「木友炭坑」の社宅跡地。
かつて550人もの従業員を擁していたとは、
想像もできない風景に変わっている。

徹底的に地域内、大蔵村なら大蔵村、舟形町なら舟形町という地域で、いわば自給のような形で実践してゆく在り方です。そしてもう一方は、市場機能をもたせることによって、都会の大消費地帯に、なにをどのような形で農作物を提供するのかといったことを主調にする農業の道筋を、地域がもう一度自分たちのものに取り戻していく在り方です。

この二重の、内と外の関係を巧みに組み換え交差させながら、実践し続けていくことを、経済の本来性と位置づけていく。この開くことと閉じることの柔軟な編成を、経済の基盤とする方法が必要なのではないかと思っています。ですから、「エコタウン」と称して、「バイオ」などという産業を導入しようとする流れに私たちは呑み込まれることなく、それらを取り込みながら、この「二重性の経済」、二重性の基盤を考え続けてみなければならないと思っています。

入澤◎ 確かにいま、どこも地方というのは、「エコロジー」であるとか「自然」などという概念に、まず行政がとらわれる。いま話に出てきた、「エコタウン」とか「バイオ」なども同じです。どの地方も、すぐにそんなものに飛びつく。

でもどんなに頑張ったって、国を挙げてやっている技術開発や大企業の開発に勝てるわけがないんです。予算の導入の規模や、関わっている人間の数だけではなく、優秀な技術者たちを徹底して集めているわけですから、敵《かな》いっこない。敵いっこないことを、形だけ真似してやってみたところでしょうがないわけです。はっきりいうならば、可能性はほぼゼロに近い。どこの地方も間違えるのは、そこのところです。

森さんはいみじくも、「二重性の経済」ということをいわれました。いま、農業に法人が参加できるようになりました。これから農業が大規模農法、広域農業にいくことはもう必然だと思います。それは、資本主義の論理からいっても、必然なわけです。いい、悪いの「倫理」の問題でもありません。それと、家のまわりの「じっちゃん、ばっちゃん」農業が、どう切り結ぶのか。

ゼンマイを採ってきて、湯がいて、干して、手で揉んでというようなことが、どう関わるのか。それが、「付加価値」なわけです。そこに、都市・都会の人びとを含めたシステム、ネットワークが必要となってきます。その力は、「二重性の経済」の両方に、必要なものです。そうすれば、いままでの地場産業などと違った、流通を含めた新たなシステムをつくることができます。

森　これから、「長沢和紙」[10]などの製造の現場に移動します。いまは産業として成り立っていないのですけれど、一時最上地域の行政も民間も、地場産業育成という名目で、伝統的な、生活の細部にあった工芸品のようなものを復活させようとしてきました。

しかしさきほど入澤さんがいうように、そのようなものは見事に私たちの前から立ち消え、個人で成し遂げた実例はあるかもしれませんが、地域の産業としてそれが育成されることはありませんでした。ここには、時代の速度があまり凶暴であったということもあるかもしれませんけれども、あえて反転の可能性という私たちの方策からいえば、これらの失敗や衰退の原因を探ってみなければいけないと思っています。

私たちは、生活の細部でそれらを成し遂げていく生きた人間のつながり、「隣組」のネットワークのようなもののコアを取り込むことができなかったのではないかと思えます。閉鎖系と開放系、この二つのものをもう一度組み合わせることによって、小さな産業、「二重性の経済」といいましたが、内に閉じたというふうないい方でもいいと思いますが、閉じていく産業を無数につくり出していく力と、それらを大消費地に届ける開いた産業というものを、やはりいくつもの回路としてめぐらしていく力というところに、私たちの方策があるということを考え続けています。

[10] **長沢和紙**［ながさわわし］……舟形町長沢にある和紙漉き場。鎌倉時代に始まったといわれ、かつては長沢集落のほとんどの農家が冬の副業として障子紙や書道用紙を漉いていた。昭和39年(1964)頃に一旦途絶えたが、昭和57年(1982)に保存会ができて復興された。いまも、葉書、名刺、卒業証書、人形などに利用されている。

◎舟形町

縄文遺跡

歴史、気分、想い

森▒　いま、縄文時代の遺跡があったという丘の上に立っています。木友炭鉱の公舎の跡があり、里川が流れ、その窪地に田が切り拓かれ、丘があり、その丘には縄文時代の遺跡がありました。遙かな昔から、とても豊かな風土として、私たちの先人たちはこの土地を築いてきたのかもしれません。

ここでもう一度、「歴史」ということを考えてみたいと思います。このような産業を含めて、現場で生きている人びとがどのようにその場所に関わってきたのか、ということを考え続ける姿勢にしか、歴史は潜んでいないのかもしれません。縄文時代の遺跡を前にして、入澤さんの感想をうかがいたいと思います。

入澤◎　さきほどから、経済の二重構造の話まで飛び出てきてしまっています。ここには田んぼがあり、水が流れていて、小さな小高い丘があります。こういう風景を眺めていると、私たちはすぐ近代の概念で「風景」といってしまうんですが、その風景という概念だけではなくて、縄文時代からここに人が暮らしていた。こういう場の力によって、さきほどからいっている「二重性の経済」へと至ることができるんです。

このような場というのは、人にある「気分」を醸成

田んぼの先の高台が、縄文の遺跡である。

します。一般的には、「気分」などという言葉は曖昧なものだといわれるでしょう。現在の超資本主義社会、「超何々」ということを何度も何度もいってきました。そういう超えていく基盤となるものは、現実的な産業であるとかさまざまなこともあるんですが、こういうところに立ったとき、人はなにを感じるのかということが大切なんです。

かつてここに暮らしていたであろう縄文時代の人びとのことを想う、そういう「想い」。「ああ、美しい」とか感じる「気分」。その「気分」などというものが本当は、思想の根幹になってくるんです。こういう場所に立ったとき、常にそのことを考えないと、必ず間違える。それがないから、「エコタウン」だとか平気でいえるんです。僕はこういう風景を見ると、そういうふうに思います。

森▒　まったくおっしゃる通りです。

◉舟形町 〈生涯学習センター〉

高齢者比率の高さ、年金生活、学校化・病院化・工場化、三世代同居、中間項のシステム、行政の役割

森▒　私たちはいま、舟形町の〈舟形町生涯学習センター〉[11]というところにお邪魔しております。この施設にやってきたのは、地域社会における老人たちのことを考えてみたいと思ったからです。そしてまたここでは、[12]社会教育施設という公共施設のあり方も考えていかなければならないと思っています。ここは、社会教育施設と[13]老人福祉施設が合体したような施設で、ショート滞在や長期滞在しながら、ケアを必要とする老人たちが温泉に入りにくる施設です。

最上地域の年齢構成を考えると、高齢者の率が非常に高く、年金生活者が四割近くを占めるという構造になっています。高齢者たちは、このような施設に集まり、日々を過ごすのです。それは必要性も含めて、「分断化の過程」といっていいと思います。そしてそのことは、地域社会のさまざまな細部のネットワークが崩れてきたことを意味しています。近代社会は機能として、人びとを一箇所に集めるという思想を貫徹し、学校化、病院化、工場化のなかで人びとを囲い込むことに成功しました。

伝統的な地域社会というのは、さきほどからいっていました、混在し、錯綜するネットワークの社会だと思います。もちろん、必要性の部分についてきちんと議論しなければならないのですが、考えなければならないことは、意識の埒外に置かれることです。高齢者の自殺という現象が地域社会のなかでも起きているということも含めて、人びとは分断され、急激に施設化され、日常の生活からこぼれ落ちようとしています。

私は老人たちの生態をよく学び、自分の舞踊の一八番としてばっちゃんの踊りを挙げているわけですが、老人たちに宿っていた神はいまどこにいるのでしょうか。どこにいこうとしているのでしょうか。情緒的な部分も含めて、お年寄りのことについて入澤さんにお話ししてもらいましょうか。

入澤◎ 森さんはいま、近代というものが、老人たちを一箇所に集めてある施設に押し込める。それはどこかで、学校化であり、病院化であり、工場化であるという話をされました。私たちは、「隣組」や「結い」や「講」であるとかというものに対して、反転の可能性ということを話してきました。それと同じように、もし「三[14]

❖**11 生涯学習**［しょうがいがくしゅう］……人が、生涯にわたって学んでいくことをいう。生涯教育のこと。「ユネスコ」からこの言葉が始まったといわれているが、大学の社会人入学制度や公開講座、カルチャースクールなども含まれる。学問研究、趣味や娯楽、ボランティアとして地域貢献をすることなどを目指していくこと。

❖**12 社会教育**［しゃかいきょういく］……学校と家庭を除いた、社会における教育一般をいう。図書館や博物館などさまざまな施設によるものも含む。現在では、前記「生涯学習」のことをいうようになった。

世代同居」というふうなものがいまも続いていたとするならば、それは大きな反転の契機になっただろうと思います。

この〈生涯学習センター〉などといった施設ができていくというのがいまの趨勢であるとしても、どこかで三世代同居みたいなものは、都市・都会においても地域・地方においても、僕は不可能ではないと思います。いま、ご老人たちにアンケートをとったとすると、三世代同居を望む人が多いでしょう。やはり三世代同居というのは、アジア的部分を残す日本においては、どのような時代になっても家族の形態としての理想の形ではないかと思います。欧米では、そうではないというのですが。

それからもう一ついえることは、お歳をめしたじっちゃん、ばっちゃんというのは、単なる知識を積み重ねてきたわけではない。僕は知識とか能力という言葉は嫌いなので、あえて「知恵」というふうな言葉でいいますけれども、暮らしのなかでずっと培ってきた知恵

県道56号線(旧北羽前街道)沿いにある
〈舟形町生涯学習センター〉。
ここは、小学校の隣りにあった。

❖13 **老人福祉**［ろうじんふくし］……高齢者福祉のこと。老人に対するさまざまな社会福祉、サービスのことをいう。「老人福祉法」、「老人保健法」、そして2000年に制定された「介護保険制度」によっている。デイサービスセンター、特別養護老人ホーム、グループホームなどさまざまな施設がある。

❖14 **三世代同居**［さんせだいどうきょ］……祖父母、両親、子供の直系の三世代が同居すること。2002年のデータでいうと、65歳以上の高齢者で、家族と同居している者としていない者とがほぼ同数で、同居率は低下している。その高齢者の三世代同居率は60%であるが、15年前は80%もあったという。三世代同居率も、年々減っている。ちなみに山形県は、三世代同居率日本一である。

の積み重ねというのを、ご老人たちは無限にもってい て、それが「伝承」というものの実態だったわけです。そういうふうな姿として、地域や地方があった。

三世代同居が理想であるとしても、それが現実的にはできにくい現在において、行政ができる唯一の道はこういう〈生涯学習センター〉のような施設の隣りに、保育園なり幼稚園なり小学校なりを設けることだと思う。それが結果的に、三世代同居の擬似的な形態をつくることになるだろう。それは、「未来がある」ということをささやかであれ行政というものが、保証できることではないかと思います。

森 おっしゃる通りだと思います。私たちは、「自由」というものを手に入れました。一人であることの、誰からも干渉されない、どこにでもいける自由を手に入れたのです。しかし現在、私たちの自由は、なんでもできるという自由に変貌しようとしています。なんでもできることが、決して自由ではあり得ないのです。私たちはもう一度、自分自身に望ましい、自分を解き放っていける自由を手にすることができるのでしょうか。

それには、「技術」や「知恵」が必要だと思うのです。この知恵の体験の束である老人たちや、そして老人たちが築いてきた地域社会に学ぶことが必要になったのだと思います。しかし、そのつながりは従来の方法だけではどうしても不可能なのです。まったく、別な手だてが必要なのです。

若い世代は、そのことを直感しています。「戻れ、復活しなさい」、だけではなんの現実性もありません。一方と一方をつなぐ、異なるものに回路をもたせる「中間項」のようなものが、ぜひとも必要なのです。この中間地帯に対する思考が決定的に不足し、互いが自立を強いられ、互いが自覚を求められてきました。

ここをつなぐもの、そこに行政やさまざまな団体が、老人施設と幼稚園を複合させたり、このようなデイケア[15]

❖15 **デイケア**……介護の一形態で、デイサービスのこと。デイサービスセンターに、日帰りで通所すること。和製英語である。

アなどをやる施設と公民館などを併設させたり、さまざまな人たちが同居できるような中間項のシステムを新たにつくり出していくというような、超近代のなかに起こりうる「想念の共同組織」というものを、どうしてもシステム化してみなければならないのです。そういうところに、行政や地方はしたたかな方法を忍ばせていかなければいけない、というふうに思っています。
行政の役割も、この新しい中間項をつくり出すことにあるといってもいいでしょう。その希望を、ぜひ、ここに託したい。託すというよりも、私たちの内部に取り込んでいくという意識を非常に強くして、この現場を見てもらいました。

入澤　もう一ついうと、子供たちや若い人たちが、じっちゃん、ばっちゃんたちの姿を眺めるということは、六〇年、七〇年、八〇年と生きてきた軌跡、暮らしの大変さや、楽しさということもあるだろう。ご老人たちは、ある寂しさをもって生きてきたのかもしれない。そういう姿、人の生きるべき姿を自然に感得する場所になりうるんです。それは最も人間にとって大切な感情であって、そういうふうな場面を知らずに過ごすことと、そういうふうな場面を知って過ごすこととでは、絶対に差ができてしまうんです。

◎舟形町　小国川

里川、アユとヤマメ、産業の育成、場所性の身体化

森　いまアユの里、小国川[16]にやってきました。この川の印象をうかがいましょう。

入澤　小国川は、非常にきれいな川です。俗にいう里川ですが、山のなかの川の雰囲気も奥にいけばありま

す。ここはアユが豊富な川で、舟形町はそのアユで売っている町です。この流れを見ると、ヤマメも大きく育つ川ではないかと思います。落差はそんなにない川なんですが、早瀬❖17があって、平瀬があって、ちょっとした淵があって、また瀬が続いてというように、瀬と淵が連続する最も理想的な川です。魚が棲息するには石の形も大きく関係するんですが、この川はその点でも理想的な石の形をしているように見受けられます。イワナほど上流域に棲息しないヤマメとかアユたちにとって、水温的にもここが適しているんではないかと思います。

　そういう川というのは、必ず山里の風景に似合うんです。小国川は、流域面積が割りと大きい。流域面積だけではなく、源流域が雪の深い山であるということで、水が豊富に流れてくる。それによって、この流量になっているわけです。それが最上川に流れ込み、最後は日本海に出る。

　さっきの木友鉱山の社宅前、縄文遺跡の前での話にも出てきましたが、こういう小国川のような川が流れている光景を見るときにいつも思うんですが、産業としてでもなんでもいい、具体的な場面としてこの光景を地域の人たちが捉えきれていないということです。一番捉えなければならない地域の人びとが、しょうがないことですけど、ごく日常のこととして見過ごしてしまう。本当に産業であるとか、地域で生きていこう

❖16 **小国川**［おぐにがわ］……神室山地の水を集めて流れ、最上町と舟形町を貫流し、舟形町富田で最上川に注ぐ。流程39km、流域面積401km²。上流部に赤倉温泉《あかくらおんせん》、中流部に瀬見温泉《せみおんせん》がある。

❖17 **早瀬、平瀬、淵**［はやせ、ひらせ、ふち］……日本の「河川生態学」は、可《か》児《に》藤吉《とうきち》(1908〜44年)ただ一人によって切り拓かれた。この言葉も可児によって設定され、河川の形態を示している。早瀬とは、岩が少々あって流れが急である状態をいう。平瀬はそれに続いた状態で、流れが緩やかになり、岩が点在し川底は砂利状になってくる。「ザラ瀬」ともいう。淵は、岩盤などに流れがぶつかって生じた深みをいう。渓流釣りやアユ釣りは、この河川の形態に拘束される。

❖18 **通過儀礼**［つうかぎれい］……人が、生誕、成年、結婚、死など、一生の節目に行う儀礼。「イニシエーション」のこと。割礼《かつれい》や抜歯、刺《いれ》青《ずみ》など、身体的苦痛をともなうものが多い。日本では、近世の武家の元服や、現在では、七五三や還暦祝いなどにしか残されていない。

とか、ネットワークをどうしようと考えたときに、こういうような光景のなかにこそ回答があるんだという気がしてなりません。このままの状態として、どう産業などにつなげ得るのか。そういうことを考えないと、地域の再生などは絶対ないと、こういう光景を見ながらいつも考えます。

森　重要なことだと思います。このような小さな光景を、地域の人たちは、かつては自分たちの意識のなかで体感し、場所を身体化していきました。私たちは、近代のなかでその通過[18]儀礼を手離してしまったような気もします。それは、身体がたどるものの実感を見失ってしまったといってもいいと思います。

もう一度私たちは、光景を意図的に、意識的に見続けていかなければいけないのではないでしょうか。それは、自己の身と場の復活ということになりますが、実はいま入澤さんが触れたように、産業の育成であるとかの方法にも結びついていける気がします。ですから私たちは、「アナタの身体を目覚めさせよ」というメッセージに導かれているのでしょう。

舟形町長沢の手前の小国川の流れ。
水が澄んで、まさに
アユやヤマメに適した川である。
遠くに、すでに雪を冠した
神室山地の山々が見える。

◎舟形町　長沢和紙

地場産業、産業振興の失敗、高度な技術と横に広がるネットワーク、東北の工芸

森　私たちはいま、「長沢和紙の里」、それから「若アユの里」という看板を掲げている建物の前に立っています。ドライブイン[19]のような形で展開しているこの店も、実は地場産業[20]の一環として長沢和紙の復興を願った行政が、力を注いで建てたものでした。地場産業に、小国川のアユを結びつけようとした場所でもあります。それが現在、食堂に変貌しているわけです（実は、地下で続けられている）。

ここで私たちは、長沢和紙やアユなどという自然を取り込んだ行政の対応の勘違いや、失敗も含めた難しさを考えてみたいと思います。私たちの地域社会がどのようにそれらを自分たちのものにしていくべきか、入澤さんはどう思われますか。

入澤　たまたま僕は、ここで和紙をつくっているときに一度きたことがあります。いまこういうふうなドライブインになっているのを見ると、いいとか悪いとかの問題ではなくて、非常に寂しい感じを受けます。長沢和紙は一度途絶えて、確か昭和五〇年代ですか、一人の女性を中心に再興したんではないかと思います。たまたまここを覗いて、どういうふうに紙を漉いて和紙をつくっているのかをお聞きしたことがあったんですが、そのときの印象も寂しいものでした。

ある地場の工芸品産業が成り立つ道は二つあって、一つは本当に手の技として高度な人間が出現すること。もう一つは、さきほどからいっている「隣組」とかなんかが集まっている場から出てくること。やきものや織物、木工品や和紙などを地域の産業として立ち上げる

ことができる方法は、頂点から引っ張るか、底辺という言葉は使いたくないですが、そういう「隣組」みたいな横に広がったネットワークから立ち上げるか、その二つの方法しかないと思います。

しかしここの和紙は、残念ながら率直にいって、使えるものではなかった。僕は、全国のいろいろな和紙の産地を眺めてきました。その水準からいっても、到底ここのものは、ほかに敵うものではなかった。徹底的に高度なものからつくってしまうか、それとも地域のネットワークのようなところで生産していくか、この二つの方法しかないとして、この長沢和紙の生産法というのは、僕の目から見て中途半端だったですね。二つの方法のうちの、どちらでもなかった。それでは、明らかに崩壊してしまいます。

森▒　高度経済成長を機に、行政は産業振興という形で、このような地場産品を開発しました。しかし大方は、成功したことがないのです。やはりそれは、思考のまずさ、地域をどのように読むかということの決定

「和紙と鮎の里――松原」と
正面看板にはある。
「長沢和紙」を製造しているところと、
ドライブインが
併設されているのだろうか。
このときは気がつかなかったのだが、
長沢和紙は地下の方で
いまもつくられているという。

❖**19**　**ドライブイン**……車で乗り入れができ、そのまま買い物や食事ができる商業施設のこと。または、幹線道路などに面し、駐車場を広くとった休憩施設や商業施設。かつてに比べると数は減ってしまったが、現在では高速道路のサービスエリアやパーキングエリア、「道の駅」なども含んでいう。

❖**20**　**地場産業**[じばさんぎょう]……ある地域に、立地条件を生かして、特定の産業が成り立つこと。技術をもった製造業もいうが、一般的には江戸時代、各藩の殖産興業によって興った伝統産業などをいう。陶磁器、漆器、織物、木工品、和紙、酒や菓子、発酵食品などの食品……を指す。特産品の製造業である。戦後の一時期まで、強力な輸出産業だった。

的なまずさだったと思います。いま入澤さんがいいましたように、高度な技術と、横に広がる地域のネットワーク、ここに行政やさまざまな団体が英知を絞り、どのような形で育て上げるかというところに、地域の個別事情や細部から立ち上がってくるものを逃さない、そして、そのことを地域の全体で支えるという視線が導入されていたら、もう少し現代にあっても、産業として自立し得たのではないかと思います。

そのことの不徹底さ、自足してしまい、ついには崩壊してしまった産業育成というあいまいな言葉の幼稚さの功罪は、とても大きいわけです。虫食い状態についばまれ、忘れられ、産業おこしなどと華やかにいわれた裏には、私たちが背負わなければならなかった方法の、戦いのまずさというものが潜んでいたのではないでしょうか。私は、地域のなかで正当性をもっているかに見えた地場産品の開発の方法というものに対して、徹底的にそれを検証し直していかなければいけない、そうしないと進めない、という場所に立っているのかと考えました。

入澤◉ 長沢和紙がこうなってしまった軌跡は、どこでも共通しているところがあります。やきものや織物、染め、漆なども入れてもいいのかもしれませんが、どこか日本のほかのところで高度なことがやられているとするならば、その高度さと向き合わない限り、こういう産業は成り立ちません。もしくは、ネットワークも含めて徹底的な数の多さ、マスということで対応するかなんです。

僕は、やきものの雑誌の編集をしています。そのため全国の窯場❖21を回っていますが、東北の窯場は技術的に中途半端でなっていません。たとえば、地場であるなら地場のなかで「民芸」としてでも徹底的に考えるな

❖21 **窯場**［かまば］……やきものは、その土地にある土を胎《たい》とし、石や灰を釉とし、土で窯を築き、樹木で焼くものである。そのため人も含め、その土地土地の風土と条件を背負っている。そのやきもの産地を、「窯場」という。江戸時代後期、各藩の殖産興業として、そして豪農・豪商などによる事業として、全国に2000を超える窯場ができた。それが、現在も続いている。

らいかようにもやりようはあるのに、それもしない。食べていくことはできるかもしれないけれど、地域の産業として一つの起爆剤になっていくことは、いまのままでは構造的に不可能です。

「超」なら「超」というところをどう見据えるかということになったら、さきほどの二つの方法しかない。その二つの方法のなかを、どう道を切り拓いていくのか、ということではないかと思います。

◎最上町　赤倉温泉スキー場

広域事務組合、鎖国と開国、自給と広域性、箱物行政、ネットワーク・システム・シンクタンク、まったく新たな「事業」や「商品」、産業センター、温泉街の再生

森▒　赤倉[22]温泉の途中にスキー場が見えました。車のなかでこれを、異様な光景と二人で話してきました。

高度経済成長期に、最上の八市町村がどこもスキー場をつくり、運動場や野球場などといったさまざまな施設をつくり、市民生活を拡大するという方向に入ってしまいました。この拡大方向は確かに時代の要請だったのですけれども、決定的なこととして、市民社会の幸福の在り方が、過去と断ち切られて存在してしまいました。その結果としての建物です。そしてその建物は、市町村財政を圧迫してしまうような施設になってしまいました。

現在、最上の八市町村が〈最[23]上広域市町村圏事務組合〉という市町村を超えた組織をつくっています。そして、消防やし尿処理などというものを広域的に処理する機能をそれにもたせました。私はここに、地方自治体が現代社会のなかで考えなければならない方法が潜んでいるのではないかと、注目していました。たとえば、どこそこにはスキー場、どこそこには野球場、どこそこにはプールというように、役割的な分担をもって広域的にきちっと計画的に施設を位置づけていけば、こんなふうにどこの市町村にも同じような施設が同じように立地し、財政圧迫に至るようなことにはならなかっただろう、と思っています。

この〈最上広域市町村圏事務組合〉という行政の方向、それはいま市町村合併※24などが盛んにやられている方向とは違います。財政コストを切り下げ、スリムな行政組織をつくらなければいけないという号令の下に、否応なく要請されてしまうこの市町村合併などというものを考えたとき、この最上の八市町村が機能を分担し、連帯する部分を少しずつ拡大してゆく方策がますます必要になってきました。

さまざまな村や町が自分たちの自立性を確保する形として、言葉は乱暴になるかもしれませんが、「鎖国のような自給体制」を築きつつ、最上の市町村が広域的に開いていく。行政を一つの単体として機能させつつ、そこからもう一度、「最上広域市町村圏」のように、役割分担と面的広がりを促していく在り方が、非常に重要になってくるのではないかというふうに考えられます。

八市町村が行政機能を共同で行っていく〈最上広域市町村圏事務組合〉は、ここに消防事務や救急医療事務、それから税金徴収や国民年金などの処理事務などの機能をもたせようとしています。それを、「希望的な行政組織」にしていかなければならないのではと思っています。そしてこの組織が、たとえばスキー場を、どこそこの市町村のどこにつくり、その入込客のために広域的な観光要素をつくり出していくというふうに、計画性に基づいて連携していけば、最上の市町村は、単位として閉じながら開いていく、鎖国しながら開国していくような、自給をしながら広域性をもつというような、二重の反転を可能にするのではないで

※22 **赤倉温泉**［あかくらおんせん］……山形県最上町、小国川上流部にある温泉街。貞観《じょうがん》5年(863)、慈覚大師《じかくだいし》の開湯と伝える。泉質は塩化物・硫酸塩泉で、いつまでも身体が温まっているという。現在、11軒

しょうか。

入澤◎ そうですね。山形県は、最上❖25、庄内、村山、置賜と四つの地域に分かれてますね。最上に広域的なつながりがあるということには、僕も可能性を感じます。いま、たまたま目の前にスキー場がありますが、公会堂、野球場、総合体育館や総合運動場、音楽堂、温泉施設などというように、どこにも同じようなそういう施設があるわけです。都市を真似て、あたかも自分たちの希望の象徴のように、俗に「箱物❖26」と呼ばれる建物をつくってしまう。それは地方を考えたとき、どこか悲しいわけです。

　さっきから、「隣組」「結い」「講」であるとかいってきました。反転の可能性を含めて、もしそういうものを基盤にしていたとするならば、でき上がる構造物なりシステムというのは、絶対に変わるはずです。

　たとえば広域の緩やかなネットワークが本当に各地域、さらに小さな「隣組」みたいなものから相互の関係を掬い上げるというふうなことをやっていたとすると、

のホテルと旅館があり、収容人員約700人の大きな温泉街である。

❖**23** **最上広域市町村圏事務組合**［もがみこういきしちょうそんけんじむくみあい］……前記の最上8市町村が集まってできた「広域事務組合」。昭和45年(1970)に設立され、ゴミ処理、し尿処理、消防などの事業はほかの組合と変わらないが、新庄駅にある〈最上広域交流センターゆめりあ〉を運営している。

❖**24** **市町村合併**［しちょうそんがっぺい］……ここでは、平成の市町村大合併のこと。大合併は近代以降3回ある。市町村制施行にともなって明治22年(1889)には71,314から15,859に、昭和28年(1953)の「町村合併法」の施行から昭和36年(1961)までに9,868から3,472へ、そして現在、約1,800へと激減した。すべてのことが大規模になっていくことは必然としても、合併の最大の問題は、それぞれの地域・地方の風土や記憶というものを喪失してしまうことである。

❖**25** **最上、庄内、村山、置賜**［もがみ、しょうない、むらやま、おきたま］……最上とは、前記8市町村のこと。庄内は、前記酒田と鶴岡を中心とした5市町村。村山とは、山形市、東根市《ひがしねし》、村山市、尾花沢市《おばなざわし》を中心とした14市町で、山形県人口の約50%を占める。置賜は山形県の南部を占め、米沢市、南陽市《なんようし》、長井市《ながいし》を中心とした8市町をいう。

❖**26** **箱物**［はこもの］……公共の施設や設備のこと。公会堂などの多目的ホール、野球場などの総合運動場、公園などを指す。日本では1980年代後半から1990年代半ばまで、公共事業投資として全国にさまざまな「箱物」がつくられた。それらは結局のところ、目標通りには運営されていない。そしてその赤字は、税金で補填される。その失敗を指して、「箱物行政」という。

こういう施設はきっとできなかっただろうと思います。ここになにをつくるべきかは簡単にいうことはできませんが、結局なにも稼動することがなく、学芸会か地域の集まりぐらいにしか使われていない建物、そういう地方の現実をどこかで変えていくことができるんじゃないかと思います。

森▨　そして、私たちはここで考えなければならないのは、でき上がってしまったものを目の前にしているということです。これを、近代の傷痕というふうにいってもいいのでしょうか。やってしまったことを引き受けざるを得ないという地点に、地方は立たされているんです。この現実を反転していくためには、維持管理も含めて大変困難なわけです。しかし思い切った切開をし、最上の八市町村が英断を振るって、施設を変更したりしながら、最も望ましい形でそれらの引き受け方ということを考えていかなければならないところにいるのです。

私たちは、私たちの先輩たちがさまざまな形でつくり出してしまったものを、いま生きている私たちで引き受けるというところからしか、反転の仕方がないのであれば、この建物をむしろ方法軸に忍び込ませて、このことが「富」であったといい得る方法を考えなければならないでしょう。ですから、私たちは「倍の力」を要求されています。歴史の進行をこちら側に引き寄せていく倍のエネルギーや力というものが、必要になってくるのです。

しかし、いまが絶好のチャンスだと捉えることもできると思います。前にも話したように、若い人たちの緩やかなネットワークとか、都会から若い人たちが交流でやってくるなどというように、一方では、こういう力を倍の力にし得るような選択肢をたくさん抱えているわけですから。これを再結集していくことが、非常に大事になってくると思っています。

入澤▨　まさにいまいわれたように、すでにでき上がってしまったものを一体どうするんだという問題は、常に問われるわけです。それは、行政だけがやったわけではなくて、結果的にはそこに住んでいる人びとがそれを選んだということになる。そうだとすると、どうやって正の方にというか、これから先の未来のものとして使っていくことができるかということです。

さっき産業の問題に関して触れたように、ネットワークやシンクタンクというような機能、システムから産業が立ち上がってくるとするならば、さまざまな施設はきっと有効に利用できる可能性が出てきます。まさに我々が「反転」といった、いまこそその可能性があるんです。まだ「じっちゃん、ばっちゃん」たちが生きているあいだに、そういう産業構造を立ち上げる道筋をつくる、いまこそ最大のチャンスだろうと思います。地域の記憶が残されている現在の段階で、反転の方向性ができるとするならば、施設も絶対に活用の可能性が出てくると思います。

国道47号線を右折し、
赤倉温泉の方に入っていくと正面に、
「赤倉温泉スキー場」が大きく見えてくる。

たとえば、山菜やキノコ一つだって、単に温泉街に卸すとか、塩蔵して売るなどというだけでなく、流通のネットワークをつくればいい。それは、都市・都会のなかの料理屋やレストラン、中華料理屋だっていい。個々別々にやるのではなく、そのセンターをつくればいいんです。そのための施設として、「箱物」のなにかが使えるわけじゃないですか。

そしてさらに、都市・都会の人びととの「共同」「協働」の現実的な場としてしまえばいいんですよ。すでに始まっているところもありますが、ブースを設けて❖27 NPO法人などに、安い価格でどんどん貸せばいいのです。すると、地域・地方、つまり地元の人びとも鍛えられる。いや、双方鍛えられる。そこには、まったく新たな「光景」が出現し、想像もできないような「事業」や「商品」が登場するんです。

森▨　それは、これから訪ねていく赤倉温泉街にも当てはまることです。高度経済成長時代に、たくさんの観光客を受け入れるために、旅館はどんどんホテル形式に建て替えられました。伝統的な湯治❖28宿が潰れ、湯治のスタイルさえ壊れてしまいました。そしていまこのホテルが、景観やさまざまな温泉の在り方を阻害する元凶のようないわれ方をしています。しかし、これらがなかったらよかったのにというものいいでは、解決していかないと思います。

　私たちは、これらが建てられてしまった事実も引き受けなければならないのです。そしてそれを反転する力にし、むしろ逆のエネルギーとしていかなければならないのです。ですから、ホテルをたとえば老人を受け入れる温泉施設として利用したり、家族で過ごすプライベイトホームにしたりと、システムの柔軟な変更を促していかなければならないのです。それはホテルであったり、市町村に林立する施設であったり、商店であったりという、この近代の痕跡というものを、私たちはもう一回、時代のなかで生き延びさせていくこ

❖27 **NPO法人**［えぬぴーおーほうじん］……1998年に制定された「特定非営利活動促進法」によって法人格を得た組織をいう。「特定非営利活動法人」のこと。特定の目標を実現するための組織のため、上下関係が生じにくい利点がある。現在は、地域活性化のためNPO法人と行政が協働する形態が多い。今後、新たな事業を興すことも含め、大きな可能性を孕んでいる。

❖28 **湯治**［とうじ］……長期間、温泉療養することをいう。通常は、農閑期に行われる。この風習は古くからあるようだが、湯治場が一般的となったのは、江戸時代になってからである。現在では、温泉街がホテル形式になってしまうことと旅行の形態の変化によって、ほとんど廃れてしまい、東北地方などの一部に残されるのみとなってしまった。自炊が基本である。さまざまな地域から人が集まることによって、人と人との関係が開かれる大きな利点をもっていた。

❖29 **第三次産業**［だいさんじさんぎょう］……前記、第一次産業の項参照。一般的には、農林水産業と製造業を除いた産業をいう。情報通信、運輸、卸・小売り、金融・保険、不動産、飲食・宿泊、医療・福祉、教育、その他サービス業全般の業種をいう。日本は現在、第三次産業が70%を超える超資本主義社会、高度情報化社会に突入している。

とを考えてみなければならないのです。

さて、ここから赤倉温泉街に入っていきます。私たちの最上地方は第[29]三次産業、いわゆるサービス業に大変大きな労働力を委ねているわけですけれども、そのことの意味を考えてみたいと思います。

◎最上町　赤倉温泉

湯治場、観光ホテル、湯治客と観光客、第三次産業、ネットワークをつくること、観光産業の再生、朝市

森▒　私たちはいま、赤倉温泉のホテル群が見えるところに立っています。さきほどいいましたように、高度経済成長期に日本の観光が産業として飛躍的に発展し、さまざまな温泉地が伝統的な滞在型の湯治システムを壊して、観光型のスタイルに一変してしまいました。あえていえば、私たちの湯治文化というようなものを放逐してしまったということもいえると思います。赤倉温泉自体は、昔からの湯治場として栄え、近郷の農家の人たちの憩いの場として栄えていたわけです。

私たちはしかし、ここで二つのことを考えてみなければならないと思っています。一つは、私たちの近代があえて抱えてしまった、このホテルに象徴されるような近代の傷痕。これをどうするのかということが一つ。もう一つは、私たちは、第三次産業に依存しなければ生きられない時代を迎えたのだという事実。

最上地方においても、温泉地が観光という産業の方向へと大きくシフトしなければならない場所に立たされているとき、この温泉街の在り方というものを単に切って捨てるだけではなく、この温泉場が観光地としてこれからどのように生き続けていくのかということを見据えた方策を、考えていかなければならないと思っています。

入澤◎　僕は山のなかの赤倉温泉が、こんなに大きな温泉街だとは知りませんでした。いま森さんがいわれたように、近代の流れのなかで湯治場がホテル形式になっていく。そういうふうにしないと生き延びられないということを含めて、ホテル形式になっていくのは東北の温泉に共通していえることです。正面に巨大なホテル形式の旅館が見えていますが、こういうふうになっていくのは、ある部分しょうがないことだと思います。

　ここはかつて、近郷の人びとが農閑期に集うような湯治場だったと、森さんが説明していましたけれども、ホテル形式になっていったときに何が落ちてしまうかというと、湯治場の雰囲気にあったようなさまざまな人の「関係」というものです。ここにきている人たちは都市・都会からくる人、この辺りですと仙台の方からなどでしょう。いずれにしろ、この土地の暮らしに関わらない人たちがくる。それを指して、通常は「観光客」と呼んでいるわけですけれども、そのとき、かつて湯治場のときにはあったであろう関係性というもの

小国川の上流に、
「赤倉温泉」が出現する。
11軒のホテルと旅館がある、
山のなかとしては
大きな温泉街である。
日曜日には、「朝市」が立つ。

をもちようがないんです。

　観光客とは、金銭の関係においてしか成り立たない。そこに、ネットワークのつくりようがないんです。そこが、こういうふうなホテル形式になったときに、一番欠落していく部分ではないかと思います。現実的な関係というのは、まずつくりようがありません。観光バスでくるのか車でくるのかはわかりませんが、そうやってお金を落としていく。いうならば第三次産業として、その地域の経済構造がささやかにでも成り立っていけば、それはいいことなのかもしれないけれども、それは先の可能性を生み出さない。それが、こういうホテル形式になってしまった温泉街の不幸だと思います。

森　そして観光客というのは拠点移動ですから、さまざまに「秘境」を暴いていきます。世界に秘境がなくなるということは、近代主義の帰結でもあるわけです。でも観光という産業は、とても大切な眼差しを地域に向けていました。地域というものを発見し、そこから場所との関係性を自己とつなぐというようなものでもあったわけです。

　しかし近代主義は、自己の未来性を写し出す観光という概念を遙かに超え、ここに象徴されるように、通過点としての場所を固定してしまう観光に、観光を落とし込んでしまいました。その結果として、秘境を訪ねて源泉[30]に入る観光客であるとか、さらに秘境はどこかというふうにして、温泉場の秘密を暴いていくという暴力的な意図によって、自己目的の拡大を図るということが一般化してしまっていると思います。

　私はさきほど、「鎖国」というふうな荒い言葉を使ってしまいました。自分の身を守るために、隠す、閉じるという方法も、この時代ではとても大切な方法の一つになると思っています。それは決して、私たちの身

❖30　**源泉**［げんせん］……温泉で、湯の湧出しているところをいう。自然湧出、ボーリングで掘削し水圧で湧出させる、ポンプで汲み上げるなどの方法がある。温泉は、引き湯が普通である。有名な源泉に、草津温泉《くさつおんせん》の湯畑、別府温泉《べっぷおんせん》などがある。

を強固に閉じていくのではなく、柔らかな閉じ方、柔らかな鎖国というものです。私たちが養ってきたシステムや生活の在り方を引き継いでいくために、そのような閉じ方もあるのではないかと思っています。

そして、じっちゃん、ばっちゃんたちがかろうじて生き延びているこの時代に、その可能性を執拗に、力を結集して探し出していく。そこに、いま目の前にしているホテル群が依拠している時代の速度を凌いでいく、もう一つの速度があるのではないでしょうか。

もう一方で、最上地方がたどってきた産業の推移ということもあります。最上地方ですら、第三次産業が五〇パーセントを超えている現実を目の前にして、私たちは観光産業を簡単に「悪」として規定するのではなく、さきほどもいいましたが、時代に開くことによって生じてしまった産業構造の隘路を、もう一回自分たちのなかに取り込んでしまい、それを「富」として変成させてしまうという方法も、したたかに考えていかなければならないのではないかというふうに思っています。

入澤◎ そうですね。産業をどういうふうに最上地方から立ち上げていくかということを話したときに、たとえば採ってきたゼンマイを湯がいて、乾燥させたものを手で揉んだじゃないか、それを改めて考えてみるべきなんだといいました。それと同じように、それなりに巨大な温泉街になっていますけれども、こういう山のなかの温泉街にこれからの可能性があるとするならば、昔の湯治場がもっていた姿、関係性を培うような姿、相互扶助の関係を、超近代、超資本主義社会の現在においてどうやって再度起こすことができるか、そういうことをまず考えてみるべきだと思います。

そのときに、どういうことをやるべきか。ここに泊まったことがないのでそうは簡単にいうことではないかもしれませんが、きっとここで出てくる料理は、どこからもってきたかわからない刺身がつく。いつ調理したのかわからないパサパサの揚げ物がつく。形だけの小鍋[31]がついて、ここならば何らかの形で山形牛[32]もつくだろう。そこにデザートらしきものがついてなどというふうな、いうならば京都の懐石料理[33]の真似ごとのような料理がずらっと並ぶだろう。これが日本の温泉宿の、特にホテル形式になってしまった温泉宿の、夜の料理の一般的な姿ではないかと思います。

さきほどの産業の話ではありませんけれども、ゼンマイを手で揉むところに立つんだという比喩は、ここでも生きています。ただ僕は、かつてのような近在近郷の人びとが集う形だけに戻れといっているのではありません。かつてのような形、相互扶助の関係は残しつつ、何かそこに触媒を入れる必要がある。それは、都市・都会のフリーターやニートなどの若い人たちでもいいし、流通というネットワークでもいいんです。そうすると、温泉旅館だけでなく、土産物屋も変わるんです。ほこりが被ったような、旧態依然たる店では、もうダメなんです。

森　やり方はいくつもあるということを確認し合わなければいけません。私も温泉と地域という問題には、いろいろな意味で関わり続けてきました。そのなかで、さまざまなやり方の可能性というものを見てきました。ここでもう一度、横つながりのネットワークを駆使し、そして場所や土地の固有性にそのネットワークをつないでいくという、前回からの私たちの戦略、方向というものの確認ですが、でもそういう方法をいち早くつくり出さなければならないと思っています。

入澤　たまたま、森さんが温泉に関わってきたという

❖31 **小鍋**［こなべ］……小鍋立てのこと。小さな土鍋や鉄鍋を使って、煮炊きすること。一人ないし少人数で食べる。ネギとマグロの葱鮪鍋《ねぎまなべ》なども、その一つ。

❖32 **山形牛**［やまがたぎゅう］……山形県内で12カ月以上肥育された黒毛和種で、〈日本食肉格付協会〉が定める肉質等級が「4」以上のものをいう。「米沢牛」は置賜地方で肥育されたもので、条件はもっと厳しい。

❖33 **懐石料理**［かいせきりょうり］……茶会の席で、亭主が茶を出す前にもてなす手料理。天正《てんしょう》時代(1573〜91年)の利休《りきゅう》(1522〜91年)のとき、一汁三菜が基本であった。その後の古田織部《ふるたおりべ》(1544〜1615年)の時代になると、料理は賑やかになった。「懐石」とは、温石《おんじゃく》を懐に入れる程度の軽い食事を意味した。別の表記の「会席料理」とは、本来は江戸時代以降発達した酒宴向きの料理をいう。

話でしたが、森さんがいま住んでいる大蔵村には、肘折温泉があります。肘折温泉というと、最も象徴的で有名なのは毎日開かれている「朝市」でしょう。この赤倉温泉も日曜日には朝市が行われているようなんですが、やはり湯治場ということを考えると、朝市のようなものをもう一度見直さなければいけない。

　地元の人たちがそこに自分がつくった野菜や漬物、採ってきた山菜・キノコを出す。それを湯治客が買って帰るか、宿が買って料理する。その朝市の構造というものを、一つの可能性として考え直さないといけないと思います。単に朝市としてこういうものを売りました、観光客が買っていきましたという構造を、何とかして朝市のなかから変えていくとしたら、温泉街なり、この地域の可能性の一つになっていくんではないでしょうか。

森　私も一つ、温泉の側からいいたいことがあります。それは、ジオネリア菌[34]などが発生した問題もあって、温泉を消毒せざるを得ないような事態が現在あります。行政も、清潔や安全のために、法整備して消毒を一般化する。観光客なども、ここは循環式だから、源泉[35]かけ流しの湯でないからダメだなどという意識で、温泉にランクづけして差別してしまう。選別し、さまざまな余分なものを排除するという観光客の実態もあ

赤倉温泉の土産物屋。
売ってるものはどこも同じの、代わり映えしないもの。
それをどうにかしないと、いつまで経っても「脱出」できない。

ると思います。

私たちは、もっと豊かに、もっと多様に、ある意味では野卑に、野太く温泉に入り、温泉を楽しみ、食うことや浴することを受け入れたいわけです。私たちは野性の情緒の復活のようなことを、ぜひ、考えてみなければならないと思っています。

入澤◎ ただそこで難しいのは、消毒臭のただよう温泉は、人を解放しないのです。やはりまずは温泉の側が、掃除を徹底的に行き届かせるとか、湯量をケチらないとかの努力をすべきでしょうね。そうすれば、一定の問題は解決するはずです。それと、どうしても必要な場所とを区別するべきではないでしょうか。ただここには、産業の未来ということの本質的な問題が孕まれていることは、事実ですね。

森▨ いま、赤倉温泉街を車で通過しています。民家と共存していくような温泉街で、お土産屋さんなんかもあります。ここが昔からの湯治場だったという面影も、どこかに残しています。私たちは高度経済成長時代に、私たちの周辺の風景を一変する光景を出現させてしまったわけですけれども、私たちはここからしか出発できない。最上のどこの市町村にも、温泉があります。最上には古くから賑わった、肘折、赤倉、瀬見❖36、羽根沢※、新庄※、草薙※などという名だたる湯治場があったわけです。それを一つの「富」と認識することからしか、私たちは前に進めません。

❖34 **ジオネリア菌**［じおねりあきん］……循環式の温泉などで、ぬめりや臭いの原因とされ、雑菌やバクテリア、ウィルスの温床とされた。

❖35 **源泉かけ流し**［げんせんかけながし］……いま流行りの、温泉に対する観光用語。循環式でなく、源泉から引いて流しっぱなしであることを強調した言葉。

❖36 **瀬見、羽根沢、新庄、草薙**［せみ、はねさわ、しんじょう、くさなぎ］……最上地方の温泉の名称。瀬見温泉は最上町にあり、小国川に面し、弁慶が開いたと伝える温泉街。羽根沢温泉は鮭川村にあり、渓流に沿った3軒の静かな湯治場で、大正8年(1919)、石油を試掘したとき湧出した。新庄温泉は新庄市にあり、最上川に近い温泉街で、大正6年(1917)、油田発掘中に発見された。そのため当初は、「油山温泉」と呼ばれていた。草薙温泉は戸沢村にあり、最上川に流れ落ちる美しい「白糸の滝」に面し、最上川舟下りの下船場である。明治4年(1871)に発見された。

◉最上町 かつての入会地

「入会地」としての茅場、共同管理、アジール、入会地の崩壊、相互扶助、都市・都会からの「無償の贈与」

森▒　いま、赤倉温泉から帰ってくる途中です。きっとこれは茅場、昔茅刈りをした「入会地」[37]だったと思われます。最上郡には、このようないわゆる原野の状態の共有地があって、それを茅場としていました。どこの市町村も、地域の共有地として茅場を維持していました。共同というものの、シンボル的な存在でありました。

宮沢賢治[38]の「鹿踊りのはじまり」[39,40]のなかにも、茅場が出てきます。深山から裏山、持ち山に至り、そしてなだらかな丘陵地帯にこのような茅場が出てくるという、里の風景が出てきます。

この共有地が近代法によって分割され、個人に所有権が与えられることによって、農山村の入会地が消滅しました。屋根に茅が使われなくなり、共同の作業が崩れるということも原因ですが、村の近代化というのは、こういう場所に忍び込み、こういう場所を崩壊させていったのです。そして、村の風景やシステムを取り込んでいってしまったのです。

しかしこの入会地は、一つの土地を共同で維持し、共同で管理していく。そしてそれらがお互いに利用権でつながっているということに、非常に新しいシステ

❖37 **入会地**［いりあいち］……入会権が設定されている山林や原野をいう。近代以前は、村落共同体の村有地や藩有地が、薪炭や堆肥のための落ち葉拾い、茅場、山菜・キノコ採りなどに慣習的に使われていた。ここでは、代表者が決められている場合でも、基本的にヒエラルキーはない。相互扶助の象徴の場といえる。

❖38 **宮沢賢治**［みやざわけんじ］……1896〜1933年、宮城県生まれる。詩人、童話作家。〈盛岡高等農林学校（現、岩手大学農学部）〉卒業。妹のトシの看病のため上京し、日蓮宗の〈国柱会《こくちゅうかい》〉の運動に参加し、童話を書き始める。トシの死によって帰郷し、農学校の教諭を務める。

ム、新しい方向、新しい方策を含んでいると感じざるを得ません。それに私の聞き書きのなかで、入会地を「アジール」❖41的な場所として考えていた習俗も知りました。

赤倉温泉から県道262号線を入ると、
かつて「入会地」だったところが現れる。
いまは雑然とススキなどが生える原っぱとなっている。
遠く南西の方角に、雪を被った「葉山」が見える。

その後農民の貧困の手助けをせんと、〈羅須地人協会《らすちじんきょうかい》〉を設立。宮沢の作品は、壮大な宇宙感覚に溢れるとともに、自然科学の知識に裏づけられ、人と人との関係の理想を詠う美しい作品群であった。日本文学史上、本当の天才というべきであろう。生前の著書に、詩集『春と修羅』、童話集『注文の多い料理店』がある。

❖39 **鹿踊りのはじまり**［ししおどりのはじまり］……主人公の「嘉十《かじゅ》」が栗の木から落ちて、温泉に治療にいく。途中、大きなはんのきのある野原で食事をし、栃の団子を残していく。嘉十は手拭を忘れたことに気づき、取りに戻ると鹿が6疋《ぴき》ばかり、嘉十の手拭に恐る恐る興味を示している。すると突然、嘉十に鹿の会話が聞こえてくる。そのときの鹿たちの仕草が、賢治にとっては「鹿踊りのはじまり」だったのだろう。賢治の擬人化された、美しい童話である。童話として生前唯一刊行された『注文の多い料理店』(杜陵出版部、1924年)に、収録された。

❖40 **鹿踊り**［ししおどり］……岩手県と宮城県の代表的な民俗芸能。シカの頭を被って踊る、一人立ての獅子舞。自ら太鼓を叩いて踊る、豪壮なもの。盆や秋祭りに、家の庭や神社などで供養や五穀豊穣を感謝して踊る。さまざまな踊り組があり、縁起や伝わる巻物などもまたさまざまである。

❖41 **アジール**……犯罪者や債務者などが、制裁から保護を受けられるように慣習的に保証された場所。中世のヨーロッパにおける教会や聖地、自治都市などで、日本の中世から近世にかけては、神社・仏閣や市庭《いちば》などがこれに当たる。閉鎖された世界とはいえ、自由と平等の社会であった。これは、近代国家の成立、近代法とともに崩壊していった。

この共有地だけは、「絶対無権力」として集落のなかに機能させておく。ここでさまざまな揉め事を処理したり、村の約束事を決めたり、というふうにして、ここに中間的な「無権力空間」をつくっていったというようなことが、私の調査によっても浮かび上がってきます。ですからここは、単に近代法で括れる場所ではなく、深く人びとの生存に根ざした空間として本来あったものなのです。近代という時代は、これを個人の所有権に戻すことによって倫理といってもいい共通了解事項を解体してしまいました。この「入会地」を前にして、入澤さんどうでしょうか。

入澤　「入会地」というのは本当に象徴的で、どういう言葉とパラレルであるかというと、「相互扶助」という言葉です。さきほどからずっといっている、「隣組」とか「結い」とか「講」とかいうものともパラレルです。なぜそういうものとパラレルであるのかというと、入会地にはヒエラルキーという概念がない。森さんのいわれた、「アジール」ですね。確かに約束事はあるでしょう。それなりの役職のある人間はいるでしょう。でもそれは輪番制で、労力も金銭的な負担も平均化して、それぞれが負担する。それは、ある理想的な社会の姿であったわけです。

相互扶助のような関係が、これからの社会において、これからの世界において、なぜ「未来」であるのか。地域・地方における産業の再生であるとか、人と人の新たな関係であるとか、都市と農山漁村との関係を相対化する道であるとかいう課題の一つの突破口が、こういう「入会地」という概念のなかに、事実としてあるだろう。

それは何度もいっているように、農業の再生は、家のまわりの「じっちゃん、ばっちゃん」農業を、新しく考えるところにしかないんだということと同じ意味合いにおいて、この「入会地」というのは、負の遺産、遺構としてはいけないのです。「隣組」や「結い」や「講」などの相互扶助の関係が過去の遺制でないように、「入会地」というのは過去の遺制などではまったくなくて、どこかである部分、理想社会の姿を垣間見させてくれる。その垣間見させる姿のなかに、どうやっていまの「超」というふうなものを転化できるのか。それは我々の課題であって、その転化ができないとするならば、地域・地方もないし、東京もない。
何度もくどくど述べるようですが、相互扶助に基づく「共同」「協働」の場をつくることであり、都市・都会からの「無償の贈与」の構造なわけです。「無償」といっても、都市・都会から移ってきた人は当然、金銭はもらうわけです。ボランティアは、ない方がいい。そういうネットワーク・システムをつくることが、「反転」を約束してくれるんです。

森　そして、そしてですね。誰がここの茅を刈ったり、草を刈ったりして維持していくのか。誰がどうすれば、ここを守れるのか。その方法をいち早く提示できるかにかかっていますし、私たちの射程もそこに降りていかなければならないでしょう。
スキー場に人工の雪を降らせる風景、それからかつて「入会地」だった風景。一つは近代の悪意のようなものとして、一つは近代の失意のようなものとして、私たちの現在が目の前に展開しています。しかし、いま入澤さんがいったように、あらゆるものを相対化する機能としてこの風景、この場所が甦ってくるとしたら、私たちはここでまた課題を与えられました。

葉山、1461.7m。
寒河江市と村山市の境で、
大蔵村の南端近くにある
ブナの自然林に覆われた臼状火山。
かつての修験道の道場であり、
森は自らを
「葉山の猿（ましら）」と称していた。

◎最上町

最上中学校

小中学校の統廃合、子供と年寄りのそれぞれの囲い込み、過疎化、本校と分校、教育のサービス産業化、教員の理想の姿、教育の社会性

森▨　いま私たちは、最上町向町《むかいまち》というところの〈最上中学校〉の校庭に立っています。中学生たちの笑い声や、放課後学習でしょうか、遊びに興じる声が聞こえています。この〈最上中学校〉は、最上郡の子供たちがたどっている道を象徴している感があります。❖42少子高齢化社会のなかで、一〇年ぐらい前でしょうか、最上町の中学校が一つに統合されました。最上地方では、子供の数が絶対的に不足しているということで、統合化を余儀なくされています。また、分校の廃校、小学校の統廃合などという現状もあります。

　私たちはこの対談のなかで、未来を担う子供たちはどこにいるのかということを、いつも頭に置きながら話してきたように思います。この〈最上中学校〉を前にして、地域社会を担っていく、担い手であるべき子供たちに、少し立ち入ってみたいと思っています。

　まずこの地域がたどっている少子高齢化という現象、分類化され、分断化された言葉ですが、そこには日本社会の構造的な問題も含まれています。子供の少子化ということは、都会でも農村でもさまざまなところで起こり得るわけですけれども、特に地域にあって子供の存在は、希望の存在のようなものですから、とても大きな問題を抱えているわけです。

入澤◎　少子高齢化というよりも、過疎化で子供が少なくなっているんですか。

森▨　そういう傾向と、それから子供の役割が地域社会から消えるという傾向があります。子供をもたないということの背後に、社会からいち早く年齢ごとの役割が消えていったということがあると思っています。子供は子供の、お年寄りはお年寄りの社会に寄与する、関わることの実態がなくなってしまいました。

地域社会は、層を成して互いの世代が役割を負いながら関わり続ける仕組みを、至る所にしのばせておきます。でも近代にあっては、子供は子供で囲い込まれ、お年寄りはお年寄りで囲い込まれてしまい、共同への役割の位置づけが不明になってしまったのです。この変化は、さきほどの嫁さんの話でもそうですが、両方をつないでいく「中間項」が存在しません。意識や子供観の変化というより、在り方の変化ということがとても大きいことと思えます。

入澤◎ 最上全体ということになると、過疎化ということは確かに大きいでしょう。八市町村の人口の推移を調べてみると、昭和三〇年をピークに三〇パーセントほど減っている。そういう現状のなかで統廃合となって、この〈最上中学校〉ができたんですね。

僕も経験があるのですが、たとえば小学校などで本校があって分校があると、五年生になると分校から生

最上町富沢（とみさわ）にある
トチノキの巨木。
〈富沢馬頭観音東善院（とうぜんいん）〉の
境内にあり、幹周＝6.3m、
樹高＝34m、樹齢＝500年以上。
リューマチなどによく効くと、
この実を拾いにくる人がいるという。

❖**42 少子高齢化**［しょうしこうれいか］……少子化と高齢化が、同時に進んでいる状態をいう。少子化は、本来的には、合計特殊出生率の低下によって起きている。少子化の原因は、未婚化、晩婚化、女性の職業の増加などさまざまあるが、日本の現在が、女性が子供を生んで育てにくい状況にあることが最大の問題であろう。高齢化は、平均寿命が延びていることによって起こる。ちなみに、2007年の合計特殊出生率は1.32であり、2006年データによる日本人の平均寿命は、男79.0歳、女85.81歳である。

徒が入ってくるわけです。友だちが増える。それは本当に新鮮でしたね。僕は本校でしたから、確かに分校への差別はなかったかといわれれば、あやしいところがある。でも、新しい人間たちが入ってくるのは、本当に嬉しかったですね。

地域としての姿を十全に保つということになると、学校はそれぞれの場所や集落にあった方がいいんです。なぜ、それぞれの場所にあった方がいいかというと、先生と生徒という関係でいえば、マンツーマンに近いとか、家族も含めて人と人とのつながりが深いとか、そういうふうな形での授業というのは理想的なんです。確かに知識を学ぶということはとてもいいことだと思うけれども、それ以上に、そこに人がいる姿、それが先生であるのか用務員❖43のおじさんであるのかわかりませんが、そうやって人がそこに生きているんだ、という姿を学ぶことは非常に大きなことなんです。

やはり、それぞれの地域において、それぞれの場所において学ぶという方が、理想的に関係というのを結べる。これはどうしようもなく、人と人との関係の原理みたいなものだから、その面からいうと、統廃合みたいなものは行政にとっては必然性かもしれませんが、それぞれ学ぶ人間からするならば、やはりバラバラな方がいい。ということは、まず原理としていえるだろうと思います。そういうふうなことが整備されてくるとするならば、逆に統廃合ではなくて、もう一回分校ができていくとかいう形に、なっていってくれれば、という期待を抱いています。

森　私もいま、教育現場にいる人間として、そのことを考えているのです。必ずしもマンツーマンで子供が成長するかということは、なかなか難しいところがあり、他者性との関わりがどこかでなければならない、

❖43 **用務員**［ようむいん］……学校用務員のこと。昭和22年(1947)の「教育基本法施行規則」によると、「学校の環境の整備その他の用務に従事する」とある。1980年代くらいまで夫婦などで、校舎の片隅や別棟で仕事をしている姿を見ることができたが、いまはほとんどなくなってしまった。子供たちはその姿から、「人との関係」や「社会」というものを学んだ。

というのもまた考えなければならないわけです。いま入澤さんがいった、原理的にそのような方向が望ましいというのは私も同感です。しかし個々の、細部のレベルで、やはり再構成を考えていくということが、どうしても出てくるとも思っています。

さきほどこの〈最上中学校〉のなかで、ある異様な光景が展開したように思います。生徒の送迎バスが出てきました。それを全職員が見送るという構図です。教育がある時期から「サービス産業」だといわれ出し、子供たちをサービスの対象として見ていくという、教育の消費化がそこに反映されていたと思います。

しかし教育というのは最も直接的に、個と個が向き合うという原理を生きるものです。いまの光景、全職員が子供の下校を見送るというような、非常に親切に徹し、非常に人間的に、子供に目を向けている光景の在り方のなかには、近代のヒューマニズムが歪んだ形で反映されてないのでしょうか。私たちが吟味し、再構築しなければならない問題が潜んでいるのではないかと思います。

ただ入澤さんがいったように、個々の事例のレベルでもう一度教育

〈最上中学校〉の外観。

〈最上中学校〉の生徒は、元気である。
カメラに向かって、ピースサインや話しかけてきた。

を、考え続けていくという思考に立たなければなりません。小学校が老人の施設と併用され、少子高齢化というものを逆手に取った在り方、それから地域に降り立った教育の仕方、サービス産業などというような暴力的ないい方から脱した教育の在り方というものを、考えなければならないのではないか、と思っています。

入澤▨ たとえば吉本が、自分が学童期にどんなふうに先生に対して思ったかということを語っているところがあります。どういう先生が最も記憶に残ったかというと、酒の匂いをプンプンさせて、自分で授業をせずに、クラスのなかで最もできそうな人間に、「お前代理でやれ」などという。ところが朝礼のとき、べい独楽❖44などをやっているから学業が疎かになって、お前たちはダメになるんだと糾弾する教師に向かって、うしろの方からそのグウタラ先生は何をいったかというと、大声で説教している教師に向かってですが、「聞こえませ〜ん」とやったという。

人間が先生と生徒という関係で向き合ったとき、何が正しく、人間の本来の姿とは何なのかを、吉本はきっとそのとき見たんだと思うんです。そういうふうな実感なり、気分なり、表情なり、場なりというふうなものを、学童期に見るというのは、社会性を獲得するという意味では非常に大きいことなんです。

森▨ 教育というのは、人間の不可解性に深く立脚するものでしょう。教師がどれだけ、自分の本音を解き放つことができるのか、それはとても全身体的なことだと思っています。人へ向けた認識や感性、私たちは「子供」という問いの前で、自分が在ることを晒されているのかもしれません。

近代社会は、子供たちを病院化し、工場化するシステムのなかに閉じ込めることによって、子供の深層性を封印してしまいました。実は学校によって捕われたのは、私たちの多様な身体なのです。いま、私たちが目にしている表層での身体への傾きは、目を覆う光景でもあるでしょう。この光景を、見つめ続けなければなりません。

もう一つ、さきほど入澤さんがいったように、地域と学童期の子供たちとの関わりがあります。私たちはなにをしても、地域の存続や地域の在り方を考えたときに、念頭にこの子供たちの姿を思い浮かべているのです。私たちの対談の途中下車に、学校という現場、地域の子供たちの行く末を考察してみたのは、とても象徴的でした。この〈最上中学校〉を前にして、入澤さんがいったさまざまなことを含めて、もう一つの課題、課題であるがゆえにもう一つの闘争を強いられたような印象すらもっています。

神室山系を望み、裏山は白い雪化粧に包まれている非常に美しい晩秋の〈最上中学校〉です。願わくばこの風景のなかで、自分自身であり続けることができる子供たちに育ってもらいたい。子供たちの切実で賢明な声を、聞き続けることができる教員の現場であって欲しい。そのことが私たち教員の自己解放であるような学校というものが、この地域に育ってもらいたい。そういう願いであります。

入澤◉ さきほど僕は、かつての分校があったような形がいいいいと、人と人との関係というところからいいました。それを変更するつもりはないのですが、こういうふうに統廃合されてしまった現実の学校、〈最上中学校〉というのを見ていると、これもまた「反転」の可能性があるのかと一方で思うんです。ここにさまざまな地域から、最上全体から生徒が集まってきます。とすると、一つの社会ができるわけで、その「社会性」というものを、学童期の人間たちの関係性の可能性ということでも見据えてみたいですね。

森▨ その通りだと思います。

❖44 **べい独楽**［べいごま］……ばい独楽が、なまったもの。昭和30年代くらいまで、子供たちを熱中させた遊びだった。バイ貝の殻に、鉛などを流し込んでつくられたが、のちにそれを模して鉛製、鉄製でつくられた。二等辺三角形の形をしていて、表は平らで突起はない。遊び方は、あるスペースのなかでいかに長く回っているかを競うもので、ぶつかり合いもあり、取りっこの勝負もあった。そのため、めんこと同じように「賭け事」と見なされ、禁止されることも多かった。

旅の終わり

秋の光景、伝統的な地域社会と「超」近代、東京と中山間地域、都市と農山漁村、思想、具体の現場、永続革命

森　この旅の始まりで国道一三号線のバイパスの陸橋に上がり、左右に展開する伝統的な農村集落と、郊外化を遂げていった現在の街の在り様の、両方の姿を見てきました。いま立っている場所は、その両方の姿の裏側といいますか、伝統的な地域社会というふうないい方をした場所から国道を見ています。ちょうど私たちが陸橋に上がって見た光景の、麓に立っています。

　この漂流も、そろそろ下車しなければなりません。季節も晩秋で、見渡せば、刈り取られた田んぼに、初雪がうっすらと被っています。枝にぶら下がったカキ[45]や、イチョウ[46]の紅葉などが残っている、非常に静かな里の晩秋の風景でもあります。

　私たちは慎ましく生きるというのはどういうことなのかということを考え、また飛躍し、自分らしく生きるということはどういうことなのかということを、最上地方を漂流しながら考え続けてきました。この最上地方を三日間にわたり、八市町村を隈なく回ったわけです。人間の営み、在り方というものを改めて発見したり、気づかされる。そういう漂流だったように思っています。

　そして旅の最後に、慎ましく生きるということの真実、リアリティ、そして人間がそこから飛躍し、何かに挑もうとする、何かを摑もうとすることの、これもまた一つのリアリティ。それは伝統的な地域社会と、「超」といわれる時代が象徴する光景の、突端に立たされているように感じます。私たちは、この二つの光景を巧みに自分の身に引き寄せ、二つの光景を巧みに使い分け、二つの光景を巧みに方法にしていくとい

うことを迫られているのかもしれません。旅の終わりに新庄市に戻りつつ、入澤さんの感想を聞きたいと思います。

入澤◎ 最上のなかの中心である新庄市を皮切りに、最上地方の八市町村をめぐってきました。最上地方は典型的な中山間地域で、田んぼはそれなりにありますけど、さまざまな農業を営みながらやってきた地域です。ここをめぐりながら、最上地方の具体性のなかで語ってきたわけです。

私たちは「超」資本主義社会、「超」近代というふうな現実のなかで、思想を語ろうとするとき、現在がなんであるのかというようなことを語ろうとするとき、どうしても東京から語りがちになります。東京のなかの銀座[47]や新宿や渋谷や六本木というところから、往々にして語ろうとしてしまいます。しかし日本は、北海道から琉球弧[48]、沖縄列島の最南端まで含めていうと、

国道47号線の脇を、最上川に
直接流入する新田川（にったがわ）が流れる。
先の交差点は、国道13号線。
3回目の対談の終わりを
象徴するかのように、淋しい光景である。

❖45 **カキ**……カキノキ科カキノキ属の落葉広葉樹。分布は、本州、四国、九州、朝鮮半島、中国。枝分かれが激しく、秋に橙色の実をつける。栽培品種は多く、富有《ふゆう》、次郎、御所、江戸一《えどいち》、禅寺丸《ぜんじまる》などが知られている。タンニンのある渋柿は、干し柿にする。葉は茶葉に、幹は家具に、防腐剤として「柿渋《かきしぶ》」が、殺菌作用があるので「柿の葉寿司」にと、さまざまに利用される。

❖46 **イチョウ**……イチョウ科イチョウ属で、一科一種の落葉広葉樹。中国原産で高さ45mにも達し、樹皮は灰色で厚く、縦に割れ目が走る。雌雄異株で、秋には美しく黄葉し、種子は「ギンナン」となる。公園の樹木や街路樹、盆栽に多く使われ、碁盤や将棋盤の材料になるのが珍しい。

ヨーロッパの南北がすっぽりと入ってしまうくらい広大な地域を抱えています。都市・都会だけでなく、さまざまな地域に、農村であり、山村であり、漁村であるというところにも多くの人びとが暮らしています。

現在というのがどこにあるのか、現在という姿が何であるのか、現在という姿がどういうことを強いられて、萎縮することなく私たちの可能性というふうなものがどこにあるのか。というようなことを、この最上をめぐって語ることができたのではないかと思います。

私たちが語ってきたことというのは、人びとがあまりに日常的で気づかないこと、くり返しのように生きながらあえて考えないこと、そこには「現在という姿」の本質が隠されています。本当は真っ先に考えなければならないこと、ふだん暮らしているところでは考えなくて済んでしまうこと、そういうことを最上地方を相手にしながら、一つひとつ掘り起こしてきたんではなかったかと思います。

東京という超都市、超近代都市、超資本主義社会の世界のなかでも最も象徴ともいうべき都市を考えるのと同じように、最上地方の日本のどこにでもある中山間地域、山村といっていい集落が点々としている風景を考えなくてはなりません。そこで生きることも現在

❖47 **銀座、新宿、渋谷、六本木**［ぎんざ、しんじゅく、しぶや、ろっぽんぎ］……東京の繁華街の名称。銀座は、慶長17年(1612)に銀貨鋳造のための「銀座」設置が起源。日本の中心地というべきところで、「銀ブラ」、歩行者天国が有名だが、いまや世界のブランド街となっている。新宿は、元禄10年(1697)に「内藤新宿《ないとうしんじゅく》」が設置されたのが始まりで、東京副都心の一つ。小田急線《おだきゅうせん》、京王線《けいおうせん》などのターミナル駅で、乗降客数日本一。歌舞伎町《かぶきちょう》と都庁がある。渋谷は、もともとは村だった。東京副都心の一つで、ここもターミナル駅である。「公園通り」など、若者文化発祥の地である。六本木は、旧麻布《あざぶ》区の中心地で、レストランやバー、クラブが立ち並んできたが、現在は、〈六本木ヒルズ〉〈東京ミッドタウン〉の超高層ビルと〈新国立美術館〉や〈森美術館〉などの美術の街となっている。各国大使館も多い。

❖48 **琉球弧**［りゅうきゅうこ］……奄美諸島《あまみしょとう》から八重山諸島《やえやましょとう》までの弧を描いた諸島群をいう。南北日本列島の、約3分の1の距離を占める。かつての「琉球国」であり、本土とは文化などさまざまな違いがある。日本の敗戦後、アメリカに統治され、奄美諸島は昭和28年(1953)、沖縄は昭和47年(1972)に返還された。まさに亜熱帯の気候で、美しい海が魅力である。

ならば、東京で生きることも現在です。地球上の、さまざまな地域で生きることも現在です。とすると、私たちが三日間にわたってさまざま語ってきたことは、現在が私たちに思想的に問うていること、思想的に考えなければならないというふうに問うてくることに対して、ささやかな形で回答できたんではないかと思います。

本当は、日常的な場面に向かって語ることは難しいんです。ささいな関係を語ることこそ、大変なんです。だから人は、触れたがらないか、忘れてしまおうとする。最上をめぐって、私たちはなんとか、そういうことに触れることができたんではないでしょうか。

森　いま、「思想」という言葉が出てきました。私たちはこの「思想」という言葉を、もう一度検証してみなければなりません。「思想」という言葉は、人びとが生きている実態のことを指しているんだと思います。実態というのは、いま、ここにある状態のことだと思います。それはどちらにもどこにもいける、自分を確認する言葉のことだと思っております。

私は、この最上郡の大蔵村の生まれで、ここで生活し、生涯ここを離れることなく人生を終えるかもしれません。最上という土地は、そんな私の認識の、自分にとってとても広がりのある地域でもあります。生きるということは、私自身の在り方からして、自分の狭い世界のなかで、精いっぱい生き生きとあり続けることだと思っています。そのような私の狭さを少しでも広げることができる世界が、最上地域でした。

そして私は、なんでもできることが決して「自由」ではなく、自分の身の範囲のなかで起こり得ることで、人の身にも起こり得るものを自分自身に宿らせることを、「思想」だと思ってきました。

最上の旅を続けて、「思想」という言葉に出会い、私たちは旅の途上で見てきたさまざまな出来事から、可能性の思想、いわゆる「希望」を語ってきたように思います。そしてこの「希望」は、現実に即座に対応し、即座に起動できる、即座につくり換える力を要請される

「希望」でなければ、語ってはならない「希望」なのではないかと考えてきました。

いよいよ最後です。この最上をたどって、さまざまなことを語ってくれた入澤さんに感謝すると同時に、私たちの実践の入口にたどりついた旅だったと思います。

私たちは、非常に概念的なことを語ってきたかもしれません。もっともっと、この最上を実感的に、実践的に考えなければならないという想いも残されています。生活の細部に分け入り、もっともっと具体の現場で具体の方策を考えなければなりません。そういうことから、この旅の第二弾も続けたいというふうに思います。


入澤◎ 最上は、僕らが考える中山間地域の、農山村の典型的な姿を見せてくれました。いま森さんが、三日間にわたって私たちが歩いてきた軌跡をまとめる形で述べられました。

たとえば私たちは、高校時代からいろんな運動に関わり、いろんなことをくり返してきました。そのとき、マルクスから学んだり、ニーチェ❖49から学んだりしたことを、現代の社会のなかに援用するために、さまざまなことを考え、実践してきました。そしていま、最上をこういうふうに経めぐってくることによって、こういう現場に立つことによって、少なくとも三日目の今日は、最上だけでなく今後具体的な形で日本が、世界がどうあるべきなのか、どうすべきなのかというところまで踏み込んだだろうと思います。議論は、そこまでいったんではなかったかと思います。

何度か、未来の可能性について語りました。過去にこそ未来があるんだということを、何度も語りました。過去に未来があるんだということは、私たちが一〇代で考えた「革命」という概念が現在どこにあるのかということを、最上地方をめぐることによって考えてくることではなかったかと思います。

一九一七年のロシア革命を、レーニンとともに担ったトロツキーという「革命家」がいます。その人が、

「❖50永続革命」という概念を出しています。人が人として生きていくことにおいて、全人的に解放されない限り、つまりまったくの自由がない限り、「革命」という概念が人類史においてなくなることはありません。トロツキーのいう「永続革命」は、いまも続いているんです。そして私たちは、最上地方をめぐりながら現在の課題を考えることによって、それに答えようというふうにしてきたんではなかったかと、自負してもいいのではないかといまは思っています。

森▨　私たちの旅は、大変大きな問いを残したように思います。それは、自分に向けられた問いであると同時に、私たちの地域社会に向けられた問いでもありました。それは、つくるということに向けた、問いであったといっていいでしょう。私たちはこの地域を意識的に、意図的につくっていかなければならないのです。そして私たちは、つくるために徹底して実践的に生きることを要請されました。私たちは、「切迫」を生きているといっていいのです。

単に農産物の自由化に反対するだけでは、この時代は立ち入っていかないということを、私たちはよく知っています。入澤さんは、「革命」といいましたが、私もまた、「反転」を生きねばなりません。自由化を、自由の方から奪い返して、地域にあっての自由を実現しなければなりません。最上を「革命」していくということが、私の日常であるように生きねばならないでしょう。

夕暮れになり、カラスの声が聞こえ、帰宅する車が国道にどんどん入り、私たちは新庄市の生暖かい内部

❖49 **ニーチェ**……フリードリッヒ・ニーチェ（1844〜1900年）のこと。ドイツの哲学者、古典文献学者。マルクスとともに、現代の世界に最も影響を与えた思想家。神学と古代ギリシアの古典文献学から勉学を始め、ショーペンハウエルの思想に影響を受け、ワーグナーに会う。「神の死」を宣言し、善悪を超えた「超人」の思想に立つ。この考えは、フーコーやドゥルーズなどのフランス現代思想の先駆となった。著書に、『悲劇の誕生』『ツァラトゥストラはこう語りき』『善悪の彼岸』『権力への意志』などがある。

❖50 **永続革命**［えいぞくかくめい］……前記、トロツキーの項参照。トロツキーの革命概念で、『永続革命論』に詳しい。

の鼓動を聞きながら、旅の終わりを告げようとしています。入澤さん、三日間にわたり、本当にありがとうございました。

入澤● こちらこそ、ありがとうございました。

四回目

二〇〇六年六月九日

〈すすき野シアター〉で語り合う二人。

◎新庄市 〈木ら木ら星〉

森　私たちは、新庄市内にある〈木ら木ら星〉という、木工品の店にきています。鈴木信夫さんという人が始めた店ですが、鈴木さんはその前、新庄にある大きな木工会社に勤めていました。その鈴木さんに、お話を伺おうと思います。ここを始められて何年くらいですか。

鈴木　ここをつくって、一三年目になります。気がつけば、長いんですね。店を始めて一〇年もたせるために、どんなふうにしたらいいかとずっと思っていました。最初から、木工の小物ではダメだろうなってことはわかってたんです。この地域に巣くっていかなくちゃならないなかで、「自然」ということを考えたんですよ。だから名刺のなかに、カブトムシ[1]のホームページと〈木ら木ら星〉と、二つありますよ。

クラフト、カブトムシ、観光、イベント、誰が買うか

入澤　カブトムシって、新庄駅の〈もがみ体験館〉[2]のカブトムシやってらっしゃるのは、鈴木さんだったんですか。

鈴木　そうです。あれ全部、私のコーナーなんです。基本的には、子供たちを集める一つの手段としてカブトムシやったんだよね。子供たちを集めて、地元の素材で夏休みの工作とかをさせていきながら。工作を楽しむという、最近はクラフト[3]と呼んでますけど、学校教材という形に広げていったんです。

森　なるほど。鈴木さんの方法は、土地というか、最上の自然というものを生かしていく在り方だなというふうに思いますね。

鈴木　実際にいろいろな形でやってきているんだけど、まあ工芸そのものの販路というのは、だんだんだんだ

ん狭くなってきている。販路は、「道の駅[4]」とか観光地に結構私のコーナーがあって、宅配便で送って全国でやっている。

入澤◎　すると、この店だけってわけでなく。

鈴木◆　この店はもう、売り上げの一〇パーセントもないですね。

森▨　この店をやられてから何年くらい経って、販路拡大に。

鈴木◆　まず三カ月で、もうダメだと思ったね（笑）。三カ月じゃない、三週間かな。最初は皆さん、義理で買ってたから。お客さんのなかでも義理で買ってくれるのと、本当に欲しくて買ってくれるのとはわかるでしょう。リピーターはなかった。

　ここのオープンは、平成六年（一九九四）の七月七日、夜七時七分。星にちなんで、一番星の出る時刻にした。そのくらいこだわらないと、先はないと思っていた。まずはお客さんを動員して、運転資金をつくる。そのために何をすべきかってことで、まず「内見会」を計画した。一カ月前に招待状をつくった。「あなたは、特別にこの店に招待するメンバーの一員です」って。結婚式のより素晴らしい招待状をつくって。たなばた[5]の

❖1　**カブトムシ**……コガネムシ科カブトムシ属に属し、体長4〜5cm。身体は黒褐色、オスは大きな角をもっているのが特徴である。腐植土などのなかに産卵し、幼虫、さなぎ、成虫と、完全変態をする。7月頃成虫となる。夜行性で、クヌギやコナラ、サイカチやヤナギの樹液を吸う。

❖2　**もがみ体験館**［もがみたいけんかん］……1999年の山形新幹線開通時にできた、〈最上広域交流センターゆめりあ〉のなかにある施設。運営主体は〈もがみ物産協会〉で、現在はこの鈴木さんを中心としたカブトムシのイベントが年間を通して行われている。

❖3　**クラフト**……工芸品や民芸品などの総称。クラフトワークとか、職人のことをクラフトマンとか使われることが多い。

❖4　**道の駅**［みちのえき］……〈建設省（現、国土交通省）〉によって登録された、休憩施設と地域振興施設が一体となったもの。1993年、全国103カ所が登録されたことが発祥といわれてる。いまや、JAや漁協も関わってくることによって、遠くから人が訪れてくる施設となり、地域コミュニティの拠点となりつつある。

❖5　**たなばた**……五節句の一つで、7月7日の行事。中国と日本の行事が合体し、奈良時代から始まったという。この日、「天の川」の両側にある牽牛《けんぎゅう》星と織姫《おりひめ》星が年に一度会う日である。現在では、短冊に願い事を書いて竹に飾るのが一般的である。

七月七日にきてくれだけでなく、さらに夜の七時七分にきてくれと。五〇〇人も、きてくれた。その「内見会」の前あたりから、この五人も入らない店で夜になると毎日酒盛りよ。

そういう形でやったんだけども、二週間、三週間したら、お客さんの出足がね。こりゃあ大変だと。お客さんを呼ぶ方法を取るのか、自分がこの商品をもってお客さんが買いにくる場所を探してそこに置くのか、どっちかかなと思った。

森　ここの商品というのは、どういう商品だったんですか。この土地のものだけではなくて、いろんなもの仕入れていたんですか。

鈴木◆　仕入れもしました。自分でもつくりました。そして、私についてきてくれた職人さんもいました。私と一緒に、会社を辞めてくれた人がいたわけです。そうするとやっぱり、見通しのある受注ってものが欲しかったんだよね。

入澤　ここで売るのは、大変でしょうね。

鈴木◆　大変だよ。だから、お金をもって買いにくる場所ってのはどういう場所なんだべと。観光地だなと、考えついた。ここのオープンが平成六年の七月でしょ。一〇月にはもう、最上川の「舟下り」[6]にもいった。そして、一一月には山形にも進みました。

森　失礼ですけど、一人で開拓にいったのですか。

鈴木◆　一人で、直接交渉ですよ。私は営業やってたから、そういうものは昔から得意だった。コンパスこう引いて、六〇キロの円のなかの、どういうところがいいかってことを全部調べました。

当時その、平成六年とか一〇年(一九九八)くらいのあいだは、消費行動がまったく違ってて、お土産を買ってたんよ。それを過ぎてから、旅行の形態が、団体から家族とかグループに変わってってたでしょう。これは不思議だな、これまでと同じことやってたら絶対売れない。観光っていうのは、変わっていくなあという気はしてた。なにすればいいんだべなということで考えたのが、木工のクラフトの「体験」をしてもらうことなんです。それが、駅でやってるもともとの原点なわけ。

森▒　そうすると新庄駅の件は、行政の方から鈴木さんの方にきたんですか。

鈴木◆　そうです。駅に交流施設をつくるときに、アドバイスをして欲しいと相談にきたんです。青写真❖7じゃなく、現場の立場として発言して欲しいと。文句いったよ。これではお客さん満足しねえよと。設備は立派だけど、中身なんにもねえって。それで、この中身だいぶ変わったよ。その結果、平成一一年（一九九九）の一一月に、〈もがみ体験館〉と〈最上広域交流センター❖8ゆめりあ〉が駅にできた。

私ははっきりいって、新庄とか最上とか庄内とか、山形県では商売できないなと思ってた。それで東京で、展示会を毎年出してた。〈東京ビックサイト❖9〉で毎年「ギフトショー❖10」っていうね、展示会があるんよ。ブースを借りて、二月と九月と毎年出してた。ただブースを出してもダメ。名刺をもらったら、常にアタックする。だから、北海道から九州の沖縄まで取引先が待ってました。

ところがここにきて、様相がまったく変わってきた。やっぱり、売れなくなったから。ここ一、二年のあいだだね。何が変わったかというと、観光客がものを買

❖**6**　**舟下り**［ふなくだり］……日本三大急流の一つ最上川には、三つの「舟下り」がある。戸沢村の「最上川芭蕉ライン舟下り」、大石《おおいし》田町《だまち》の「最上川紅花ライン舟下り」、村山市の「最上川三難所舟下り」である。ここでは、最も知られている戸沢村の最上峡を下る舟下りであろう。

❖**7**　**青写真**［あおじゃしん］……露光によって青色に発色する鉄塩類の化学反応を使った、写真・複写技術。遮った部分が青地に白く抜け、建築図面や印刷のときの「青焼き」などに多用された。設計図に用いられたことから、将来の計画や構想の意となる。

❖**8**　**最上広域交流センターゆめりあ**［もがみこういきこうりゅうせんたーゆめりあ］……前記〈もがみ体験館〉の項参照。こちらは、前記〈最上広域市町村圏事務組合〉が運営し、さまざまな施設が入っている。

❖**9**　**東京ビックサイト**……正式名称は、「東京国際展示場」。1996年竣工。東京新都心にあって東京湾に面し、23万m^2もの広さがある。展示ホール、会議施設、レストランを備えた総合施設。

❖**10**　**ギフトショー**……〈ビジネスガイド社〉が主催し、東京、大阪、福岡で開催する展示会。

わなくなった。旅行にいって、物産館なんかもそうだけど、美味いものは食べたい。しかし、ものは買わない。

入澤◎ 美味いものを含めて、はっきりいうと、水準を問われ始めたんです。たとえば、真空パックされた漬物じゃなくて、むき出しで、目の前で計量しますよとかね。みんなもう、添加物がどうのこうのとなると、とたんに手が止まっちゃうんですよ。そういうことを延々と、テレビとか新聞とかで聞かされてるから。若い人たちが特にそうでしょう。

鈴木◆ そんな時代でしょう。工芸品なんてものは、結局はストラップ[11]くらい。あとはほとんど売れません。

　ここ一、二年の変化、それにはものすごく苦しさはあった。なぜかというと、取引先が見本を買っても、リピートがこないわけ。見本を送る、でも売れない。実際にやっててもそうなんだ。だからもう、そういう時代ではないなって感じはしてるんだ。次のことのために、カブトムシはね、これはすごい。今年はね、展示会っていうのは、正月からやってるから。

入澤◎ カブトムシは、どこから仕入れてるんですか。

鈴木◆ 地元と日本全国から。海外のは、いろんな取引先とネットワークをつくってきた。

入澤◎ いまは、カブトムシの方が収入が大きいんじゃないですか。

鈴木◆ 半分までなりましたね。カブトムシのイベントは、いまから七年前に、宮城県の大崎市[12]にある鬼首《おにこうべ》のスキー場から、夏のイベントとして依頼がきたんです。あそこに、ゴンドラ[13]がある。一〇〇〇メートルちょっとまで登って、三〇分で一〇〇〇円。上は、ブナ林と雲海しか見えない。そのために一〇〇〇円払われんよ。オレに、「夏に、一万人運ぶ方法をつくってくくんねが」と。一〇〇〇万円の売り上げをつくってくれと。

「これだな」と、すぐカブトムシのイベントを思いついた。山頂に、自然観察園をつくった。ブナ林にネットを張ってカブトムシも実際に触れるようにして、そして下の方には、世界のカブトムシコーナーをつくった。鬼首始まって以来、とんでもない人がきて、ゴンドラがストップしたんだから。こりゃニュースになったら困るなと、そのくらい人がきました。アンケートを取ったら、八割方が仙台圏。

かたや新庄駅の〈ゆめりあ〉はというと、三年前あたりから新庄市が、財政そのものを非常にしめてきた。新庄の行政からは、なにかをやろうよっていったって、予算がないからできませんという答えしか出てこない。前に進まないんよ。地域そのものが、なんていうか止まってしまう。活性化しない。だから、夏のイベントかなにかをとにかく自分でやって、少しでも活性化させたいなって気持ちがムラムラとしてたわけよ。いままでやったカブトムシ展を新庄流につくってみようとしたのが、いまから三年前。そしたらこれが、人がきたんよ。やっぱり、新庄でも同じだった。

しかし、新庄の場合は、物語をつくってやらないと、ストーリー性がないとダメだなと思った。それで、命

❖11 **ストラップ**……ひものこと。特に、洋服やブラジャー、バッグやカメラのひもをいう。ここでは、携帯ストラップのこと。

❖12 **大崎市**［おおさきし］……2006年、古川市《ふるかわし》、鳴子町《なるこちょう》などの1市6町が合併した。人口約14万人、宮城県第三の市。鬼首のスキー場があるのは、江合川《えあいがわ》が貫流する旧鳴子町である。旧鳴子町は温泉街として有名で、鳴子温泉郷と鬼首温泉郷の二つがある。宮城県、秋田県の県境を成し、神室山地で最上町と分ける。

❖13 **ゴンドラ**……飛行船や気球、エレベーターなどの箱型、かご型の搭乗室をいう。ここでは、ロープウェイのゴンドラのこと。

〈木ら木ら星〉の店内。
木工品から招き猫、携帯ストラップまで、
さまざまな小物が置かれている。

の大切さというものを底辺にもとうということで、幼虫、それがさなぎになって成虫になり、成虫同士の交尾でもって卵がまた生まれる。この自然のサイクルを、新庄では教えていきたいと思った。だから、春は幼虫掘り大会。掘ったのを育ててもらって、その育てたカブトムシでカブトムシのレースをやったり、相撲大会[14]やったり、サイズコンテストをやった。そして余韻を残すために、九月は今度、塗り絵コンテスト、写真コンテスト。

森▨　最上の子供たちは、どのくらい参加してますか。

鈴木◆　増えてきてますね。なぜわかるかというと、〈ゆめりあ〉の顧客カード。私がつくったのは、カブトムシの「カブトクラブカード」。これは、どんどん増えている。

入澤◍　それは、子供をもっているお母さんたちが買っている。

鈴木◆　そうです。年会費五〇〇円で、いま四〇〇名。インターネットからも入ってくるようになりました。全国っていっても、いまはほんの一割程度だけどね。

入澤◍　そういう事業は、地元の人も手伝ったりしてるんですか。

鈴木◆　最初のうち、「バカくせえことやってるなあ」っていうふうにしか見てなかった。「冬の雪降るときに、カブトムシの話してなんのために」って感じでしか見てないんよ。でも、やると人がくるべ。今年のゴールデンウィークで、〈ゆめりあ〉だけで一万八〇〇〇人も入ってますから。するとだんだん耳を貸してくれるようになって、「今年の夏は、〈ゆめりあ〉のなかだけでも実行委員会をつくろう」というふうなところまでようやくきました。

森▨　周辺の商店街の人たちは、どういう動きをしてますか。

鈴木◆　商店街まではいってないんだけど、結局新しいことをするときは、とにかくバカなことを継続してやるしかないなと思って。人に何をいわれようと、やらないとダメなんだってことですよ。

森▨　ここ何年かで、かなりいろんな変化を見てきたと思うのですが、先駆的にやってらしゃったから、そのための努力は大変なものだと思うんですけども、それを地元の人たちも自ら開いていかないと、なにも始まらないということがあると思うんですが。

鈴木◆　この地域だけでも、いろんなクラフトやってる人がいるわけです。それを結集して、「手わざの展示会」っていうようなことを、去年「もがみ体験館」でやったんです。そういう形で、一人とか二人ではダメなんで、束にならないといけないでしょう。いままではそういう「横のつながり」が、酒呑みの会ですらなかった。会をつくって、継続してくべと、去年初めてやったんだから。そのなかからなにか生まれてくっぺな。

いまは、やきもののある一人がオーナーというような時代じゃないんですよ。やっぱり、やきものと木、布、皮、すべて連動して、組み合わせて一つのものをつくるとか。そういうふうに組織していかないと、競争する相手が、ここじゃねんだもの。

入澤◎　相手はここからすると、仙台だし、東京なんですよ。

鈴木◆　そうなんよ。そのときに、仙台とかほかのいろんなところと比べて、特徴生かして、泥臭い山形の新庄らしいことでいいのよ。長靴はいてくとか、そういう感覚でいいんだわ。結局はそういう考え方でいかないと、ここのよさってのはあるから、それを生かさないと。

私はいろんなことをやってるなかで、カブトムシはこの地域向きかなと思っています。自然がまだいじられてないし、野暮ったさもあるんで。そういうものと木のクラフトとの組み合わせで、やっていくべと考え

❖14　**相撲**［すもう］……角力とも書く。裸でまわしを締めた二人が、土俵内で倒すか、土俵外に出すかして競う競技。古くは農耕儀礼の神事で、平安時代には宮中の年中行事となった。職業の力士は室町時代から登場し、近世になって土俵や決まり手、禁じ手などが決められた。日本の国技とされ、いまも全国で奉納相撲が盛んである。

ている。そしていま私がやり出しているのは、山菜なんですよ。

入澤◉ 最上地方は、山菜の宝庫ですね。しかし、山菜自体の考え方を変えないといけませんね。単に塩蔵したものを売ったとしても、もうダメなんですよ。料理なんかも、コゴミ[15]だったらゴマ和え、シドケ[16]だったらなにと決まっているわけではない。料理も、広がりと展開が必要なんです。こちら側から新しく変わっていかないと、相手である都市・都会の側も変わらない。新たな考え方とネットワークができないといけませんね。

鈴木◆ だからね、いま私がやろうとしているのは、この地域のよさを自分なりに加工してやっていきたいなと思っている。

森▨ 会社を辞めてこの店をやられて、鈴木さん自身の意欲的なこともあったと思いますが、ご家族の協力のようなものとか、事業の始まりはどんなふうに切り出されたんですか。

鈴木◆ 結局ね、女房と一緒にやっていかないとおそらく長続きしないなと思った。うちのなかの話題も共通のものがないと、仕事としては長く続かない。だから、地元の縫製会社に勤めていたんだけれども、すぐ辞めてけろと。オレはこういうのやりたいんだけども、一緒にやってけねがということでやったわけですよ。最初はかっこよかったね。内見会もバーッとやったから(笑)。

売れねくなるわけよね。そこで、ドサ回りを始めた。ところがね、もっていく先で、もっていく先で売れない。その連続。オレのは売れない。じゃあ、お客さんの買っているものはなんなのか。どういうものを置いてんだべ。というふうに見るのね。そして次に、たとえば漬物だったら値段がどのくらいのヤツが売れてんだべ。どういう状態、たとえば小さく包装にしてるのか、あるいは量り売りみたいにしてんのか、ていうふうなことを見てったら、アッ、なるほどなあっていうヒントが出てくる。そういうことが、自分の財産になってった。

お客さんは何を求めてるか。「ワンコイン」ですよやっぱり。ワンコイン、一〇〇円、五〇〇円。そういう商品づくりっていうのは、考えてなかった。ああ、オレは売りつけてたんだなあ。お客さんに買ってもらうんでなくて、「買え」ということしかねがったんだなあ。商品づくりというのを、そこからまったく変えたのよ。

森▒ こういう自然を素材にして産業を興したとき一番のネックは、継続をどうできるかということだと思うんですよ。そこには家族もあり、地域の実情もあるでしょう。実際に「いいよこれ、漬物にいい」となったとしても、商品としてどう自立させていったらいいか

右が、店主の鈴木信夫さん。インタヴューにもあるように、最上地方を、いや地方そのものをどうするかの、さまざまなアイディアをもっている人である。

❖15 **コゴミ**……シダ植物オシダ科、正式名称クサソテツ。原野、高原、土手、沢筋など至る所に群生し、分布も日本全国である。綿毛をまったく被っていない珍しいシダである。あくがなくくせのない山菜なので、おひたし、和え物、酢の物、天ぷら、なんにでも合う。フキノトウなどとともに、春一番の山菜である。

❖16 **シドケ**……キク科、正式名称モミジガサ。少し深い山の湿ったところや谷筋の斜面などに群生する。葉は互生し、手の形状に深く裂ける。日本全国に分布するが、特に東北地方に多い。ほろ苦いあくがあり、それがなんとも美味。おひたし、和え物、煮つけ、天ぷらとなんにでも合う。本当によく似たものに、もう少し低山に生えるヤブレガサがあるが、これは味が落ちる。

というときには、大変難しい問題がある。やはりそういうところでネットワークをどうするか、商品の存続をどうするかということは、ものすごく知恵が必要となってくると思うんです。

鈴木◆ 私はね考えてみると、行き当たりばったりのような感じもあったけども、そのとき壁を破るために、知恵が出てきたと思うんです。それとやっぱり、最終的には人だなと思ってますね。まったく知らない人が、手をこうすればいいよとかこうだよとかいってくれるからね。

人間て不思議なんだけど、いろんなことをやってって、後ろ姿見てる人いるんだよね。だから、一回失敗してダメだって、それきりだったら、その後ろ姿見る人がいない。オレはそれに、救われたのかなって思うね。

◉新庄市 国道四七号線脇の公園

郊外住宅地、公園と野山や川や田んぼ、地域のコンセンサス、地方の不幸、祝祭空間、フリーマーケット、子供の危険、「軒あそび」

森▨ 私たちはいま、国道四七号線を外れた新庄市の郊外に流れている小川を入ったところに、小さな公園[17]を発見しました。この公園から、「最上横断」の第四回目を始めたいと思います。

この公園について少しお話ししたいと思います。これはきっと、行政が子供たちの遊び場、家族が憩う場所としてつくったのかもしれません。しかし、この郊外にポツンと、きっと誰もこないと思われる場所にこのような公園があるということは、どういうことなのでしょうか。自然に親しもうということを、積極的になにかの形にしようとした行政の意図が反映しているのではないかと思いますが、自然というものを[18]市民社会のなかに取り込もうとするとき、どうしても自然をパック詰めのようにデザインして形を整えようとしてしまいます。

私はこの山の部分が好きで何度かきましたが、空間に対する思考があいまいで、少し恐い感じがします。空き地と思われるところにもう一つの「擬似空間」をつくって、人を囲おうとします。公園思想の形を模倣するんでしょうが、私たちの生活の末端には、この形の暴力が蔓延しています。

今回の最上への旅は、この公園を入口として、もう少し私たちの日常へ入ってみたいと思います。入澤さん、この公園に立っての感想は。

入澤● これは、いつ頃できたものですか。

森▨ 最上の市町村に公園ができ上がっていったというのは、この七、八年の傾向だと思います。この公園も比較的新しく、五、六年前だと思います。

入澤● この郊外住宅地[❖19]が、新庄にでき始めたのに合わせるような形でですか。

森▨ そうですね。

入澤● 「公園」や「風景」などという言葉や概念は、近代のものです。そして「公園」という概念は、近代ヨーロッパから入ってきたものです。当然それは、行政サイドに入ってきました。日本にはそれまで、「庭園」や

❖17 **公園**［こうえん］……Pubric Park の訳語。都市型の公園と、自然の景観や動植物を保護するため地域を区切る国立公園などがある。公園の概念と具体性は、イギリス市民社会の成立とともに形成された。日本では明治維新以降、イギリス式、フランス式の公園技法が入り、たとえば〈新宿御苑《しんじゅくぎょえん》〉は、明治39年(1906)に開園した。

❖18 **市民社会**［しみんしゃかい］……18世紀末のフランスやイギリスの革命後の「近代市民社会」のこと。身分制社会や土地制度が崩壊し、法の下での自由や平等が保障された。自立的な個人＝市民の宗教・政治活動、商活動が保障され、私有財産が認められた。

❖19 **郊外住宅**［こうがいじゅうたく］……都市の外縁部、都市近郊、田園都市などにある住宅街の住まいの総称。郊外や郊外住宅の概念は、イギリスの都市計画家、エベネーザー・ハワード(1850～1928年)の提唱から始まった。日本では1920年代頃、通勤用の私鉄沿線に、一斉に郊外住宅が建てられた。最も知られているのは、〈東急電鉄《とうきゅうでんてつ》〉沿線の田園調布《でんえんちょうふ》であろう。1960年代のニュータウン開発も、これに含まれる。

「市庭」[20]というものはありましたが、「公園」というものはありませんでした。

森さんはこの公園の部分が好きだとおっしゃってましたが、この空間にあるとものすごい異和感がありますね。この公園は、子供たちが集うために、本当につくられたんだろうか。ここは国道四七号線の脇ですが、あいだに川があって入りづらい。人は、ここをほとんど使えないんじゃないかって感じを受けます。

森▨　私がさきほどいおうとしたことは少し舌足らずだったんですが、この公園をつくるという合意形成にいくまでのプロセスがあると思うんです。たとえば郊外型住宅地ができることによって、子供たちを遊ばせる空間がなくなった住民の要望によってでき上がったものだと仮定すれば、野山や川や田んぼの周辺で遊ばせることを放棄し、ここに子供たちを囲い込もうとして、自然のまっただなかのなかに、「自然」というもう一つの空間をつくろうとして、この公園をつくったのではないでしょうか。

❖20 **市庭**［いちば］……定期的に開かれる市、市場のこと。現在では、食料品や日用品の卸しや小売りが集まった場所をいうが、かつての市庭は、河原や中州、浜や山野、寺社の門前などで開かれた。そこにはさまざまな人と商品が出入りしただけでなく、芸能や歌垣《うたがき》が行われ、人と人とが交歓する一種のアジールであった。朝市や駅前市場、駅前マーケットなどに、現在もその匂いは残されている。

私が好きだというのは、周辺の風景があることによってなんですけども、制作者の意図としてそのようなことがここに介在したとは思えない。たまたま用地の買収が容易であって確保できたがために、なにか公園をつくろうというような思いつきに近いものがあって、予算を投入し、既成事実をつくっていくという意図がとても見え見えなわけです。

子供たちをこのような空間に取り込もうとする意図がまず伺えて、テーマパーク形といいましょうか、そういう擬似自然の設置というのが、最上の市町村にもさまざま現れてきています。そうしますと、自然の体験は子供たちのなかからいったん隔離され、この囲われた空間のなかで遊ぶということを義務づけられてしまいます。現在の祝祭空間といいますか、そのなかで人びとが遊び、集い、憩うという、公園の最も基本的な、明日へつながるエネルギーの源泉として、夢やさまざまな希望を語り合える場所としての公園の思想というものを、このような形で定着してしまっていることを考えてみなければなりません。

左手を国道47号線が走り、その右側を新田川が流れる。
遠くに、正式名称〈新田川河川公園〉が見える。

入澤◎ この場所とこの公園の形態を見ると、地域のコンセンサスというか、合意形成みたいなものがされているとはまったく思えません。それと地方の現在の特性みたいなもんですが、箱物行政っていいますが、地域の要望に迫られてつくるというよりは、補助金がついて建物をつくるというのと同じような気分を、この公園には覚えるんですよ。

この対談では、地域・地方というものをどう考えるべきか、その可能性をどこに探るのかということを、ずっと話してきました。ここに見られるのは、地方だからこそ、考えなければならないことを置いてしまって、地方のマイナス部分、まず予算を立ててものをつくってしまう。その結果として、こういう異物としての公園が、突然田んぼのなかなり川の脇にできちゃうわけですね。

今度は何が問題になってくるかというと、田んぼであるとか、この程度の小さな川なら子供たちが遊ぶところはいくらもあるわけですね。そういうところで遊ぶことが危ないとかなんだっていう、一つの共通の観念、つまり抑制みたいなものが先走る。森さんのいわれる子供たちの囲い込みを、今度は逆にお父さん、お母さんたちの側がしてしまう。それは、大人の側からの子供たちに対する「抑圧」ですよ。こういう広大な自然、いくらでも遊び場がある場所に、あえて岩を模したような公園をつくらなければならないのか、寂しく、悲しいもんですね。

森 地方は、この間違いのくり返しを、何度も何度もやってしまっています。そしてこのような敷地が造成され、建物が建てられということがくり返し行われ、そこに住んでる人びとが切断され、そういうことに対して何の反省や徹底した思考を経ることもなく宙吊られ、ただタレ流される。そういう現実をまず一つ、私たちの目の前の風景として見ておかなければならないのではないでしょうか。

そしてもう一つ、とても大事なことが入澤さんからいわれました。日本における公園形成というものは、確かに近代の産物であるわけです。公園という空間のくくりを、風土のなかで吟味し、練り、そして生きていく息づかいのなかに根づかせるプロセスを経ることなく、精神弛緩であるようなものを、このようにポツンと位置づけてしまいました。それも細部で膨大な予算を投入し、行政はそこで帳尻を合わせ、一つの業績としてそれを精算してしまう。その構図をくり返してきた結果、風景を変化させ、人びとの自然への観念を切断し、子供たちを囲い込んでしまう。この構図のからくりがですね、日本国中の地方が立ち至った現実だということを、私たちは考えてみなければいけないと思うわけです。

入澤 それはまさに、地方の不幸ですね。行政であるか住民であるかはともかく、僕らは何度も地方の自ら招いた不幸というものを語ってきました。ただ逆に、もし本当に地域住民の合意をとってという姿勢があったとしたら、森さんは祝祭空間というふうにいいましたけど、公園というものはさまざまな使い方ができると思うんですよ。子供たちの遊び場だけじゃなくて、青空市もフリーマーケット[21]もできるかもしれない。いうならば、地域の一つの交流の場になっていくかもしれない。新しいことが起きていくかもしれない。この公園は、そういう要素をもたせる形ではまったく考えられていませんね。

森　もちろん、そのような広がりや展開の仕方というものから切断されているがゆえに、存在してしまう空間ですね。同時にここは、日本が近代の概念をどう押さえ、どう咀嚼し、どう思想化し得たかという結末を見せる空間であるわけです。そんな実態の功罪を、見せられています。

　そしてこの空間は、地方の人びとが自然というものをどう考え、どう自分たちの日常のなかで言語化していったかということを問われる空間でもあります。あいまいにされ、うやむやにされ、帳尻を合わせられ、最も細部の地点でぼかされていった空間でありますが、これは私たちへの問いでもあるのです。住む人も、これを設計し考えた人も、公園という思想を定着しようとした人も、そして近代性を構築しようと思想した人たちももちろん、この「思考の不在」を、私たちが生きている現場で考え続けない限り、私たちの未来などないというところにきたのではないでしょうか。

　もう一つ、子供たちの実態ということをさきほどいいました。子供たちは、さまざまな状況に晒されています。もちろん、野山で、川で、田んぼで遊ぶということが、子供の日常でもあったわけです。外に出ることによって体験を重ね、知識の層を蓄積し、そうして自分の感性や力を養ってきたわけです。しかしいま子供たちは、さまざまな状況に晒され、一歩外に出ると、

❖21 **フリーマーケット**……和製英語で、別称「蚤の市」。ヨーロッパでは、教会や市庁舎前などで蚤の市が行われた。日本でいえば、東京の世田谷の「ボロ市」などであろうか。1990年代以降、「フリーマーケット」という言葉が、一般的となる。東京の明治公園や代々木《よよぎ》公園《こうえん》などがよく知られている。売る側、買う側の掛け合いも含め、人と人との関係のネットワークをつくり出している。

さまざまな危険にまみれてしまっています。

　実はその危険というものも、もう少し考えてみなければいけないのですけれども、大人の方がさまざまな危険を、先取りするということも出ています。そしてこのような公園の空間を、いきなり子供たちの場所としてイメージしてセットしてしまい、囲い込んでしまう。もちろん私も親ですから、危険を回避するためのいろいろな思考や手だてもするわけですけれども、そこには親と子の関係のなかから、危険に向き合うということはどういうことかを、吟味し思考してゆく姿勢ではなく、ここに子供たちを放して目を届かせていれば、このなかだけで完結すれば、子供たちの遊びも存続され安心だろうというような、私も含めてですが、親側の実態があると思います。

　最上の子供たちは特に、自然がこのように豊富であるがゆえに、むしろ自然が危険区域となってしまって、子供たちが遊べないという状況も出てきています。最上の子供たちは、「自然がいっぱいあって、遊べていいね」とよくいわれますが、自然は即危険だというふうな、置き換えがさまざまなところで起きているわけです。だから、最上の子供たちの方がむしろ自然のなかで遊べないという逆の現象が起き、こういう公園で囲われた自然のなかでしか遊びの体験ができなくなってきています。そうして、否応なく家のなかに入り込んでいます。さらに子供の数が圧倒的に少ないわけですから、子供たちは孤立していく傾向が、最上で出てきているわけです。

　お母さん方は、経済的な観点やさまざまなことから働きに出ていきます。じっちゃんやばっちゃんに、孫の世話を預けてしまいます。彼らはここまでくるのはなかなか大変ですから、家のまわりで遊ばしたりしています。そして子供たちは、野山を駆けるということもできなくなってくる。日曜日、お父さんやお母さんに連れられて、再び擬似空間で遊んでしまい、この寂しいブランコと滑り台のなかで、遊びの自己完結を成してしまう。地方であるために、自然がいっぱいであるために起こっている逆転を、考えてみなければならないんですね。

入澤◎ それをどこかで根本的に変えようと思ったら、親の側が徹底的に子供につき合う以外ないですね。土日か平日かはともかく、親が子供の嗜好性なりを決めないで、いかに子供の恣意性につき合えるか。実はそれが本来の子育てですから、子育ての本来の形が、逆になってきちゃったんでしょうね。そのなかに、こういう突拍子もない公園がポンとでき上がってしまう。

公園で遊ばせるんだって、いいんだと思うんですよ。野山や田んぼのなかにいるのだけが価値だなんてまったく思いませんし、子供がそうしたければつき合えばいいし、親が野山にいくことに長けていればそうすればいいだけのことです。公園であろうとなんであろうと構わないから、子供の恣意性に、いかに親の方が意図をもって沿わせることができるかっていうことが重要なんですよ。そういう余裕を、いま失ってるんだろうと思うんですね。そこが、一番の問題でしょう。

それはある意味、切開できるんです。かつてであれば、なんらかの形の緩やかな共同体が、子供たちを保証してたわけじゃないですか。そこをこれから地方が、どうやってつくり出していくか。産業にも結びつくことですけど、そういうなかに子供を置くことができれば、親と子供たちの関係だけではなくて、地域・地方の問題の解決の糸口が出てくるはずなんです。

森◎ 最上の子供たちの時間軸を考えています。柳田国男が、「軒あそび」という概念を提出しています。軒から外への移行時に、さまざまな外界の獲得があるとすれば、親が

〈新田川河川公園〉にあるカラフルな遊具。

その軒の時間を保証する、子供の時間を奪わないということが、基本なんだと思うんです。

その空間は、どこであってもいい。ただ、いま入澤さんがいったように、そういう時間の過ごし方が許されないということに親が立ち入っているということが、この地方が抱えている現実でもあるのです。最上の子供たちはむしろ、自然がたくさんで、親やじっちゃんばっちゃんがいっぱいいていいいね、というふうに見られていることとは逆の現象が起きているんです。

さらに、もう一つの転倒が起きてきます。親の時代観とじっちゃん、ばっちゃんの時代観に隔たりがあります。隔たっていて当たり前なのですが、現在、その両方をつないでいく「中間の領域」が存在していません。そうしますと、子に対する意識のズレは、ズレのまま温存されてしまうのです。違って当たり前で、若い人は若い人の子育て観がありますので、日常のなかで子供は、ねじれのなかで宙吊りにされています。本当に緩やかに、そして性急に思考を変化、編成させていかないと、最上地方であるがゆえに、急激に世代分断が起きてしまいます。あえていえば、旧世代も脱皮しなければなりませんし、新世代も何かを超えなければいけません。

◉新庄市
国道一三号線沿いのショッピングセンター

郊外タウン、休日の過ごし方、商店街のよさ、小さな祝祭空間、匂いと肌合い、商品構成、カタログショッピング、絶望と商店街の再生、「大規模小売店舗立地法」、地域通貨、考えること、商工会とJA、都市・都会からの「無償の贈与」

森▒　私たちは、新庄市の国道一三号線沿いにある、郊外タウンの心臓部に入ってきました。最上の人たちは休日など、家族連れでこういう量販店や大型スーパー❖22で買い物をし、子供たちはソフトクリームを食べて至福を味わい、そしてこれもチェーン店❖23のさまざまなレストランに入ります。さらに左手にあります一〇〇円ショップで、日常的に必要なものを仕入れます。

　買い物ということが、最上の人たちの休日の一つの過ごし方、ライフスタイルになっています。きっとこのような郊外は、ある意味、ここの土地の人たちの「祝祭的な空間」に生まれ変わっているのではないかとさえ思えます。この巨大な駐車場ではひっきりなしに車から家族連れが降り立ち、そしてまさしく膨大な最上の人たちの消費動向というものを、郊外タウンとその店が呑み込んでいるわけです。

　私たちは店内に入って、さまざまな商品を見てみました。「大地の恵み」というようなキャッチフレーズで山菜などが売られ、たくみに自然を消費者に届けるという工夫がなされ、店員も訓練がゆきとどき、笑顔によって対応し、楽しい買い物が演出されています。すべてがつくられてはいるんですが、人間の消費動向を刺激し、この場所が大変大きな坩堝《るつぼ》のようなものとして機能しているのです。

　この場所からぜひとも考えてみなければならないと思い、二人でソフトクリームを食べながら入ってきま

❖**22 スーパー**……スーパーマーケットのこと。アメリカから入ってきた業態で、セルフサービス方式で、食料品や日用雑貨、衣料品などの日用品を、現金、大量、短時間、廉価で販売する小売り業態。かつての〈ダイエー〉や〈イトーヨーカ堂〉などの総合スーパーもあれば、食品や衣料品に特化したスーパーもある。日本では、昭和27年(1952)に開業した〈京阪電鉄《けいはんでんてつ》〉の「京阪スーパーマーケット」が最初といわれている。

❖**23 チェーン店**［ちぇーんてん］……これもアメリカから入ってきた業態で、チェーンストアのこと。大資本をもとに、ブランドや経営、サービスなどに統一性をもたせて運営・管理する経営形態。ホームセンター、ドラッグストア、ホテル、ファミリーレストラン、居酒屋など多くの業態で展開されており、大量出店、大量仕入れ、業務のマニュアル化などで、大きな利益を出そうとするもの。

した。入澤さんどうですか。まず、ソフトクリームの味をどうぞ。

入澤● ソフトクリームは、あんまり美味しくないです（笑）。まあでも、これで二〇〇円ですから文句はいえないですね。まさにこれが、地方のショッピングセンターだと思いますが、〈MaxValu〉[24]という巨大なスーパー、その隣りに〈ダイソー〉[25]があります。それから、〈キングファーム〉という、「農業資材・園芸資材・建築資材」なんて書いてあるのもあります。さらに、〈キング〉という「釣り&アウトドア」の店があり、〈NTTドコモ〉[26]の支店があり、ちょっと離れたところに〈栄助寿し〉[27]という寿司屋のチェーン店があり、紳士服の〈コナカ〉[28]まで揃っています。

森● 銀行もありますね。

入澤● アッ、本当だ。それから国道への出口には、ガソリンスタンドもあります。森さんがまさしく祝祭空間なんていい方をしてましたけども、特に土日の家族連れということを考えると、ここまで施設が整っていたら、そういってもいいんでしょうね。新庄の商店街も見てきました。一回目の「最上横断」で、新庄の商店街の低迷にも触れてきました。そういうのを見るにつけ、まずあの商店街ではここには勝てない。放っておけば家族連れは、ほとんどこっちにくるだろう。さまざまな商品が買えるというだけではなく、森さんもいっていた接客の仕方も含めて、こっちの方が楽しいからです。すると、こっちにくることがいいも悪いもなく、恣意性において必然なわけです。

　ただここで考えなければならないのが、商店街を活性化させるにはどうするかなんてこと以前の問題として、人はここの楽しさだけで果たしていいのかということなんです。家族連れがこういうところへきて楽しいってことは、ある部分自然な過程ですし、必然的にそうなっていくと思うんです。しかし、商店街ってものがもっているものが、私たちが何度も、じっちゃん、ばっちゃんということで農業の場面で語ってきた概念、具体性。それと同じような要素を、地方の商店街っていうのは、本当は人びとに対してもっていた部分があるわけです。本屋、薬屋、下駄屋、豆腐屋もあるかもしれない。それから魚屋で魚をさばいたり干物が売られていたり、八百屋で野菜だけでない山菜が売られていたりという商店街ですね。

　こちらのショッピングセンターの方が祝祭空間として楽しいから、賑やかで楽しいから、集いやすいからということで、じゃあ国道沿いの郊外型のショッピン

最初に国道13号線の歩道橋の上から眺めたショッピングセンター。
〈Max Valu〉を背にして、国道13号線の出口方向を眺める。
左に〈キングファーム〉、右に〈コナカ〉が見える。

❖24 **Max Valu**［まっくすばりゅ］……〈イオングループ〉が展開している、食品中心のスーパーマーケット。地元の食材を、積極的に扱っている。北海道から沖縄まで、8社のシステムで運営している。この新庄の店は、〈まっくすばりゅ東北〉が管轄している。

❖25 **ダイソー**……100円ショップの最大手である。2007年3月期売上3,300億円、国内2,500店舗、海外470店舗をもつ。昭和52年(1977)、〈大創産業〉設立。昭和62年(1987)、〈100円ショップダイソー〉の展開を始める。本社、広島県東広島市。

❖26 **NTTドコモ**［えぬてぃてぃどこも］……〈NTTグループ〉の携帯電話部門。1992年、営業開始。2007年度売上約4兆7000億円、従業員数約6,000人。地域ドコモ8社で運営している。

❖27 **栄助寿し**［えいすけずし］……新潟県新発田《しばた》市に本社を置く〈創栄〉が経営する回転寿司のチェーン店。昭和55年(1980)、創業。2007年10月期売上約40億円、従業員660人。33店舗を新潟、山形、秋田に展開している。

❖28 **コナカ**……紳士服のチェーン店。昭和48年(1973)、店舗販売を始める。2007年9月期売上約500億円、従業員約2,200人、全国324店舗。

グセンターだけで、人は生きていっていいのかっていう問いを、人びとに逆に発しなければならない。発してしかるべきだろう。そして商店街の再生とか活性化ということ以前に、商店街がもっていた、たとえば町の薬屋さんで効能を聞きながら薬を買っていく、豆腐屋で食べ方を聞きながら料理を学んでいくとかいうことですね。つまり、人と人との関係やつながり、商店街の匂いや音などです。こういう、ショッピングセンターのマニュアルに基づいて、いつもニコニコ笑って接客がうまいということは完璧にできていると思うんですが、それだけでいいのかっていう問いは、それぞれが問うてみなければならないことでしょう。

僕はどこかで、これでいいという部分と、こういうもので済まない部分をもともと人はもっているんだってこと。それを失ってしまうと、地方の商店街の再生などということはあり得ないんですよ。それが、一番大きい問題だと思います。

森▒　そうですね。それに、こういう郊外タウンにはもう一つ別な意識をもつ必要があると思います。私たちはこのままでいいのかっていう問いの前に、人間にとっての「祝祭性」とは何かっていうことを、この空間で最も根源的に問われているのだと思っています。

この郊外タウンが突きつけてきたことの一つですが、このような郊外タウンができることによって、人間の情動が顕わに露出されてきた。私が祝祭的といった、人間の情動。人間がなにを楽しみとして、なにを快とするかといった、最も本質的な情動の部分が、この郊外タウンによって晒されてきたことがとても強くいえるんではないかと思います。人間の在り方、身の置き方、存在の根拠のようなものがこの空間によって、せり上げられてきたような印象すら受けるのです。

この店舗に入って、山菜を手にしました。山菜が巧みにカモフラージュされ、「大地の恵み」として売られていく。商品そのものが近代の装いのなかに晒され、そして私たちの身体の根拠を刺激するような形で整理され、美しく彩られて提出されていました。そうしますと、清潔であるがゆえに美味しい、きれいであるがゆえに美味しい、パッケージされているがゆえに美味しいというふうに、この店で私たちは機能に奉仕させられているわけです。

確かに入澤さんがいうように、これでいいのかというふうに問われるのですけれども、これでいいのかというところに私たちの生活が位置しているということを、この郊外タウンは逆に私たちに突きつけてくるのです。そういう私たちの「逆反射」が、この郊外タウンだと思えます。

〈イオングループ〉の食品中心のスーパー、
〈Max Valu〉の正面入口。
このショッピングセンターの
中心施設となっている。

それでは街のなかの商店街の商品が、反転に耐えうるだけの商品価値をもっているか、拮抗しうる商品かというと、そうではない。それは、私たちの根拠を保証していかないのです。そのため、比重がこちらに移ってしまったという、人間と商品というものの関係、ひいては私たちの身体の根拠というものをも、とても顕わにせり出してきたということが、この空間のもっている、大変重要な意味合いだと、考えられるわけです。

そしてこの郊外タウンの奥に潜められた日常のなかでの際限のない泡のような無色な祝祭性を、私たちは自分自身のものとして取り戻すことができるのかということを、まず考えてみなければならないでしょう。このことを小さな祝祭の復活といい換えてみれば、街の小さな商店街というものは、小さな祝祭をさまざまに私たちに届ける装置だとも思えます。買い物客と応対する店屋の主人の顔であるとか、商店街の女将さんの日常的な掛け声であるとか、隣りの路地に見えるさまざまな店のサインであるとか、行き交う人びとの声といったものが予想されるかもしれません。大きな空間で体験する、祝祭というものの裏側、そして大きな祝祭がせり上げてよこした私たちの根拠性を、もう一度商店街でつくり出すことができるのかっていう課題を、背負ってしまったように思うんです。

入澤◎ 街の商店街みたいなものがもし、巨大なショッピングセンターなんかに対抗しうるとすると、「匂い」だとか「肌合い」だとか、そういう人間にとっての根源的な「気分」みたいなものを、どうふくよかに人に与えられるか。そういうところで初めて、商店街みたいなものっていうのは意味をもっていた。そしていまも本当は、意味をもっているんです。

「祝祭空間」という話が出てきました。大きいか小さいかはともかくあえてそういうとするならば、商店街における人の匂いなんです。店主や女将さんの掛け声や応対や表情であるとか、魚屋で魚を下ろしている音、魚を焼いている匂い、そして八百屋などでトントントンと何かを刻んでいる音やその匂いというものなんです。それが、小さな祝祭空間になっていくんです。

じゃあどうするんだって話に具体的になっていくんですが、ショッピングセンターは近代の価値というものをもっていると思うんです。ここにくればすべてが揃うよ、家族連れがきたら子供たちも遊ぶ空間があるよという場所なわけですから、なにをどういおうとある空間としての価値をもっているわけです。すると商店街の側は、そういう匂いであるとか肌合いであるとかいうふうなものを元にして、どういう商品構成を考えることができるかっていうふうなことが、これからの地方の商店街の再生の課題だろうと思うんですよ。

もう一つは、この「最上横断」の一番最初に北川フラムの「城下町・高田 花ロード」の話をしました。そういう商店街全体を横切るような形でのネットワークをつくっていけるか、新しい相互扶助の形態を生み出していくことができるかどうかなんです。

いまの商店街がダメになっていくのは当然であって、ここで売ってるものと同じものしか置いてないからなんですよ。同じものしか置いてなければ、安い方で買うのは自明のことなんです。

商品構成なんかも、そういうネットワークをつくっていくなかで、考えていかなければならない。それを考えていくなかで初めてその先、匂いだの肌合いだのってあ

〈Max Valu〉では山菜などを含め、積極的に地元の食品を扱っている。売り場で語り合う森（右）と入澤。

いまいなことといいましたけど、そのもっているもともとの価値っていうのをどうやって自らが見出していけるか。そこに僕は、地方の商店街の大きな課題があると思うんです。そしてそれが、森さんのいわれた小さな祝祭空間になっていくんですね。

森　私は地方都市の商店街の再生っていうのは、非常に乱暴ないい方をすれば、絶望の果てからしか生まれないと思っています。私は大学の仕事の関係上、消費動向調査や、カタログショッピングなどの調査をやってみたことがあります。戦後の社会のなかで、消費というものがどのように位置づけられ変化していったかということを、小さな町の商店街からたどっていった調査だったんですが、その過程でカタログショッピングにいきつきました。

そしていま発行されているカタログの統計をとっていった結果があるんですが、驚くなかれいままで三〇万円のものが、五、六万円で手に入ったりしています。それはグローバル化によって、商品が世界のさ

まざまなところで生産されるため、価値が極端にコンパクトにされ、付加価値というものが、まったく変化してしまったために起こってきた現象だと思うんです。私たちは欲しいものを手に入れる夢を買う必要がなく、商品そのものを手に入れることができるようになりました。

ちょっと絶望的なことをいうと、街のなかの商店街のオヤジの顔を見なくとも、五、六万円でリッチで幸福な夢を買える。見えない流通が私たちの消費社会のなかに浸透していき、これまでの何分の一もの少ない金で、日常生活での幸福が買える。売る側の生の顔というものが介在しないで、緩やかな幸せ、自分の最も充実した夢、理想的生活が出現してしまったのです。

そうしますと、商店街の人たちは、そのことに対する脅威というものを全然通過することなく、「店にお客さんがこなくなった」→「この街をどうすればいいのか」→「行政に頼もう」→「じゃあなんとかしなければいけない」という回転の仕方でしか、自分の商品というものに対する、ある生々しい実感というものを取り戻せていないのだと思うのです。

さまざまな課題は、商店街の側が、流通とはなにか、見えない商品とはなにかというような視点を欠如させていったなかで、空転していったことで起こってきたことでもあるのです。ですから、商店主も大変な甘えがあり、大変な安住があり、地方であるがゆえに許されていたことの一つひとつが、顕わになってきたということかもしれません。そのことをむしろ地方の商店街が、この郊外タウンの空間を前にして考えなければならないことなんです。

ここを放逐しようとするだけの、大型ショッピングセンターの規制などだけでは立ちゆかないのです。確かに、そういう方法論も成り立つかもしれません。しかし、ここを悪魔のすみかとして、悪魔が降り立ってきた場所としてしかこの空間を認識しなかった結果として商店街との逆転が起こったという、この絶望の構図。それをですね、絶望であるというふうにしっかりと認識してみるということにまず立ってみなければ、私は商店街の再生、特に郊外タウンと拮抗しうる商店街の関係というのは、生まれてこないというふうに考えています。

入澤◎ 地方の商店街がシャッター街化して久しいわけですが、それはまさに森さんがいわれるように、商店街や行政ということを含めて、自業自得の部分はあります。

カタログショッピングの話をされました。それ以上に大きくなってきたのが、インターネット上のショッピングですね。いまの商品の動向、流通や販売を含めてのパーセンテージはどんどん大きくなっていくだろう。すると地方の商店街は、カタログショッピングも、インターネットショッピングも全部考えなければならない。自分たちはどこで生き残るのかということに対しても、本来解答しなくてはならなかったわけですね。

地方の商店街の商店主たちは、一般的にはそういうことを放置したわけです。行政にある部分任せるとか、現状の「大規模小売店舗立地法」[29]を改正してもらおうとか。そういうことはすべて後戻りにすぎなくて、いつまでたっても郊外型のショッピングセンターだとかに対抗できないわけです。対抗できるとしたら、地方の商店街が、自分たちがかつてあった姿のなかから、このインターネットなんかが発達した高度な商品開発と流通に対して、なにがどこで対抗できるかってことを徹底的に考える以外にないんですよ。

それは、かつての商店街の姿のなかにしかないんですよ。自分たちのおとうさんやおじいさんの代のとき、商店街がどうであったか。昭和三、四〇年代まであった商店街というものが、どういうものだったのか。そ

❖29 **大規模小売店舗立地法**［だいきぼこうりてんぽりっちほう］……1960年代後半以降、スーパーマーケットなどの大型商業施設の出店に対して、地元商店街の反発が強まった。その出店を調整するため、「大規模小売店舗法（大店法）」が昭和49年（1974）に施行された。しかし1990年頃からアメリカからの圧力が強まり、2000年にこの法律が立法化され「大店法」は撤廃、店舗面積などの量的規制は緩和された。これによって、地方商店街が形骸化していったことは事実である。

のことをよーく考えてみれば、僕は回答があると思いますね。匂いだとか肌合いだとか、一対一でもの売る行為だとかいいましたけど、そこを考えれば、もう一度商店街を再生できるかどうかの回答があるはずなんです。そうすると当然、商品構成も変わるでしょうし。

森▨　私はそこにたどり着く道筋を、いま本当にさまざまな形で考え続けなければならないと思っています。その道筋に至っていく思考こそ問われているのであって、商店街の商店主が、資本のことを考え、インターネットのことを考え、そしてそこで展開している世界のさまざまな動きを考えなさいっていっているだけではなくって、知覚し、学び、そこで謙虚に自分の立っている場所というものを考え続けるということ。

そして何者にも頼らない、どんな知識にも染まらない、自律性というものをしっかりと身につけていく。地方が大事だなどというような観念にも染まらない。地方が大事なら、地方が大事であることの回答を、自らが出していく。自分の小さな場所で、やはり大変なことを乗り超えながら、一歩歩んでいくということにですね。このプロセスこそ、取り戻さなければならないと思っているのです。

いま、地方の商店街でどういうことが起きているかというと、たとえば商工会は「地域通貨」[30]のようなものを発行し、地元の人は地元の商店街で買い物をしなさいというようなお触れを出すわけです。確かに、理念としてはその通りなんです。その通りなんですが、値段が高かったり、売る方が消費者のいろいろな意向、たとえばこんなデザインをこうした方がいいとかに応えるなどの努力を怠って、地方に住んでいるがゆえに、あなたたちはこの商品を買わなくてはいけないと、ただ放置してしまっている。すると商品が、地方という色合いを帯びてしまって、地方という色合いに安住してしまう。商店主も、なぜ地元のものを地元の人が買わないんだ、なぜオマエは私の店から買わないのかという構図が起きてきているわけです。

入澤●　森さんがいわれたことに関連して同じような

ことをいいますが、やはり、地方の商店主なら商店主、一人ひとりが「考える」ことだと思います。考えるというのは、余計なことを考えるということです。片一方にインターネットやカタログショッピングがあり、ショッピングセンターがあるということは現実の事実ですし、「大規模小売店舗立地法」の運用で規制したからといったって、すでにあるものは変わらない。そこには人が集っているわけですから、そういう世界であるってことを前提に置いたうえで、自分は自分なりにどう考えるかということを、まずは一人ひとりがしていくことだと思うんですよ。

考えたって結局は結論も出なければ、そんなことわからないよってことになるかもしれない。それでもいいんですよ。考えていくことによって、初めて「考えていくって構造」が個人にできていくんですから。それもないところでは、絶対に何も始まらない。商店街の再生なんてものは、夢のまた夢なんですよ。

私たちは、「結い」だの「講」だのという、集落における相互扶助の関係について語ってきましたけれど、同じようにあったはずの地方の商店街の緩やかなネットワーク、緩やかな相互扶助の形態。いうなれば町内会みたいなものを、商店街がもう一度構築できるかどうかを、一人ひとりが考えていくのが一番大切ではないかと思います。たとえば、自分の店で三〇〇円のものを、どんなに原価を下げたって、インターネットやカタログショッピングのように二〇〇円にはできないのですから。

森▨　しかしですね、商品のクオリティを高め、町内会ふうの横のネットワークやつながりを、非常に活性化させている地方の小さな商店街もあるんですよ。あそこにいくとこういうバッグが買えるといって、再開発も何もしてない小さな町の店が連なっている場所に

❖**30　地域通貨**［ちいきつうか］……ある目的や地域の経済活動のため、個人やNPO、団体などによって発行される法定通貨以外のもの。法定通貨との兌換性はない。地域活性化を目指したり、自給自足の意味合いをもったものが多い。

ですね、なぜこんなバッグ屋があるのというような店。
そしてそこがですね、やっぱり買い物客がきてるんですね。中年のお母さんがたが、そこに随分入ってるんです。そういう店もあるんです。こういう試みというか、ちゃんと自分たちの実感、自分たちが確かに商品というものを、自分たちのものとして手にしたときの、この実感を根拠にして成り立っている商店街も、確かにあるんです。

ちょっと考えなければならないのは、私たちはもう本音で商店街にぶつかり、本音でこの郊外タウンにぶつかってみて、消費者が、なにを消費動向というような言葉で覆われるものを必要としているのか。なにが人びとの要望を満たしているのかということに本音でぶつかり、そして本音で問い続ける。そのことを、地方のたとえば商工会とか行政などというものが取り組んでいくということが、まず第一歩だと思うんですよ。

でも依然として商工会が権力化し、さまざまな運営を牛耳ってしまっている。組織の暴力性を、際立たせていたりしているわけです。あらゆるそういう組織の暴力というものを一回解体し、このような形で露出してきた祝祭性の根源を問い、消費者も、そして商店主も、もう一度人間の本音という部分に、自分自身を解き放ってみる。そういうところにこの商店街が抱えている、基本的なモチーフがあるのかなというような印象をもっています。

入澤◎ そうですね、いま商工会の話が出ましたが、やはり既存の商工会というのは、一度解体した方がいいと思うんですよ。これは農業を考えるとき、JAというのはどうあっても一度解体しないといけない。もしくは乗っ取ってしまう。いまの形でのJAがある限り、日本の農業の未来はありませんから。それと同じように、既存の商工会みたいなものは、一度全部解体してしまった方がいい。「町内会」といったのは一つの比喩ですが、そのような相互扶助の緩やかなネットワークのようなものを、もう一度どうつくっていくことができるかでしょうね。

もう一つ考えなければならないのは、地域・地方と都市・都会というものを考えてみた場合、典型的にいうと地方と東京や、大阪、名古屋のような巨大都市であり、最上地方にとってみると仙台になるかと思いますが、そういうところからの人やネットワークというものも必要になってくるだろうと思います。つまり、地域・地方と都市・都会の人びと同士の「共同」「協働」のネットワークが必要になってくる。

あまり美味しいとはいえない
ソフトクリームを食べながら……。

このことは何度か話しましたが、都市・都会からの移住者は、自分の趣味やお金だけをもってくるのではなく、コンピュータ技術などを含めた人の関係、ネットワークを背負ってくるわけです。プロの技術というものです。そのような力が、これからどうしても必要とされます。あえていえば、都市・都会の側からの「無償の贈与」という構造になります。

それがなぜ必要かというと、地域・地方は、もう既存の商工会もJAもたよることはできないわけです。行政にだって、そうです。とすると、都市・都会の側のプロであったり、フリーターやニートといった「ヤクザ性」が必要なんです。何しろ、「血」は混じり合う必要があるんです。

森▒ そのとき、解体の意味ですが、私たちは引き受けつつ、内部に分裂を誘発する。細胞の分裂を促していく。核のレベルの戦いですね。沸騰する核分裂を、すべての人びとが抱えるのです。それが、私たちの生命活動ですから。

◎金山町

国道一三号線沿いのコンビニエンスストア

風景との対立、現代の民俗学、風景の再生産、憩いの場、コンビニの奪回

森▨　いま私たちは、新庄から金山町を入ってすぐの国道一三号線沿いのコンビニの前にきています。「コンビニエンスストア」[31]というものについて、話していきたいと思います。

このコンビニの登場によって、町の酒屋もお菓子屋も雑貨屋も潰れ、地域の底に流れていた水脈のようなものまで解体してしまいました。外部資本の極めて制度的なものが、地域に差し挟まれた印象のあるコンビニですが、ここにきてコンビニはすでに、私たちの生活を成り立たせている観もあります。私たちの身体の毛細血管の隅々にまで入り込んでいる資本の実態を、単に不買運動だけで放逐し、解体させることができるのでしょうか。

そしてコンビニは、「風景」の天敵のように論じられることが多くあります。確かに異和感があって、大変奇妙な光景です。しかし、この奇妙さを私たちは受け入れてしまっている。この内部を侵食するような「異」としてのものを内部で解体するために、風景論として議論してみたいと思います。

入澤▨　コンビニはいまや、日本全国どこにでもあります。さきほどのショッピングセンター以上に、地方にとって欠かせないものになっています。いまも、新庄からここまでのあいだに、もう一軒ありました。両方とも、〈ファミリーマート〉[32]でした。

コンビニは、集落風景や港町の風景などと対立するように思いがちです。しかし、コンビニが全国に点在するようになって、なぜ若者はコンビニに集うのか。それは、若者だけでなくそこで生きているさまざまな

人にとって、すでにある「憩いの場」になっていると思うんですよ。風景に対してどんなに異和を生じさせたとしても、かつて共同体の象徴であった酒屋や雑貨屋がコンビニに変化して、現在における憩いの場をつくったんじゃないか。

　そう考えると、コンビニと集落のなかにポツンとあるような小さな酒屋兼雑貨屋みたいなものとを結ぶ、「回路」を設けることができるんです。その回路ができないと、地域・地方の問題や、産業構造の話もできないし、ましてや「風景」という概念も始まらないんです。風景は、風景然としてあるわけではなく、人の営みが絡むことで風景は保存され、救われてきたからです。

森▨　コンビニというところは、酒を買いにくる人、山の畑の仕事帰りの人などもくる。また、勤め帰りの人や主婦などが立ち寄っていく場所になっています。いい換えれば人びとは、コンビニを「生理」にしてしまったということでしょうか。ですから、コンビニを敵対視し、コンビニを風景から放逐してしまおうというだけでは思考の停止になるわけで、風景が埋没してしまうと思うわけです。

　時代が流動化し、システムもまた流動化し、コンビニができる。とてつもない速度で、社会は自己回転してるわけです。コンビニと拮抗していく思考の速度、思考の力を私たちはどうもてるのか。そして若い世代がコンビニに入り込み、たむろする場所としていることも生々しい現実です。そういうもろもろを私たちは、敵対の裏側に握っていなければならないのです。

❖31 **コンビニエンスストア**……convenienceとは、便利、利便性を意味する。食品や日用品のさまざまを置く小型店舗。フランチャイズ方式が多く、24時間営業が基本である。コンピュータ管理と共同配送によって、在庫をもたなくていいのも特徴である。日本では昭和49年(1974)、〈イトーヨーカ堂〉によって〈セブン-イレブン〉1号店が、東京都江東区《こうとうく》に出店したのが最初である。

❖32 **ファミリーマート**……コンビニエンスストアのフランチャイズチェーンである。昭和53年(1978)、西武系列の〈西友ストアーファミリーマート事業部〉として始まり、昭和56年(1981)、〈ファミリーマート〉となる。2008年2月期売上約1兆1200億円、従業員数2,850人、約1万4000店舗。

入澤◎　若者たちが集う、土地の人たちが憩う空間としてコンビニがあるとするならば、現在の民俗学[33]としてコンビニを見なければならないのでしょうね。柳田国男も折口信夫[34]も、その時代の生々しい現実を目の前にして、民俗学を実践したんですから。過去の懐かしさを単に追うような学問は、本当は民俗学なんかではなく、コンビニとかショッピングセンターとか、カラオ[35]ケやスナック[36]などを論じることが、現在の民俗学なんでしょうね。

　そのことと合わせてもう一ついわなければならないのは、過去の生活とか、農山漁村などにある懐かしさを感じて移住してきている人たちのことです。朽ちそうな民家を借りて、やきものやってます、草木染[37]やってます、有機自然農法で、コメと野菜を栽培しています、コンビニなんて……という、エコロジー大好きの人たちのことです。彼らはコンビニのようなものを拒否することによって、そのことを気分として人に強制することによって、そこに生きている普通の人びとを、抑圧してしまうんです。僕はそういう人たちを指して、「エコファシスト」と呼ぶんです。

　どこで間違えてしまうのか。農山漁村の人びとの営みだって、現在の高度消費社会、超資本主義社会のなかにある。そこに同じように、生きている。いってみれば、自家用のコメと野菜をつくり、漬物を漬け、発[38]酵調味料をつくりという生活と、コンビニ弁当、コンビニのオニギリで済ます人びととは、同時代に生きている限り、等価なんですよ。そのことを意図するしないにかかわらず、忘れてしまう。

❖33 **民俗学**［みんぞくがく］……世代を超えて伝承されてきた人びとのさまざまな生活文化の歴史的経緯を明らかにし、それを通して現在の生活文化を解明する学問。対象は、人びとの日常生活、つまり風俗、習慣、信仰、祭り、民話、歌謡、生活用具、住まい……のすべてに及ぶ。英語のfolklore＝フォークロアの訳語である。日本において実質的に民俗学が成立したのは1930年代で、柳田国男、折口信夫の二人によって大きく展開された。多くの学問の源流となる、宝庫である。

❖34 **折口信夫**［おりくちしのぶ］……1887～1953年。大阪府に生まれる。民俗学者、国文学者、歌人。近代日本の生んだ最大の思想家の一人。民俗学、宗教学、国文学、国語学、芸能史とさまざまな学問を横

森▨　コンビニを許容するというより、システムの柔軟さ、増殖性、強度というものを身体化して自分のものにしていく、知の運動があるんだと思うんですよ。分析し理解し、定点を押さえるということが知識の課題ではなく、むしろこういう農山村にコンビニがシステムとして発生してくる流動性、柔軟さ、時代の膨大な吸収力に、しっかり自分の身を這わせ、預けながら、倍の力で私たちの方に引きつけてしまう。広やかで、柔らかで、強さをもって、一つのシステムを震撼させ、無効にさせる。そういう力が私たちに備わってなかったら、生きることにならないと思うのです。

　さきほどからいっているように、全国の至るところにコンビニは林立しています。私たちも、道々の途中で立ち寄ったり生活用品などを購入しています。これは、日本の消費社会のなかに毛細血管のように浸透した負の領域ということだけでなく、逆に小さな庶民の生成の場というふうに位置づけてみるとします。

　コンビニはいつも「風景の天敵」のように扱われ、コ

断し、〈國學院大學〉や〈慶応大学〉で多くの弟子を育てた。折口の思想の最大の特徴は、「マレビト」についての考えである。海の向こう＝ニライカナイからも、山の神＝乞食人《ほかいびと》も、「マレビト」として訪ねてくる。著書に、『死者の書』『古代研究』『口訳万葉集』『日本芸能史六講』などがある。

❖**35** **カラオケ**……カラ＝空、オケ＝オーケストラ。字義通り、伴奏だけのレコードやテープ、ディスクをいう。それが転じて、その装置やそれを使って歌うこと、その歌う場所まで含んだ総称となっている。放送業界から始まり、流しのギター弾きが商売として始めたといわれている。

❖**36** **スナック**……スナック＝軽い食事を提供する飲食店やバーをいう。スナックバーは本来、スタンド形式の軽食のできるバーだったが、カウンターとテーブル席のものとなっていった。経営者は女性が多く、カラオケが併設されているのが普通である。

❖**37** **草木染**[くさきぞめ]……草や木、つまり植物の葉、茎、根、実などを使って染めること。山崎斌《やまざきあきら》が戦前に、合成染料に対して天然染料への呼び名として使い出した。そして戦後、息子の青樹《せいじゅ》が全国に広めた。品質が一定しない、日焼けするなどのマイナスがあるが、色合い、風合いになんともいえないものがあるのが、人気の秘密といえる。アイやベニバナ、カキシブなどもそうといえる。

❖**38** **発酵調味料**[はっこうちょうみりょう]……微生物が有機物を分解して特定の物質を生成する、発酵作用を利用して製造した調味料。味噌、醤油、みりん、酢が代表的なものだが、秋田のしょっつるや能登《のと》のいしるなどの「魚醤《ぎょしょう》」もそうである。

ンビニを撤去すれば風景が復活するのではないかという、あいまいさから逃れられないのが現実でしょう。その先が、議論にならないのです。私自身、コンビニの風景を考えたとき、決して私の在り方にとって望ましいものだとは思いませんが、だからといって一掃しようとは思わないという立場を取ります。

風景は、膨大な力を内包しています。何年か経ってこのコンビニが風景の一部になってしまう可能性もあるのではないか。私たちは風景を再生産することにより、コンビニを私たちの風景の一部にする可能性があるのではないかと考えています。

いま、コンビニだけが風景として異様に目立って、一人勝ちのようですが、風景は、その風景に人が入ることによって必ず増幅運動が起きていきます。そのときを捉えて接点を探り、コンビニを無化していく方法を考えてゆかなければならないと思っています。

必ずあるのです。システムが弛緩したり、周辺の風景を取り込まなければならないときが。そしてそれは、もう至るところで起きている現象でもあります。コンビニの経営者だって地域の人であり、地域のなにがしかにつながれているいま、私たちはこちら側で風景の再生成を図らねばなりません。

入澤◎ コンビニエンスストアが、日本に登場したのは、昭和四九年、一九七四年のことです。〈イトーヨーカ堂〉がアメリカからその考え方をもち込んで、[39]〈セブン-イレブン〉一号店を東京の江東区に出店しました。しかしそのとき、〈イトーヨーカ堂〉の社員全員が、コンビニの出店に反対したんだそうです。

面白いのですが、[40]〈サッポロビール〉が交換価値のない天然の水を売り出したのが昭和四八年(一九七三)、[41]〈ヤマト運輸〉が「クロネコヤマトの宅急便」を始めたのが昭和五一年(一九七六)なんです。ちょうど日本の高度経済成長が終わり、アメリカやいまのEUと同じように、超資本主義社会に突入していったときと同じなんです。そこから、日本の社会は大きく変わっていきます。まさに、「見えない革命」が起こったのです。

〈セブン-イレブン〉が登場して、街角の酒屋や食料品屋、荒物なんかを扱っていたよろず屋的存在の雑貨屋なんかが失われてコンビニに変わっていった。あの瞬間にはどうしようもなく、異和感がありました。現在のコンビニがどういう位置を占めているか。あえて「風景」ということにことよせていってしまうと、国道沿いにあろうと、郊外にあろうと、繁華街にあろうと、これは厳然としてすでに風景の一部として成り立っています。

私たちがコンビニを考えるとき、森さんは「風景の天敵」といいましたが、コンビニというシステムが現れたときに、さきほどもいいましたように私たちはまず、ある異和感をもったことは事実です。なにに異和

国道13号線を新庄から北上し、
金山町に入って直ぐの右側に現れるコンビニ、
〈ファミリーマート〉。
昼間なのに、雨が降っていて夕方のような暗さ。

❖39 **セブン-イレブン**……正式名称〈セブン-イレブン・ジャパン〉。〈イトーヨーカ堂〉の子会社として、昭和48年(1973)に設立。2008年2月期売上約2兆6000億円、従業員約5,000人、国内店舗数1万1735店舗。2005年、〈イトーヨーカ堂〉などとともに、売上高5兆円を超える巨大持株会社〈セブン&アイ・ホールディングス〉を設立。

❖40 **サッポロビール**……明治20年(1887)、〈札幌麦酒〉〈日本麦酒〉が設立され、翌年に〈日本麦酒〉から「恵比寿ビール」が売り出されたのが始まり。昭和24年(1949)に会社を分割され、〈札幌麦酒〉と〈旭麦酒〉となり、昭和39年(1964)に社名が〈サッポロビール〉となった。2006年12月期売上約3,200億円。

❖41 **ヤマト運輸**[やまとうんゆ]……昭和51年(1976)に設立され、宅急便事業を始める。「スキー宅急便」「クール宅急便」「クロネコメール便」やコンビニとの提携など、常に時代の先端を走ってきた。従業員数13万4121人。

感を感じたのか。かつては配達してくれる酒屋があり、各地から集まってきた乾物や干物や日用品があるという雑貨屋があった。それらの店がコンビニにとって代わられた。そういう面での抵抗感もきっとあった。

もう一ついえば、コンビニはスーパーよりも近代的なものです。第一次産業の話を私たちは延々としてきましたが、田畑を耕す、樹木を育てる、漁をする、そういう第一次産業が象徴するものに敵対するようなものとして、コンビニのシステムが出てきたと思ってしまったわけです。私たちはこれが美味しい、これが本当に生のもの、いま収穫されたものであるというものと、コンビニというものが、一般的には対立するものだろうと思ってしまった。

これからコンビニに可能性があるとすれば、じっちゃんやばっちゃんが象徴するような家のまわりの農業なり、林業なり、漁業なりというふうなところからの生産物というものとコンビニが対立するのではなく、関係を結ぶネットワークをつくることができたとき、そこにこそ新しい社会の形態が出てくるだろう。いまという時代は、その萌芽状態にあるのではないか。だからコンビニは、風景に対して敵対するものでもなければ融和するものでもない。逆に私たちは、そのコンビニそのものを風景のなかにあえて置いて、第一次産業なんかを含めたなかで、コンビニというものをどう考えるのか。

そしてコンビニに、若者たちが憩いを求めて、話し相手や仲間を求めて集う。しかし、若者たちだけではないんですよ。さきほどいった地元の人たちもそうですが、私たちのように、日本全国を飛び歩いて取材している人間にとっても、コンビニは、食料なども含めてすでに慰撫される空間になっているんです。

その意味からすると、コンビニは敵対する要素というよりも、ある「親和感」をもってすでにあるのではないか。そういうふうなところから、逆にコンビニを見ていった方が、これからの世界に対する、これからの社会に対する可能性を開いていく道になっていくだろうと僕は思います。

森▒　私もそこをいいたかったんですね。コンビニを天敵としてヒステリックに放逐していくという姿勢からは、何物も生まれないと思えるんです。そして、風景は善し悪しに二分されるものではなく、私たちが生産し増幅していく運動のなかで咀嚼しながら、やはりこのコンビニも、こちらのシステムに奪回を図り、私たち自身のものとして取り戻していくことが可能だと思うわけです。

　単に理念の問題だけではなく、風景はつくられ、生産される。その行為をこちらに取り戻すために、どのような方法が残されているのか。それに、コンビニに若者がたむろしている現実を、単に眉をひそめたり風景の異物として放逐するのではなく、若い世代がなぜコンビニにくるのか、そのリアルさをもう一度私たちの感性のなかに取り戻す。そこにポップな現実や世界が展開してくるのと同じような社会の断面の真実として、コンビニを私たちのこととして認識し続けなければならないのではないでしょうか。

　若者たちがなにかを買いにくる。農家のばっちゃんたちも買い物にくる。確かにコンビニは町のよろず屋を撤退させ、そして生産のシステムを壊し、私たちの本来性を切断したかもしれませんが、この風景をもう一度私たちのなかに奪回するために、なにをどのように構築していかなければならないのか、その方策をまず私たちは探ってみなければいけません。若者がコンビニにたむろし、そこから歌が生まれたりする実態をも考えてみなければいけないのではないでしょうか。

◉金山町 コンビニで聴いた大衆歌謡

ちあきなおみの歌、ポップミュージック、カラオケ、アジア的心性、産業・技術の高度化、ＥＵと日本の在り方、親鸞と「中間」、「往相」と「還相」、「結い」や「講」のアジア的遺制と世界史の課題、古代の「生命記憶」、相互扶助と「無償の贈与」

森▒　さっきのコンビニで、[42]ちあきなおみの曲がかかっていましたね。ここは一息ついて「最上横断番外編」で、一度入澤さんと語ってみたいと思っていた、[43]大衆歌謡について触れてみたいと思います。

きっと歌謡曲は、ある装置としてしっかりと、私たちの身体の古層と、さきほどの風景論のなかの超近代に結ばれていて、決して懐かしさや、望郷というものだけに意味づけされるものではないというところで捉えていかないと、歌謡曲も単なる退行を保証するものになってしまうと思うんですよ。

もちろんそれは歌謡曲に、もっともらしい意味づけや過剰な観念を付与するということではありません。歌謡曲に鼓舞されている私たちの身体の在り方を考えたいと思っているわけで、私の割り切れない身体を解放するために、歌謡曲になじみ、歌謡曲に感情移入してる自分というものを正直に、本音で直視してみなきゃならないところに、私はいるのではないかと思っています。

入澤◍　さっきコンビニでかかっていたちあきなおみの歌は、浜が出てきたり、海が出てきたりと何か象徴的な歌でした。歌謡曲、大衆歌謡の話になってきました。現在の歌謡曲の姿は、たとえばちあきなおみであって

❖42　**ちあきなおみ**……1947年、東京都に生まれる。歌手、女優。

も誰であっても構わないんですが、若者を席捲しているポップミュージック[44]とどこかで通底しているところがあって、その構造というものを解析することができないと、いつまで経っても人は現在どこにいるのか、その「現在」とはなんなのかがきっとわからないだろう。

確かに歌謡曲にしたって、ポップミュージックにしたって、これはさまざまな産業構造のなかに成り立っている。音楽事務所が関わったり、興行師がいたりとか。少し歳を取った人はなぜ、カラオケで歌謡曲を歌うのか。若者はなぜ、ポップミュージックを歌うのか。どこか同じ構造にある。歌謡曲もポップミュージックも、大きくくくれば大衆歌謡だからです。

日本はどこまで高度になろうと、どこかアジア的[45]な部分をもっています。家族や集落、風土や土地などというものに、ある「懐かしさ」を喚起する部分をもっているといい換えてもいい。そういう面を失うことは、現在もないわけです。それをアメリカやヨーロッパから見ると、「オリエント[46]」というふうに映るのでしょう。

幼少の頃から米軍キャンプやジャズ喫茶などで歌い、1969年に「雨に濡れた慕情」で歌手デビュー。1992年に夫と死別後、一切の活動を休止。1972年、「喝采」で「日本レコード大賞」受賞。シャンソンやジャズを歌い、映画やテレビドラマに出演するなど多彩。カラオケで、最も人気のある歌手の一人である。

❖43 **大衆歌謡**［たいしゅうかよう］……神楽歌《かぐらうた》などの古代歌謡を除く、近代以降の流行歌、民謡、童謡などの総称。ここでは歌謡曲一般を指し、もっと狭義に「演歌」のことをいっている。

❖44 **ポップミュージック**……クラッシックを除いたポピュラー音楽＝軽音楽一般をいう。演歌は、どこか除かれてしまう。ロック、ヒップポップ、カントリーなどさまざまな音楽の要素が入っている。現在のCDや音楽番組などの過半を占めている。

❖45 **アジア的**［あじあてき］……マルクスは、ヘーゲルの「原始未開」と「古典古代」とのあいだに、「アジア的」という段階を設定した。アジアは広大な農業地域で、治水灌漑のような巨大事業は、専制的権力が行う。そのような社会を、「アジア的」とした。ウィットフォーゲルはそれを、東洋的専制主義＝「水力社会」と定義した。吉本隆明はマルクスをさらに踏み込んで、アジア的な村落共同体(日本も)にある相互扶助の関係、個人の利益になることは個人で行い、共同でなければできないことは共同で行う社会を、超資本主義社会におけるこれからの可能性であるとした。

❖46 **オリエント**……狭義には、古代ローマから東方、エジプト、シリア、メソポタミア、ペルシアなどの地中海以東、インダス川以西をいう。一般的には、ヨーロッパから見て東の東洋全体をいう。

大衆歌謡、特に演歌とはなにか。それは日本に残されている「アジア的な遺制」に自然に訴える歌曲と、まずいえるのではないか。しかし大衆歌謡の現在を考えてみると、それ自体が底上げされている。私たちは超資本主義社会の現在に生きているわけで、必ずさまざまなことが必然として底上げされている。

そのとき、最上地方と東京を、地域・地方と都市・都会を「双方向」という視点において等価に見なければならない。とすると、望郷の念や懐かしさは、それ自体として完結することはない。だからこそ大衆歌謡に関しては、必ず人の思い入れがある。そこに人が生きているからです。たとえば超資本主義社会のなかでどんなに強いられようとも、日々の生活があり、人間関係がある。そこには、ある懐かしさを感じる。そういう構造をどう見据えるか。問いはいつも、そこに戻ってくるわけです。

森▒　たとえばちあきなおみの歌に、自分の心情を託し、日々の生活のなかで彼女の歌を聞くことによって、「明日も生きられるぜ」というようなところにいくということは、やっぱり入澤さんがいったように、アジア的な心性というものを私たちは留めているということだと思っています。しかしこの大衆歌謡も、音楽産業というものの、さきほどいったコンビニと同じようなあるシステムが作用しています。

私たちは、非常に高度な産業システムの突出する超資本主義社会のなかで自分の古層を抱え、重層した社会を生きざるを得ないでしょう。非常に複合的に重層化した生き方を強いられることが、現在なわけです。私たちの身体を通過する大衆歌謡に代表される心情も、音楽産業を支えるこのシステムも、また風景のなかに異物のように存在するこのコンビニというシステムも、私たちの身体や、誰々という「個」を形づくっている一つの要素なわけです。

そうするときっと大衆歌謡は、単に懐かしさや人間の郷愁を喚起するだけではなく、また、「ふるさと」を歌うことは「ふるさと」に押し込められるだけではないのです。そこにはまた、別な力の可能性があるのではないかと思っています。

私たちは大衆歌謡のなかに代表されるアジア的といわれる心情性をもち、またその心情性を一つの表現とした、音楽産業に支えられているシステムのなかに生きている。この入り込んだ重層的な生き方を強いられているところに現在があるとするならば、大衆歌謡の行き先は実は非常に大事な、私たちを映す鏡になってくるのかなと思います。

入澤●　大衆歌謡について、僕はそれをあえてアジア的な要素を残存させているというふうなことをいいました。そのアジア的要素を残存させている日本の超資本主義社会というものは、確かに森さんがいうように非常に重層化され、複合化しています。

大衆歌謡のことを考えると、超資本主義社会のなかにある日本のこれからの可能性ということに至ります。つまり、大衆歌謡のもっているアジア的心性、もっと古くいえば、縄文時代以前の「アフリカ的段階」の要素というものが、「超」に「超」を重ねざるを得ないこれからの社会の解放への芽なのです。森さんのいう「古層」にこそ、解放の芽を求めていかなくてはならない。その一つの場として、大衆歌謡があるわけです。

もう一方の解放の芽はどこにあるかというと、さらに高度になっていく技術や、産業、社会のシステムにです。たとえば、原子力発電に代わる太陽電池[47]とか、IC[48]チップに代わる自然素材のなにかとか、双方向になる第四次産業とかなんでもいいのです。そういう技術や産業の高度化を突き詰めるところにも、解放の芽があるんです。日本は不思議なことにその「二重性」の

❖47 **太陽電池**[たいようでんち]……太陽エネルギーを電気エネルギーに変換する装置。半導体の光電効果などを利用するもの。蓄電機能はなく、現在はシリコン型太陽電池が主流である。電卓や腕時計、道路標識や街路灯、人工衛星などに使われている。

❖48 **ICチップ**……ICとは、Integrated Circuitの略で、集積回路のこと。ある機能を果たすために、多くの素子を一つにまとめたもので、半導体による電子回路が集積されたもの。その機能を組み込んだものを、ICチップという。コンピュータだけでなく、ICカードなどにも入っている。

なかで生きているわけで、両方に解放の芽があるだろうと思います。

その両方の芽に解放の方向性があるんだとするならば、その両方によって立って両足をそこに置いて考えていくことができたとするならば、必ずや課題というものに対して答えていくことができる。それさえ間違えなければ、誤ったエコロジーにいくこともないし、エコファシストになることもない。先端だけを論じようとする、モダニスト[49]になることもない。そういう基軸を、私たちは失ってはいけない。最上地方のような美しい農山村の風景を論じようと、東京の西新宿[50]や汐留の超高層ビル群を論じようと、失ってはいけない視点だと僕は思っています。


森▒ 国家の形成部分の議論になってゆかざるを得ないのですが、もう少し現在軸において議論を進めます。日本という場所の特殊性を考えれば、アジア的なことを残存しつつ、高度な資本主義社会に生き続けているという、この「二重性」、股裂きの状態にこそ可能性が潜んでいるといえるんじゃないでしょうか。日本という国は、半分はアジア的な領域、半分は超資本主義社会の領域という二つの領域を、振り子のように複合的にもっている身体ではないかと思えます。

少し大文字の時代観に入ってきますが、ヨーロッパはEUの統合で通貨が統一され、未来社会へのプロセスを必然的に踏み出しました。一方には、日本のようにアジア的な形式を残しつつ高度な資本主義社会に突入する、二重性を含んだ領域の在り方も見えています。普遍性ということからいえば、ヨーロッパの統合という現実も、日本の在り方も、互いに交差し合って世界の未来に進むということの多様性を、やっぱり考えてみなければならないでしょう。

互いの国、互いの場所が、ヨーロッパ的なものを引き受け、アジア的なものを引き受け、重層的なものを引き受けるというふうにして、もっと多様に、複雑に入り組み込まれた特質的で固有なものを、互いに「パッチワーク」のように集め、人類の知恵として私たちは取り込みながら進んでいくということが、ある種、世界思想に突入していく考え方のように思えます。

日本という国が特殊なのではなく、ヨーロッパが未来社会を体現する特殊なものとして特権化されるのではなく、国家というものが一直線上に並ぶ視線からいえば、逆にパッチワークのそれぞれが可能性を帯びてきて、地域の可能性も見えてくるのではないでしょうか。

入澤◎ 大きな話になってきてしまいました。いま、EUの問題が出てきました。EUは二〇〇六年現在、二五ヵ国が参加しています。現在、「ユーロ」[51]という統一通貨が発行されて、経済の統合が成されているわけです。やがて最終的には、国家統合がされるだろう。そこまでの射程が組まれてます。

EUは、人類史、世界史のなかでどういうことをやっているのか。EUによって、人類の歴史のなかで民族国家、国民国家ができ上がって以降、「国家の消滅」ということが初めて現実的になってきた。これはなにをどういおうと人類史の未来であって、そして人類史の最大の課題であって、それをヨーロッパ、EUが現在体現している。これは、世界のなかで最も高度な実験がされ、どこから見ても人類史の可能性と未来なんです。

そこで日本を考えた場合、高度な経済力でいえば、EUが世界の未来だというふうにいっても、EU全体と日本一国が匹敵するほどの経済力を、日本は幸か不

❖49 **モダニスト**……近代主義者のこと。モダニズムとは、20世紀初頭、伝統に反し、ヨーロッパやアメリカにおいて同時多発的に起こった近代主義芸術運動の総称。モダンアートのこと。表現主義、未来派、キュビスム、ダダイズム、シュルレアリスム、セセッション、デ・スティル、バウハウスなど、文学、美術、建築、デザイン……のすべての表現領域に及んだ。

❖50 **西新宿**［にししんじゅく］……新宿駅の西側に広がる超高層ビル群の一帯をいう。かつての〈淀橋浄水場〉の跡地である。昭和45年(1970)に住居表示され、翌年、超高層ビル第一号の〈京王プラザホテル〉が立ち上がった。このスカイスクレーパーは、日本の超資本主義社会突入を象徴し、人の感覚をも変えていった。「新宿新都心」といわれるように、都庁もここに移転してきた。

❖51 **ユーロ**……EUの項参照。

幸かもっているわけです。そのなかで、汎《はん》アジア的な要素を残存させているということをどう考えるか。国家の消滅という世界史の未来を考えてみると、EUが実践しているやり方と、また別の意味で日本が先端になって実践する未来というものがあるかもしれない。

大衆歌謡の問題も、地域・地方、中山間地域の再生の問題も、実はそのなかにすべて入ってしまいます。超資本主義社会の、高度消費社会のなかにおける「汎アジア性」。それがまさに、「超」に「超」を重ねる現在という社会の未来を指し示しているのです。

ここで思い出すのは、マルクスの「ザスーリチの手紙」[52]です。マルクスが、ロシアのザスーリチという女性革命家に向けて手紙を書いています。それは、もしロシアのような後進資本主義国に革命の概念とその可能性があるとするならば、「ミール共同体」[53]、これは農村共同体、農業共同体なわけです。ミール共同体に乗っからない限り、ロシアにおける近代的な革命というのは、きっとないだろうということをマルクスは書いているわけです。日本の現在を考えると、その言葉がいつも耳鳴りのように響いてきます。EUの生き方とはまた別の意味で、日本は「汎アジア性」というものを抱えつつ、これからの世界史の課題を背負っていくことになるだろうと考えています。

森▒　まったくその通りだと思うんですけど、私の歴史認識には、土地の固有性というものの視線が潜んでいます。EUが統合され、人類史の未来への確実な実験をいま成し遂げていますが、それはヨーロッパという国ぐにや地域、その場所が抱えてきた一つの固有性の顕れなんだと思っています。

そしてアジアには、EUとはまた別な人類史の実験を成し遂げ得る、土地の小さな固有性の連なりがあると思っています。人類史の前で、このアジア的な生の様式の在り方のなかにも、EUの実験と同列に並べられる実験が存在するんだという、未来への思考が潜んでいるのではないでしょうか。そう考えたときに初めて、土地の固有性、それは、身体の古層性、心情や心意といったものの総称なのですが、そこに意識が及んでくるのではないかと思っています。

私たちが私たちの固有性というものを考えたとき、印象深い思想家が浮かんできます。親鸞[❖54]ですが、私の身体の裂け目から繕っても繕ってもなお噴出してくるこの固有さに、「中間」という明確な認識の光を与えてくれました。この「中間」というものに、現在の私たちの居場所を読み解くヒントが潜んでいるようでなりません。

「中間」というのは、いって返ってくる、その接点の領域性のことなのでしょう。以前から私たちが議論してきた、なにかとなにかをつなぐ、なにかとなにかを結び合う力の存在、そういうものの在り方のことだと思っているのです。ここにあっては人と人は、土地と土地は、一直線上に並び合うのです。互いが固有性を際立たせながら、同一地点に並ぶのだと思います。ヨーロッパの固有性も、汎アジア的なものと高度な資本主義社会を重層的に抱えている日本という国も、「中間」の位置で並んでいくのだと思います。

そして最上地方の地域と地域もまた、もっと日常的には若い世代とお年寄り世代が、嫁さんと姑さんが情

❖52 **ザスーリチの手紙**……正式には、「ヴェ・イ・ザスーリチの手紙への回答」。マルクスが、1881年にザスーリチに宛てた手紙のこと。ザスーリチは、ナロードニキの運動から〈社会民主党〉の運動に参加したロシアの女性革命家。マルクスはそのなかで、遅れた資本主義社会であるロシアが、革命という道においていかに有利な立場にいるかを論じている。絶版だが、『マルクス・エンゲルス農業論集』(訳◉大内力、岩波文庫、1973年)に入っている。

❖53 **ミール共同体**[みーるきょうどうたい]……ロシアの農村共同体のこと。土地を共有し、土地の分割や税の徴収も平等に行われた、相互扶助の共同体である。マルクスやザスーリチの時代、「ヴ・ナロードゥ(民衆のなかへ)」の合い言葉のもと、ナロードニキ運動の基盤となった。1917年のロシア革命で、崩壊した。

❖54 **親鸞**[しんらん]……1173〜1263年。京に生まれる。浄土真宗の開祖。鎌倉時代の仏教家、思想家。比叡山で修行し、法然《ほうねん》の弟子となる。その後越後に配流され、関東に居を構え、布教と著述に専念する。晩年は、京で過ごした。親鸞の思想は、「非僧・非俗」、誰であっても「南無阿弥陀仏」と唱えればいいとし、自身妻を娶り、肉食もした。弟子の唯円《ゆいえん》の聞き書き『歎異抄』によって、親鸞の思想は大きく知られるようになった。主著に、『教行信証《きょうぎょうしんしょう》』がある。

の古層で、身体の位置で一直線上に並ぶ領域が、「中間」だと私は意識しています。親鸞はそこに救済の可能性を見出したのでしょうが、この可能性は社会を重層的に捉えたときの、私たちの希望にも通じてくるように思っています。

入澤◎ 確かに親鸞は多くの逆説を、思想的な箴言《しんげん》として残した宗教家、思想家です。森さんが「中間」という概念で語ったことは、いくこと「往相《おうそう》」、還ること「還相《かんそう》」のことをいっているんだろうとは思います。「知」は自然過程として、先に進む「往相」の過程なわけです。しかし本当の課題は、還ることであり、それが親鸞にとって庶民に向けての宗教であり、思想だったわけです。

いま森さんが、「中間」と表現したことの意味合いは、どういうところにあるのか。現在の日本のなかに、汎アジア性とか、アジア的生産様式の残滓《ざんし》が残されているとかというふうなことをあまり強調したくはない気分はもっています。強調したくはないといいながらも、どこかでいつも頭のなかには、衰退してしまった第一次産業の姿がある。第一次産業が、産業それ自体として世界史の課題を担うことは、もう原理的にないだろう。といったにしても、私たちが考えなければならないのは、こういう美しい集落風景や小さな山村、漁村や漁港の風景なわけです。

私たちがなぜ、汎アジア性だとかアジア的生産様式だとかをあえて口に出すかというと、第一次産業に従事している農山漁村にかつてあった「結い」や「講」という相互扶助の社会、そういうものの構造が、実はこれからの社会の可能性を秘めているんだというふうなところに、どうしても立たざるを得ないからです。ここまで高度になってしまった社会のなかで、かつての「結い」や「講」みたいな相互扶助の構造というものを、どういうふうに新しい姿として登場させ得るのか、また高度なところに接ぎ木するのか。それをコンビニならコンビニの世界と、どう結びつけることができるのか。

少しデータを通して語ってみます。日本の食料自給率は、四〇パーセント。アメリカは一一九パーセント、フランスに至っては一三〇パーセントもあります。この自給率が上がることは、いまのままでは基本的に不可能です。もう少しデータを拾ってみます。日本の国内総生産(GDP)における割合は、第一次産業全体で、一・三パーセントに過ぎません。農業は、一・一パーセント、漁業は〇・二パーセント、林業に至っては統計上ゼロパーセントになってしまうのです。

それでもなぜ、第一次産業であり、農業なのか。それはさきほどからいっている「結い」や「講」という相互扶助に基づく社会が、人類史の理想の姿を垣間見させてくれるからです。土や水に触ること、コメや野菜を育て、魚を捕り、樹木を育て伐採することが、人間の身体に残されている古代の「生命記憶」というものを、甦らせるからです。だから、「懐かしい」んですよ。

何度もいいますが、重層され複合されているアジア的な遺制というものを「負」として考えるではなく、逆のベクトル、「正」のものとして考えていこうとすると、本当はそこに「解放」の可能性、もっとこちらの言葉に引き寄せていうと、「革命」の可能性があると僕は思わざるを得ない。日本のこれからのいき方は、世界史の課題になっていくんだよ。というふうなことを、大きく構えるとどうしてもいいたくなる一番の原因なわけです。

森▒ ヨーロッパの実験は仕組みとして、システムの再増殖といえると思います。しかしそのシステムはなお柔軟で、強度を増していくのですから、私たちは再帰属され続けます。しかしここに、土地の固有性といいました、私自身であろうとする意図、地域が地域であろうとする想いの運動をもってくれば、その様相はまた、別な面を見せてくれるのではないかと思えるのです。そのとき、私の身体、心情部分が固有性に直に関わってくることを考えてみましょう。

具体的にはたとえば、「伝承」のことを考えましょう。伝承の形は変化するかもしれないが、心意の部分というか、かつてやられたことと現在やっていることが引き継がれていると感じる情動の部分が変化してなかったら、伝承は成り立つのだと思えるのです。日々、若い人びとと接していて、ここだけは共有できると思えます。そしてこのことも有効的な変転、「革命」の要素だと捉えていけば、その伝承は私たちのシステムの再増殖を無化する一つの手だてとなるのではないかと思っています。もちろん、楽観的な言い草は避けるべきですが、とりあえずはここに足を降ろしてみるという態度だけは保持したいのです。

そして私たちは、EU統合からさまざまなもの、試みも失意も含めて学ぶことができる時代、そういった相関のなかに人類史は突入したんだということです。私たちの小さな風景も、日常のつつましい暮らしも、そのことに拮抗しているがゆえに、可能態なのだと思います。

じゃあ、その可能態を押し進める最も身近な、最も具体的なことはなにかといったら、さきほど入澤さんがいっていた「相互の扶助」だと思います。もう少し身近に、等身大の言葉で互いが互いの感情を保証し合うようにして成り立っている他者との取り決め、そしてそれを運ぶための工夫、工面といったものだと思います。極めて即物的で、おおざっぱなものだと思っています。

そして、心情に根ざされた、人が人に向き合っていこうとする傾きといっていいものだと思います。村には慣習という柔らかい約束ごとがあったのですが、そのことをもう少し制度的にしたものというイメージがあります。

そのことをもっと拡張していけば、一つの広がりのなかで交換し得るものを確認し合うというか、固有性を認めながら補い合えるものを取り出していくといった、「無償の行為性」につながってくると思います。国と国も飛び超え、都市と農村もなにかの贈与関係で結び合っていく。そこに私は、最も身近な戦術を考えてゆきたいと思っています。以前申し上げた、「閉じること」＝固有性と、「開くこと」＝交易性の二重の増幅運動もこのことです。

入澤◎ そうですね。あえて「結い」や「講」なんていう古い概念を私たちは出しましたけど、いみじくも「相互扶助」という概念は、これからの可能性を本当に胚胎してるんだということですね。そして、「無償の贈与」ということをいま、森さんがいわれました。確かに、これからの世界の関係性の課題も、日本のなかの課題も、地域・地方と都市・都会の関係における課題も、「無償の贈与」という概念とその具体性だと思います。

相互扶助というものの現実的な実態を見てみます。たとえば、都市・都会などには、「町内会」というものがある。ゴミ当番とか掃除当番という、普通はやりたくないことの輪番制です。そこには、町会長も輪番制とすれば、本当はヒエラルキーは生じません。そのことは、市町村へ、都道府県へ、国へと拡大できると吉本はいっていいます。そのことが、相互扶助の具体性です。

では、「無償の贈与」の実態とは何か。まず、大きなことからいいます。世界には、日本、アメリカ、EUのような超資本主義の社会、富める社会があるかと思えば、東南アジア、アフリカ、ラテンアメリカなどの「第三世界」[55]の後進地域がある。一日、一ドル以下で暮らしている世界もあるわけです。俗にいう、「南北問題」です。

それを解決するためには、先進資本主義地域からの「無償の贈与」しかないんです。日本でいえば、都市・都会から地域・地方への「無償の贈与」。東京から全国へ、札幌から北海道全域へ、仙台から東北地方全域へ、名古屋から中部圏へ、大阪から近畿圏へ、福岡から九州全域への「無償の贈与」です。それは、お金だけでなく、人やもの、ことのすべてのネットワークにわたっ

❖55 **第三世界**［だいさんせかい］……アジア、アフリカ、ラテンアメリカなどの発展途上国の総称。戦後の冷戦時代、東西どちらの陣営にも属さない国ぐにを一般的にそう呼んだ。「南北問題」といったときの南の国ぐにである。

て行われるべきなんです。

　古代以前、ヘーゲル[56]のいう「原始未開」と呼ばれる社会に、「贈与」という交換に基づく経済行動がありました。民族学者は、「ポトラッチ[57]」と呼んでいます。それと同様に、ここまで高度化した世界において、必ずこれから「無償の贈与」が問題になってくるだろう。それは、世界のなかだけでなくて日本のなかにおいてでもそうだろう。そういうなかで、第一次産業も考えなければならない。

　「無償の贈与」ということが、この超資本主義社会において、俗にグローバルといわれる社会において、なぜ価値をもっているのか。それは、民族を、国家を超えるからです。EUの実験があり、世界的規模の「無償の贈与」などがあったとしたら、国境などというものは必要なくなってくるんです。移動は、自由になるんですから。それは本当に、人類史、人類社会の理想なんです。

　それともう一ついっておかなくてはならないのは、第一次産業に関連してのことです。九〇年代に、「コメの自由化」問題が起こりました。自民党[58]の一部だけでなく、左翼を自認する社会党[59]、共産党[60]も、ましてやJAも、コメの自由化に反対でした。この列島＝日本の人びととは、おしなべて「消費者」です。消費者の立場からすれば、安くていいものは、絶対的な価値なわけです。その意味から、コメの自由化は自明のことなんです。

❖56 **ヘーゲル**……1770〜1831年。ドイツの哲学者、ドイツ観念論の大成者。マルクス以降の世界の思想に、最も大きな影響を及ぼした。ヘーゲルは、自然、意識、精神、宗教にわたる人間の全領域を明らかにしようとし、それが作用によって変化していく「弁証法的構造」になっていることを論じた。そして歴史において「段階」という概念を設定し、ヨーロッパ近代を普遍的価値とした。著書に、『精神現象学』『大論理学』『エンチクロペディ』『歴史哲学講義』などがある。

❖57 **ポトラッチ**……贈与とか消費の意。北アメリカ太平洋岸のインディアンに見られる贈与の儀式。自らの地位や財力を誇示するために宴会を開き、一方的に贈り物などをする。贈与を受けた方は、別の機会にさらなる返礼をする。民族学者のマルセル・モースやマリノフスキーなどが取り上げている。

そのとき本当に、社共とか、ＪＡとか、エコファシストたちはバカでしたね。コメの自由化反対が、日本の農業を、「じっちゃん、ばっちゃん農業」を救えるわけではないのです。たとえば山形産のサクランボのように、消費者はどんなに高くてもそれに見合うならば、❖61魚沼産コシヒカリでも買うんですよ。「相互扶助」なんていう概念を間違えたら、とんでもないことになるんですよ。

森　そうですね。「相互扶助」という概念は、ボランティアに置き換えられたり、知ですり替えられたりして、意味づけされて消費されてしまいますね。それだけ社会の流動性は速く、私たちの数倍の速さをもって生き続けていますね。私たちも数倍の力をもって、その速さを凌駕していかなきゃいけない。「相互扶助」も「無償の贈与」も、たちまちのうちにボランティアなどというものに置き換えられるこの速度に、私たちがどう拮抗できるか。そういうところにきていると思います。

❖**58 自民党**［じみんとう］……〈自由民主党〉のこと。昭和30年(1955)、〈自由党〉と〈日本民主党〉が合併してできた政党。戦前の二大政党の一つ、〈立憲政友会〉の流れを汲む。常に財界主導の政策を優先し、結党以来ほんの一時期を除き、一貫して政権与党を担ってきた。2006年党員数約121万人、政党交付金約168億5000万円。

❖**59 社会党**［しゃかいとう］……〈日本社会党〉のこと。戦前の〈労働農民党〉〈日本労農党〉〈社会大衆党〉が、昭和20年(1945)に大同団結してできた。昭和22年(1947)には、初代委員長片山哲《かたやまてつ》(1887〜1978年)内閣が成立。しかし、左右対立が激しく常に分裂をくり返す。昭和35年(1960)には、〈民主社会党〉が分裂していった。1996年、〈社会民主党〉の結党により党の名称は消滅。

❖**60 共産党**［きょうさんとう］……〈日本共産党〉のこと。大正11年(1922)、結党。同年、〈コミンテルン日本支部〉となる。戦前は非合法活動を強いられ、戦後の昭和20年(1945)に合法政党となる。日本で最も古い政党である。「安保闘争」直前の昭和33年(1958)、学生党員の一部が〈共産主義者同盟〉＝ブントを結成し、日本の新左翼運動の流れをつくる。

❖**61 魚沼産コシヒカリ**［うおぬまさんこしひかり］……「コシヒカリ」は昭和31年(1956)、〈福井県農業試験場〉で誕生した。コシヒカリは超人気品種で、2007年度の全国の収穫量で36.2%を占めている。ちなみに2位の「ひとめぼれ」は、9.8%に過ぎない。さらに「魚沼産コシヒカリ」は超ブランド品で、その名称を使用できる栽培地域は、新潟県の小千谷市《おぢやし》、川口町《かわぐちまち》、十日町市、津南町、魚沼市《うおぬまし》、南魚沼市、湯沢町《ゆざわまち》に限られている。

◎金山町　〈グリーンバレー神室〉

ホテル、スキー場、キャンプ場、温泉、地元との関わり、青空市、第三セクター、双方向の観光、豊富な自然素材、朝市、フィールドガイド、トレッキング

森▨　いま私たちは、金山町の〈グリーンバレー神室〉[❖62]というところにきています。ここは、町が民間の〈JR東日本〉[※63]と協力し合いながら、観光施設として設営していった施設群であります。ホテルが建ち、スキー場があり、キャンプ場があり、そして別荘風の建物があり、子供たちのさまざまな野外の遊び場があり、それから温泉施設がありという形で、立体的な利用ができる施設となっています。最上の人びとは、日曜になるとここへきて温泉に入り、ゆっくりとときを過ごす。冬になればスキー場で、スキーを楽しむという場所でもあります。

このように地域の人たちにつくられている空間であると同時に、外に開いていった。開いていったというふうに表現していますけれど、人がやってくることを前提として空間を形成した施設です。このような施設が、各市町村に建てられています。私たちはさきほどの公園とこの施設を通過し、ここからどんなことを考えなければならないかを話してみたいと思います。

まず一つは、さきほどもいいましたように、日曜に子供連れでここを訪れたり、温泉に入ったり、それからこの野山を散策したりというような、憩いを求めたり、サービス空間として位置づけられていると思います。まず最初に入澤さんに、訪れた印象を聞いてみましょう。

入澤▨　ここは、年間どのくらいの人がくるんでしょう。それなりに流行ってはいるんですか。

森▨　開館当時は非常に流行っていたんですけど、いまは〈JR東日本〉との提携などで、職員も〈JR東日本〉から派遣され、そして役場の職員が常駐しています。施設ごとに違うと思いますが、ホテルと温泉施設は〈JR東日本〉とか、管理棟があってスキー場はどうとかいう、体験施設などもあるわけで、そういう共同経営体のようなものになっているんだと思います。

入澤●　でも雰囲気は、異和感ないですね。山のなかにポンとあって、悪くないとは思いますけれども。

森▨　私も、雰囲気は好きです。少なくとも嫌悪感を催すというような、そういうことはないです。私も何度かこの温泉に家族できたりするのですけれども、大事なのは、私たちはこのような施設を必要としているのではないかということです。必要としているというふうに積極的に、いい切ってみるところにこの風景が成り立っているんだとすれば、私たちは前回の公園のところにも出ました空間の取り方と、この〈グリーンバレー神室〉の空間の取り方の延長に、どういうことが見えてくるのかということを考えていかなければいけないと思っています。

そしてなぜこの〈グリーンバレー神室〉が、私たちに異和をもたらさないのかといいますと、敷地の広大さももちろんですが、ここにはあきらかに、外部のものを受け入れるという目線の置き方が位置づけられていて、前回の公園で話したように、内部で帳尻を合わせるようにして位置づけられた空間とは、まったく違う形で設置された空間ということが、明確にわかって

❖**62**　**グリーンバレー神室**［ぐりーんばれーかむろ］……1989年、金山町がスキー場を開設する。そして1998年、ホテルが立ち上がるとき、町と〈JR東日本〉が共同出資して〈グリーンバレー神室振興公社〉を設立して、ホテルと温泉施設の管理を始める。その他の多くの施設は、町の直営である。

❖**63**　**JR東日本**［じぇいあーるひがしにほん］……昭和62年(1987)、〈日本国有鉄道〉分割民営化によって事業を引き継いだ会社の一つ。東北・関東地方全域、甲信越地方、静岡県の一部を営業区域としている。JRグループ最大の企業である。2006年の営業キロ数7526.8km。2007年3月期売上約2兆7000億円、2007年従業員数7万1316人。世界最大の鉄道事業者。

くるからだと思います。

私も一人の旅人であるような印象を、ここにくれば感じるということもあって、この風景を異和感なく受け入れられることができるのではないかと思えます。私自身、あそこで見た公園は嫌いではないのですけれど、空間をデザインする意図からいえば、そういうことが見えてくるのかなと思っています。

さて入澤さん、外部に風景を開くということの意味と同時に、ここには「観光」という大きな要素が見えてきました。それをちょっと考えてみたいと思うんですけど、各市町村にこのような施設がたくさん、最上地方でもいろいろな試みをもって建てられています。しかしこの施設は、外部に積極的に開いていくと同時に、外部の資本なども取り入れながら、ここにあるのは風景を後退させない、外とつながらなければ成り立たないのだという、明確な意志を感じるわけです。行政が小手先でやっていった空間の開き方とは、違うものを感じるんです。

入澤 そうですね、この施設群は、配置も含めてなかなかうまくできていますね。不快感を感じないというのは、一番はやはり、木をふんだんに使ったりとか、山などの緑に対して色が非常に映えるように考えられていたりとか、際立って何かを誇張したりしていないとかいった部分で、風景のなかにうまく溶け込んでるんだろうと思います。確かに外に開いてる。それから伺うとJRの資本が入っているということですが、単なる行政だけの問題でなくて、「他人の血」が入っている。そういう部分が、こういうところに現れてるのかなとは思いますけれども。一つ聞いておきたいと思ったのは、地元の人たちの具体的な反応というのはどんなものだったんですか。

森 このような建物を建てていく、地元への大きな還元としては、たとえば雇用の拡大とか、地元産品の販売であるとか、スキー場によって開かれていくことによる地域への移動人口の増加などがあるわけです。しかしことはそう簡単には解決しないんで、経営とい

〈グリーンバレー神室〉の諸施設。
右から、管理棟、森林学習館、レストラン、ホテル、温泉施設と続いている。

う流れになれば、必ずしも、地元のものを使うとか、地元雇用を拡大するということにあまり結びついていないというのが実情だと思います。

そして大事なことは、この地域の人たちが、ここで雇用されたかどうかということは大切なのですが、ここにこのような施設があることの実感を地域の人びとがどの程度もっているのか、施設が施設として機能していくための方法論となっているのか、ということだと思います。

それにもう一つですが、入澤さんがいうような底辺の拡大、地元とつながっていくための経営の方向として、外のなにに向き合おうとしているのか、内のなにに向き合おうとしているのかといったことがとても重要で、どんな嗜好に、どんな要望に、どんな地域固有なものに向き合おうとしているかが大きなテーマになってくると思います。少し総花的で、リスクが大きすぎる観もあるのです。

入澤◎ こういう建て方というのは、たとえばドイツを真似たり、オランダを真似たり、イギリスを真似たりという、さまざまなテーマパークができています。ここをテーマパークだというつもりはないですけど、そこで私たちがちょっと考えなければならないのは、その土地なり風土にあるものを、こういう近代的な観光施設ってものに応用できるかどうかということなんです。もっというと、応用すべきなのかどうかというふうなことも、考えなければならないと思うんですよ。

ここに資本をある程度ドンと投入してこういう施設をつくるのは、開かれるってことでいえば、いいことなんですよ。しかし、その土地や風土から成り立ってきたものを、うまく利用したりとか、もしくは再生してみたりとか、すべきなものがきっとある。つまり、「大地の芸術祭」の「空家プロジェクト」のような、民家や学校の再生などということです。

僕はこれが悪いとは思わないし、いいと思うんですよ。いいと思うんですけれども、じゃあ金山町の町役場の白壁のところで私たちは異和感をもちましたね。わりと辛辣に話をしましたけれども、そのときに話したことをここに対してもいうべきなのか、非常に微妙ですね。

森 その辺の問題は、大変に難しいことだと思います。私たちは、風景を自己完結させないってことが基本だと思うんですよ。新潟県で、ある建築家が集落に古民家を再生させ、それを販売している事例に出会いました。そこに立ったときに、強烈なそれこそ異和をもったんですね。古民家は確かに再生されてるんですけども、そこにつつましく生きてきた人たちの生活の匂いや営みというものが、一つのテーマパークにはじかれているような印象すら受けたわけです。そこには、合理主義の貫徹した暴力と思えるようなものが出現していた。

たとえばこのような観光施設も、入澤さんがいったような土地の人たちの思いを汲み取っていかないと、やはりテーマパーク的要素にも傾いてしまいます。確かに経営という意図が入ってくるにしても、行政などがクッションになり地域の事情を汲み上げていきながら、収益の拡大を図っていく努力を怠るべきではないと、とりあえずはいえるのではないでしょうか。

入澤 はっきりいい切れることは、こういう施設はないよりはあった方がいいということです。自然生態系が壊されてしまうとか、地元の人びとの日常的な暮らしが大きく変更を強いられるというふうなことがない限りは、たとえキッチュ[64]でたまらんと人が思うような建物だったり施設だったりしても、僕はないよりはあった方がいいとは、原則的にいえると思うんです。

それは単なる開発ってものとは違いますから、あった方がいいんですよ。地元の人たちの少なくとも憩いの場になりますし、どういう人たちがくるかはともかくとして、外から人はきますから。多かれ少なかれ、外から人がくることは、やっぱりいいことなんです。なんらかのささやかな部分にだって、ある「交感」はあるわけですから、ないよりはあった方がいい。

ないよりはあった方がいいんですよっていったときに、なにを考えるのか、なにをつくっていくのかということだけだろうと思うんです。青空市だとかイベントをやっているそうですが、そういうエポックのようなことをポコンポコンとやるだけではなくて、もう一つそこでいえるとすると、地元なら地元の、さまざまなネットワークのなかに、どういう位置を占めてこの施設があるかということです。雇用やなんだとかは、お金に関わることですから大きいことだと思うんですが、雇用より以上に、地元のなかにこれが一つ象徴的にであれなんであれ、ネットワーク化できるかっていうことが一番大きなことだと思います。この施設は、外部資本でお金が儲かって、法人税が入ればいいってものではないですから。

森 とても大事な問題に立ち入ってきたと思うのです。地元の本音では、たとえばスキー場やゴルフ場で

---

64 キッチュ……もともとはドイツ語で、俗悪なもの、まがいもの、異様なものの意。本来の使用法に合っていない、どこか外れているなどの意もある。美学用語だが、美術や建築などに対してよく使われる。

あっても、地域開発なんだと思っていた現実もあったのです。そうしてスキー場は自然の生態系を壊すとか、ゴルフ場は農薬が散布されるといったことが、主に地元外の人びとから問いただされ、その計画も本当に地元に根づいていかないままになってしまいました。もちろん地元にしてみても、明確な意図によって計画が先行していたという姿勢ではなかったのです。すべてはおしなべて一つの観念に整序されてしまい、なにが地域にとっての開発なのかということが棚上げされたままなのです。

エコロジーの流れは、地域のなかから立ち上げられた観光施設であっても、さまざまな外部資本が開発してゆくことと、一緒くたにしてしまったという観があります。地域に観光が育ってこなかった現実も、想像以上に大きいのです。

ですから私たちはいまもっと賢明になって、入澤さんがいったように、どんなものが地域に着地をすることができるのかっていうことを、真剣に考えていかなければならないところにいるのです。スキー場やゴルフ場が悪いわけではないというところから、まず発想しなければいけないのです。

それからもう一つ、私は外部に開くといいました。確かに、人がここにくるということはいいことで、それは絶対的なことだと思っています。外部の開き方をですね、私たち内部の人間も、なにがなんでも観光というものを通過させて開いてしまったがために、方向性を曲げてしまったということもあると思うのです。

と同時に、おしなべて八つの市町村がスキー場をもち、まあゴルフ場はありませんけど、すべての市町村が同じ施設を同じように建築しようとしたのです。前回公園のなかで話をしたように、近代性の着地のさせ方なのだと思いますが、そこに横たわっているテーマでもあります観光の可能性を、私たちは共通認識していないのです。

たとえばここのようにスキー場などは行政、ホテルや温泉施設は〈JR東日本〉との共同経営というような、「第三セクター方式」[65]が全国の市町村にはたくさんあります。地域を開発し、観光へと要請があったときに、市町村が苦肉の策として取った方法です。やはり、こういう山のなかに施設が経営体としてどう成り立っていくかということは難しく、行政にあってもさまざまな方向が模索されたのです。しかしこの第三セクター方式も、現実的には役所から人も派遣されて制約があったり、役所の感覚でやってしまうものですから、なかなか経営に身が入らない。かといって、全部が全部民間の力だけで運営するのも、なかなかできない。建築費も含めて、民間の事情もあるわけです。

バブル期にはこういった理由から、多くの施設が建てられていったのです。〈グリーンバレー神室〉は、経営としての自立性と行政の地域開発、JRが組んだ経営の共同体がさまざま入り混じったモデルと申しますか、そういうものを見せている気がします。

ホテルは案の定、経営が成り立っている。温泉施設やスキー場は、なかなか大変で赤字だよ。そういうことも聞きました。温泉施設が第三セクターの経営だけで、企業的にも経営としても成功した事例もあるわけです。最上地方は、行政が経営体としてなかなか自立し得なかったんだと思います。

私たちは、「観光」のテーマに入ってきました。観光は未来への産業だといわれてきましたが、誰もこの本音の部分には触れてこなかったのです。ですから観光のテーマは、いつも先送りされてしまって、ここでしっかりと議論しておかないといけないと思います。

さきほどから入澤さんは、外から人がくることは、絶対的に正しいんだというふうにおっしゃっていました。私もそのように思っています。それには、さまざまな意味が込められています。観光地に人がくること

❖65 **第三セクター**［だいさんせくたー］……国と地方公共団体の公営企業を「第一セクター」とし、民間企業を「第二セクター」、第三の法人という意味合いで「第三セクター」という。地域振興など、本来は国と地方公共団体がやるべき事業を、民間の資金や技術を導入して官民共同して行おうとする。赤字ローカル線を引き受ける事業主体としてよく知られている。

を、私たちが受け入れるだけでなく、市町村や地域がむしろ自立していくために、外に開いていくことが必要だという必要条件で人がくることは正しいと思います。そうしないと、自己完結してしまうでしょう。このように、外から人が入ることは大変大事なことであるのですが、それが観光という回路をとったときに、どんなことが起こるのかということに対する徹底した議論と、思考をめぐらせておかなければいけないと思っています。

まず、〈グリーンバレー神室〉にきて、温泉施設を見て、経営の実態を聞いた印象を含めて、どう思いますか。

入澤◉〈グリーンバレー神室〉は、なかなかよくできていると思いました。各施設も、温泉施設、体験施設、スキー場にしても、建物も含めてうまく連動していて、ほかの七市町村の施設すべてを見ているわけではありませんが、そういうなかではうまくいっている施設ではないかと思いました。それは、体験施設の前で話しているときに、異和感のない建物であり、空間であるといった理由の一つだと思います。

「観光」ということにいま触れてきているわけですが、観光というときにいつも問題にしたいことは、観光地は常に観光客の増減だけに一喜一憂して終わってしまうわけです。なんでそうなってしまうのか。いまの観光というものの具体性は、一方通行なわけです。それは、一般的には都市・都会から人がくる。〈グリーンバレー神室〉の場合も、関東や仙台からが多いと聞きました。そういう一方通行で、観光客は通過していくだけで終わってしまう。そこに一番問題があって、一方通行が「双方向」になって、それは地方からも東京へ観光客が出ていくというわけではなくて、一方通行、一過性の観光概念を、どこかで変えていかないと、地方の問題を観光ということによって解決することは難しいと思います。

一方通行でない観光とは、お金以外のなにかをそこに置かしていく、そのシステムをどうやってつくっていけるかということです。その一つの回答が、新庄にありました。〈木ら木ら星〉の鈴木さんでしたね。店に置いてあるものはなんともいいようがありませんでしたが、彼がやっているカブトムシのことや、PRの方法も含めて、あの人はさまざまなことを考えながらやってきたんだと思いました。あの話は面白かった。

ああいうことも一つですし、地元のおばちゃんたちがどんどん何かものをつくったり、料理をしたり、イベントをしたり……。たとえば訪れてきた人たちが、ここに住んでみようかというところまでいってしまうような観光が追究されてこないと、観光が地方を救ってくれるとか、なにか大きくプラスを及ぼしてくれるとか、そういう要素はこれからもちようがないだろう。

特に最上地方を考えると、これだけ温泉があって、周辺に豊富な自然素材があって……。山、川、温泉、樹木、山菜、キノコ、川魚などを考えると、自然素材には本当に恵まれているわけですね。自然素材に恵まれている最上地方を、一方通行的な観光ではなく、「双方向としての観光」にどうやってもっていけるかが、これからの行政の課題であるし、そこに住んでいる人にとっての一番大きな課題かなと思います。

森　一過性でない、双方向の観光について話されました。私たちが、たとえば風景を自分のなかに感じたり、また見にいったりする行為のなかには、体験への期待が潜んでいるように思うわけです。私たちは、日々新たな体験をしたい。新たな発見をしたい。そういうモチーフをもちつつ、移動するんだと思います。

新たな体験ですから、日常の自分とは違う飛躍の仕方、もう一人の自分を見るのです。それに他の人の技芸や生の充実を見ることで、こちらも鼓舞されるという体験が観光の根っこには差し挟まれている。さきほどの〈木ら木ら星〉の鈴木さんが、そのへんを現在のものとして捉え、イベントという形にしていたのですが、さまざまな置き換え作業をやって、一つの路線をつくっていました。その根底に、彼は「物語」というふうにいっていたけれども、体験のモチーフが潜んでいるように思いました。

〈グリーンバレー神室〉では、入澤さんがいうように、地元の人びととの貌を見るという体験や、生活の襞《ひだ》のような部分の体験の層があったならば、魅力もまた変化するのではないでしょうか。彩りとして、土地の人たちの生活の貌を底に置けばいいだけでなく、あるがままに、そこに生きている人たちの息づかいを、どのようにあそこの空間に取り込むか。あそこの空間に入って、横のつながりをもてるか、そういうことの試みをやり出さなければいけないのではないでしょうか。

もう少し具体的にいってみたいと思いますが、たとえば〈グリーンバレー神室〉の場合は、周辺の山林や野山を活用してあの空間が成立したのですが、行政の新しい開発の形として温泉地開発も行われました。そこでは、既存の温泉地とさまざまな利害、衝突も生じてくるわけです。地元では、多様な観光の展開をめぐって、既存のものと新たな方向性の衝突や、合意の形成がくり返されているのだと思うのですが、私はむしろ、そのことを徹底的に通過してみて、初めてしかるべき最上地方の新しい観光の形が生まれてくると思っています。

そして私たちは、体験の層を保証することが、観光の条件になるのではないかといいました。そのことが、最上地方の特質ともなるわけで、もう少し細やかに、細部に、集落に住んでいるじっちゃんやばっちゃんや、若者や嫁さんたちを、ここに呼んでくるための試みや、そのことを観光回路としてつないでいく方法を、つくっていく必要があるのではないでしょうか。経営体としての資本の論理と、地元の営みがクロスしてゆかないところで、観光の負債が語られているようでしょうがありません。

入澤　別の場所にいく、知らないところにいくのは、どこかで心地いいし、ドキドキすることなんですね。そういうドキドキすること、知らないところにいく楽しさは、観光を考えたときに一番大きなところで、それが人が絶対きた方がいいよといったことの根拠でもあるんです。何しろ気分がいいとか、新しいことを知りたいとか、聞きたいとか。そういうなかに、森さんがいわれた地元の人の貌があってもいいわけです。

〈グリーンバレー神室〉を具体的に考えてみると、青空市みたいなもの、森さんがいる大蔵村の肘折温泉は朝市がずっと続いてますね。真冬はやっていないのかもしれませんが、朝市って、観光客にとってみると楽しいわけですよ。僕がいったのは山菜やキノコの季節だけれども、朝の五時三〇分からやっていて、六時過ぎぐらいにいくともう山菜などのいいものはないんですね。たまたま売れているときに出くわしたのかもしれないけれども、そのくらい人気があるわけです。

〈グリーンバレー神室〉でも、青空市などをどんどんやってみた方がいい。しかしそのためには、新鮮さと、商品構成と、恒常性を考えないといけません。それによって地元の人の側も、変わっていくんです。

それからもう一つ考えられるのは、「フィールドガイド」や「トレッキング」というべきでしょうか。ここはスキー場があって、少し裏に入れば、山菜だってキノコだって、いくらでも生えている。そういうことを考えると、さまざまなコースをつくることができますから、そのなかに、樹木を知るとかなにかに出会うというのを入れてもいいし、ここには金山川[66]が流れてますから、溪流釣りもいいかもしれない。採った山菜やキノコとともに、釣ったイワナやヤマメなどを料理に出してもいい。そういうものを複合的にしていけば、僕は単に「くるお客を待っています。温泉があります、どうぞ入ってください」ということだけではなくなると思う。

今度は地元の人たちが、おばちゃんたちだったりおじさんたちであったり、もしそういうネットワークのなかに加わってきたら、そこに都市・都会からくる人

❖66 **金山川**［かねやまがわ］……神室山を源頭とし、金山町を貫流して、奥羽本線真室川駅近くで真室川に合流する。さらに鮭川に合流して最上川に注ぐ。上流に「神室ダム」があるが、イワナ・ヤマメの魚影は割りと濃い。

たちとの一つの空間ができるわけですね。そういうさきやかな空間でもいいんですよ。そういうことをしていくことによって、施設の性格が変わっていくと思う。

森 もう一つ観光の大きな要素として、「面の広がり」を保証できることだと思います。一つの場所は、一カ所だけで完結するわけではなくて、ほかの場所と結び合うことによって、さらにもう一つの場所をつくることも可能になってきます。点と点がつながることによって、面の領域性が出てきます。これを場のネットワークとして、新しい関係性を構築することができると思っています。観光の大きな役割として、この面の広がりがあると思います。少しの広がりですが、公共性をもった広がりとして、人と人、人と地域の意識の領域の広がりにも貢献しているのです。

ぜひとも、私たちの課題として、観光をつくるということを考えていかないといけないと思います。いま市町村がやっている観光は、確かに面的な広がりをもつように、広域化するように、観光を捉えているけれども、意識上の広がりを底辺にもつというわけではありません。また若い人たちが、農産物などを中心とした朝市をやっても、そこに至るプロセスへの手立てや方法論が、細部にいくと困難なところが出てきます。

そして、観光によって街づくりをするというと、どうしても入込客数にだけ目を向けてしまう結果になってしまったり、観光業者の自助努力に委ねられたり、観光そのものが棚上げされ、どこにしっかりと根を下ろせばいいのか定めがたくなっていることも事実なのです。そのように観光は、最も地域との関わりの基本的な窓口であるからこそ、観光と最上地方の在り方について、やはりきちんと考え直さないといけないところにきています。

さてもう少し、観光から地域に入っていきたいと思います。肘折温泉と観光の話をしました。肘折温泉は、伝統的な温泉地だといわれています。伝統的であるがゆえに、さまざまな思惑を抱えて存在している側面も見逃せません。しかしそこで重要なことは、既存の最上地方の観光地が、どれだけ外部に開いていたか。温泉があることによって、安住することがなかったのか。そういうことが問われていて、私たちはそのことを自分たちの問題として捉え、切開し、そこから出発しなければならないところにきたのかなという思いがします。

スキー場のゲレンデの手前には
花壇があり、季節の花が植えられている。

入澤さん、既存の観光地と呼ばれる場所と〈グリーンバレー神室〉とを、現在においてどう交差させればいいと思いますか。

入澤◎ 肘折温泉は、朝市があることによって救われています。森さんがいまいわれた肘折温泉というブランドですら、地方の商店街と似たような形で、努力がなかったのではないかという話をされました。青空市の発想は、肘折温泉の朝市と似ているわけです。〈グリーンバレー神室〉のようなところに、肘折温泉の朝市の延長のようなものが行われる。そういうふうになっていくとします。青空市がいいと思っているのは、地元の人間が積極的に関わってやらないといけないものだからです。フィールドガイドやトレッキングも、あくまで地元の人間がやらないといけない。おじさんたちや、おばさんたちがもっている、地元のフィールドに対する知恵を出していかないといけない。そうすることで、〈グリーンバレー神室〉と既存の温泉施設が、共同して生きていくことができるんじゃないかと思います。そういう刺激を、どちらかが与えていくべきだろうと思います。

それと、青空市やフィールドガイド、トレッキングなどは、外から人がくるわけです。その場合、ああ美しい風景を見たなという一方通行ではなく、地元の人たちとの交感があるわけです。双方向の芽生えです。それが、大きいのです。そのことは、産業、事業などの場面の、相互扶助に基づく「共同」「協働」のネットワークをつくっていくことを、どこかで保証するんです。

森▒ 「伝統」というような漠然としたものに、甘んじてしまった場面や、自己を固定してしまったことを、地域自身が認めないといけないところにきています。地域エゴといういわれ方をしてしまったものがバネになっていた時代もあったわけですけれども、やはりこれだけグローバルな社会が普遍的に進行してしまった世界のなかでは、そのような方法論だけでは、進んでいかないことを示しているんだと思います。

そしてむしろ〈グリーンバレー神室〉のようなものが、異論なく存在していく現実を認めなければならないでしょう。そのなかには、複合性の考え方があるからです。伝統も新しい試みも横つながりに一直線上に並んできた状況を、地域自体が性急に認めないといけないのです。

しかしその認め方のなかに、一つの倫理性が介在していきます。人が生きていくための柔らかい倫理。それは自分のポジションも保証するが、他者のポジションも保証するという意味での倫理だとも思えるわけです。その倫理性をお互いに共有しながら、横並びの複合性を、しっかりと取り込んでいかないといけない時代でもあります。そこにこそ観光の現実があり、観光の未来があると思います。

ややもすると観光は、共同性と対立するものとして捉えられていたり、共同性を排斥するようなこととして捉えられています。地域の人びとは、観光をそこに追いやってしまった感すらあります。私があえて〈グリーンバレー神室〉にきて、ここのなかで思考をめぐらそうと思っていた根っこには、複合性というものの地盤沈下について、いまこそ性急に考えないといけないのではないかと思ったからです。

入澤▒ 〈グリーンバレー神室〉のようなものができると、さまざまな既存のもの、胡座《あぐら》をかいていたものに対する刺激になるからいいんですよ。やはり、胡座をかいていたんですよ。特に温泉街などは、胡座をかいていた。肘折温泉だけでなく、瀬見温泉も、赤倉温泉などもそうです。これだけ豊富な温泉がありながら、最上地方の温泉街は、胡座をかいている印象はどこか強いですね。

〈グリーンバレー神室〉みたいなものが、もっともっといろいろなことをやり出して、大成功してしまっちゃった方がいいですね。大成功しちゃった方が、いままで考えていなかった人たちが、考え始めるのではないか。商店街だって同じです。いま頃になって考えたって遅いんだけど、いまからだって方策はあるんだから。

既存の温泉街だって、そこまで刺激を与えられれば、なにかしだすだろう。そういうふうになっていったときに、地域なら地域の再生みたいなものに、糸口が見つかる。そんなことだけでも、僕はやって欲しいですね。処方箋は、そういうことを少しでもしていくことにしかないんです。

森▒ 地方では、いま二人が語ったようなことは禁句で、こんな話をしていくと、決定的に排除の対象になってしまいます。新しい外からの資本はくるな、既存の観光地を壊してしまうのか、そんな言葉がもっともらしく語られています。排斥の方向だけが問いただされて、知の領域もそこに荷担し、それを強固にしてしまうのです。この二重拘束が、伝統的な温泉地の足腰を弱くしたのだとも思えます。

もっと私たちは経済の自由度、交流の自由度を取り入れて、内部に一つの倫理性を組み込んでいく柔らかさをもっていれば、もう少し私たちの風景が変わっていくのではないかという印象をもっています。そして私たちは、地域の人たちの大変な努力を知っているがゆえに、あえてこのような発言、姿勢を取り続けてきました。私たちはなんとかして、地域の負を通過したかったのです。

◉戸沢村 道の駅〈高麗館〉

韓国からの花嫁、キムチ、キッチュな建物、キリスト教、川の文化、外国人登録、山菜・キノコ・朝採り農産物、「道の駅」を乗っ取る

森 私たちはいま、戸沢村の道の駅〈高麗館〉[67]に着きました。戸沢村には、韓国からずいぶんお嫁さんがきています。そして韓国のお嫁さんたちが、「道の駅」でキムチ[※68]をつくったり、売店に勤めたりして働いています。韓国との国際交流を、この戸沢村が行った一つの大きな流れのなかで、このような韓国村のようなものがつくられた経過があるわけです。入澤さん、どんな印象をおもちになりましたか。

入澤 なにしろ、このケタ外れのキッチュさと派手さに、まず度肝を抜かれますね。韓国の建物でもないし、日本の建物でもないし、なんともいえない。あえていえば韓国の建物に模したような、もう華やかさを通り越して、国道四七号線で通りかかるたびに、僕は「なんと下品で、しかし面白い建物よ」と思っていました。「道の駅」は一般的に、売っているものはどうしようもないものが多いのですが、「道の駅」ができることによって、地方のいろいろなことが変わったことは事実ですね。そういう意味でいうと、韓国からきた人たちの商品があるとか、こういうところで勤めているとか、どんなにキッチュでも、どんなひどい建物であっても、

あった方がいいと思いましたね。楽しいですし。

森 アッと驚くキッチュさも含めて、私は戸沢村の歴史を知っていることから、ここには必然的なものを感じます。と同時に、建物のキッチュさも、許容できる背景を感じるのです。

私たちの眼下に最上川が流れ、戸沢村は船着き場として栄えていました。幾多の洪水にも悩まされ、川が東西合い混じり、この村に影響を及ぼしてきたわけです。いわば、昭和の時代からこの村は、大変な凶作に苦しめられ、いろいろな形でさまざまな農村の再生運動が展開した場所でもあります。国民健康保険の発祥の地であったり、❖69賀川豊彦のキリスト教一派の人たちが布教のためにここにきて、農村厚生運動を手がけたりしました。村長や議会の議員には、そういう流れの人たちがいます。左手には、クリスチャンの人たちの教会が見えています。川の文化がこの土地にもたらした痕跡、そういう精神の歩みも見せている場所でもあります。

そして戸沢村には、伝統的によそのものを受け入れるというか、外国人の受け入れが積極的に行われてきました。川がもたらした交流の原形があるのかもしれません。現在にあっては国際結婚を通して、韓国や

❖67 **高麗館**［こうらいかん］……1997年、〈戸沢村振興公社〉が運営する第三セクター方式で始まった「道の駅」である。運営主体は2008年、最上川舟下りを経営する〈最上峡芭蕉ライン観光〉に移された。建物は最上川と国道47号線に面して韓国ふうの極端に目立つもので、土産物もキムチなど韓国の食品が多い。地すべり地帯なので、地すべりの資料館が併設されている。

❖68 **キムチ**……朝鮮半島の漬物。ハクサイ、ダイコン、キュウリなどの塩漬けしたものを塩抜きし、唐辛子、ニンニク、魚やアミなどのさまざまな塩辛を混ぜた薬味で漬け込んで発酵させたもの。唐辛子の赤いキムチになったのは、16世紀に日本から朝鮮半島に唐辛子が伝わってからといわれている。

❖69 **賀川豊彦**［かがわとよひこ］……1888～1960年。兵庫県に生まれる。キリスト教社会運動家。明治37年(1904)、洗礼を受ける。関西の労働運動の中心を担い、大正9年(1920)、「生活協同組合」の始まりともいうべき〈神戸購買組合〉を設立。その後大正11年(1922)、〈日本農民組合〉を結成するなど農民運動を展開し、さらに宗教運動に転じていった。戦後は貴族院議員となり、〈日本社会党〉の結成にも参加する。著書に、『死線を越えて』『太陽を射るもの』『壁の声きく時』などがある。

フィリピンの方がお嫁さんとして根づいて、新しい生活や家庭を営んでいることも知っています。洪水によって苦しめられた村の歴史を、反転させていった大きな力をこの風土に感じるがゆえに、この建物も反転の象徴としてあるような気がします。

私は許容し、混合する文化の有効性を信じています。むしろ文化は、混じり合いのなかで生まれると考えています。この戸沢村で韓国の嫁さん方がしっかり根づいている様子を見たり、キムチなどの戸沢流の生産品をつくっているのを知ったりすると、土地の力というか、大変なものを呑み込み咀嚼しながら、実に多くのものを取り込んでいく力の存在を感じます。

そして「道の駅」は文字通り、文化の交通性の象徴であるなら、韓国からきた嫁さんたちがキムチをつくって地域づくりを行っていることの存続を見届けることが、文化の変容を確認することになるのではないかとさえ思っています。この村の実験も私たちの課題なのですが、時代の速度性に踏みこたえられる力を、ぜひ蓄えていただきたいと願わざるを得ません。川の町がもっている力強いエネルギーを、私たちも見守り続けることができるのか。私たちへの問いでもありますね。

入澤◎ 韓国から人がきて、定着して、キムチをつくっている。森さんと何度か話をした、大蔵村のフィリピンの花嫁の話を思い出しました。いまのところ日本は基本的に、亡命を認めていなければ、移民や難民もほとんど受け入れていません。世界の先進国のなかでは珍しいくらい、閉じられた国です。そういうなかで、戸沢村や大蔵村のように、外国人が増えていることは絶対的にいいことなんです。少し調べてみたんですが、最上地方全体の外国人登録人数のことでいうと、一番多いのが中国人で、次に韓国、フィリピンなんです。その三つの国で、九〇パーセントを占めています。

国は、開いていくべきなんです。いまの日本国のような民族国家、国民国家は、歴史的にできたにすぎません。国家というのは、現在の世界において、最大の権力なわけですが、人と人との関係において、権力と

戸沢村古口から国道47号線を新庄方向に少しいったところに、
なんともキッチュな目立つ建物が現れる。道の駅〈高麗館〉である。
目の前を、最上川がとうとうと流れる。ここは、直ぐ上流に鮭川が流れ込み、
直ぐ下流に角川が流入するため、歴史的に水害の多発地帯であった。

いうものは、相対化できた方がいいに決まっているわけです。フーコーのいうように、微細な権力を含めて権力というものが、人類史においてすべてなくなることは不可能に近いことだとしても、相対化した方がいい。その意味からいうと、この戸沢村に、韓国などから人が入ってくることは、絶対的な価値なんです。フランスのような、EUのような、移民などを受け入れる国に、この列島＝日本がなっていかなければならないのです。

それからさきほど「道の駅」の問題が出ましたが、「道の駅」は地方になにをもたらしたか。一番興味深かったのは、農産物、朝採り農産物みたいなものを売るようになったことです。山菜やキノコのようなものも積極的に扱って、青空市みたいな要素をもつようになってきた。そのとき、「道の駅」は活性化していったと思います。「道の駅」は、ときの〈建設省〉がつくったものですが、地方に自らの足で立つことをうながしたことだけは、確かなことなんです。

キムチを除いて通りいっぺんの土産物しかここには置いてないですけれども、ここから、「戸沢農楽市《とざわのらいち》」というのが見えています。今日はしまっていますけれども、あそこで農産物や山菜やキノコを売っているんだろうと思います。地元の人たちが、自ら栽培した農産物や山菜、キノコ、さらには漬物などを出す。韓国からきた人たちが、地元の人と結婚し、ここに勤め、自家製のキムチを売る。このことは、さきほど述べた「双方向」につながり、その実態を成すものでもあるんです。

森▨　この「道の駅」が何年に建てられ、どのような道筋をたどってきたのかは知りませんけれども、地域の農産物が売られ、地域の人が働き、といった取り組みの姿が私たちにも伝わってきました。

私たちはこの最上で、既存の商店街を支える組織のことや、商工会のことにも立ち入ってきました。私たちのあるべき姿というか、地域の編成を考える目線かららいえば、それらの固着した組織は一度解体され、再構築されなければならないものとして存続しているかもしれません。しかし私たちの目線は、そのような組織すら自分たちの内部に取り込み、それを私たちのものにして活かしきっていく場所に向けられなければならないところにたどり着きました。

大変な作業ですし、丹念な忍耐も必要でしょう。それ以上に、圧倒的な時間のプロセスも必要です。しかし、開き続け、問い続け、何度も何度もその一点に関わり続けることからしか、すでに存在するものの、すでに生きてきたことの実態の再構成は、あり得ません。

ですから、情報を集め、積み重ね、なにが実態であったのかに向かっていくしかないのです。地域は、そういうことを背負い込む覚悟というか、態度があるかないかだと思っています。その前には、コンビニやホテルや道路の善し悪しもありません。私たちがすでに生活の糧にし、恩恵も受け、少しは楽しい思いもしてきたものしかないのです。

そういう自分を帳消しにして、なにがよいなにが悪いの判断をしていくことは、生きてあることのささやかさにとって不遜だと思います。私たちは、この村のこの小さな取り組みを、決してそれがどんなにキッチュに見えても、言葉や乱暴な感情によって排斥してはならないのです。

国道47号線から、〈高麗館〉を見上げる。
なにしろ、こういう韓国ふうでキッチュな建物である。

入澤◎ こういう既存の組織、既存というには「道の駅」はあまりにも新しい施設ですけれども、まだ二〇年くらいしか経っていませんから。そういうことを考えると、いま商品の構成について文句をいいましたが、この「道の駅」を乗っ取ることはすごくいい方法で、「道の駅」の可能性は大きいと思います。立地のいいところにありますし、昔の〈建設省〉がお金を出してつくらせたこともあって、地元の商店街の反発もないし、韓国の女性たちがキムチをつくって売るなんてことができてしまう。

「道の駅」を乗っ取るなんて、物騒なことをいいました。それはさきほど、「双方向」の場だといったことと関連しています。誰が、乗っ取るのか。地元の人たちですよ。韓国からきた人たちですよ。そうして、行政を変えてしまえばいいんです。都市・都会からの人たちを引きずり入れ、その技術とネットワーク、発想とエネルギーが交換され、「共同」「協働」の場ができれば、本当に理想的な未来への「実験場」となります。

◉真室川町　駅近くのスナック

聖なるものと俗なるもの、アジア的な残滓、共同体、祝祭空間、カラオケ、コンビニ、伝統の保存、伝統にこそ現在が未来がある、身体の古層

森▨　私たちは、真室川町に入ってきました。そして、奥羽本線真室川駅近くの〈スナック志野〉という、スナックの前に立っています。

私たちは大衆歌謡を聞きながら、スナックという装置でしょうか、街のなかでここだけが異様に華やいでいる場所に入ってきました。スナックに踏み込んで、生々しい風土に触れながら、そこに息づいている営みを通過したいと思ったからです。

私たちは地域のなかのスナックに踏み込み、ここに渦巻く生々しい風土といえばいいのか、まだ暖かい土地の呼吸を体験し、日常の時間軸とは異なる、あえていえば非日常を通過したいと考えました。

スナックとは、「坩堝の空間」といいますか、アジア的な残滓を濃厚に止め、かつ時代の気分のようなものを消費する、せめぎ合いの領域として位置づけられるでしょう。人間の表と裏、感情の表出や沈静、そして立ち上がってくる聖なるものと俗なるものの交差の現場でした。私たち自身も、変身の自己願望を実現し、いっときの生の充足を得て、少しの人間的欲望も満たしてきました。この坩堝を経て、地域の、土地の見えないものの姿に接近しようと思っています。

入澤▨　森さんは、スナックで歌って踊ったわけです。スナックというところは、非常に面白い要素をもっていると思います。コンビニが全国津々浦々にあるように、スナックも今日至るところにあります。特に、地方や東京などの大都市の周辺部、下町や郊外に多くあります。

なぜ、地方や下町や郊外なのか。人びとはカラオケで大衆歌謡を歌い、人と集う場、憩いの場としてスナックにくるわけです。そこに、森さんがいったアジア的な残滓が残っています。スナックには、さきほどから述べてきた大衆歌謡が、心情的にピッタリなんです。

スナックみたいな存在は、アメリカにもヨーロッパにもきっとないでしょう。アメリカやヨーロッパでスナックに見合うようなものを考えると、バー[70]であったり、カフェ[71]であったりというふうなものではないか。アメリカやヨーロッパには、アジア的要素をもったスナックは、成り立ちようがないのです。

なぜスナックで大衆歌謡が歌われるのか。その構造のなかに、日本がもっている「汎アジア性」が象徴されているからです。スナックは、地方や下町、郊外に多いといいましたが、そのことも、日本における汎アジア性を象徴しています。そしてそこに集う人びとは、どこかでかつての「共同体」を感じているんですよ。そう考えないと、呑んで、話して、次つぎと立って歌う、あの構造を理解することはできません。

森▒　アジア的なるものを残存している空間といえば、確かに歌ったり踊ったり、芸能の発生にも立ち合っているような現場として、スナックはありました。人が歌ったり踊ったりして、場を同調させます。そのときの歌や踊りは、自分だよという言問《ことど》いと同時に、強烈に他者との同時感覚であったと思います。また、あそこではあまりに人間的なものを包み込んでしまう、解放という言葉すらどこかそぐわなくなる情の横溢で

❖70　**バー**……一般的には、カウンター形式の洋酒を出す酒場をいう。最近では、「焼酎バー」なども、流行っている。「ショットバー」「カフェバー」「プールバー」など、さまざまな形態がある。

❖71　**カフェ**……本来は、コーヒーのこと。現在では、喫茶店、カフェバー、インターネットカフェなどの総称。もともと、ヨーロッパの都市で街路に向け開放的になっている飲食店をいう。日本には明治の終わり頃に入ってきたが、大正から昭和の初期にかけて、女給のいる「カフェ」が銀座などで賑わった。

した。

　それにしても、入る隙間がないほどに大衆歌謡が溢れ、消費されていましたね。私たちはあの場所では、自己の名づけがたいなにかが刺激されていたことを告白すべきですが、それを考えれば、スナックの本源性がわかってくるのかもしれません。

　こういう農山村にスナックという場所があり、日々人びとが通い、なにかを体現しようとして照明が消えることはないでしょう。人びとはなにの代替物としてスナックを求め、なにをしようとしてここにくるのでしょうか。そしてヨーロッパでは、カフェや教会がそういう機能たり得ているのでしょうか。でも最上地方では、お寺にいって歌うより、スナックで歌うことの方がしっくりしてますね（笑）。

入澤◎ そうですね。私たちは、真室川駅周辺を歩いてきましたが、スナックを論じるなんてことはいままで誰もしなかったでしょう。この小さな町には何軒かのスナックがあって、それが成り立っている。そして四カ月ほど前、森さんが宮城県の松島海岸[72]で踊りましたね。そこの月浜《つきはま》という、小さな小さな港町にも、一軒のスナックがありました。そのことは、本当に象徴的だなと思います。小さな町の街道沿いにコンビニが数軒あって、スナックも数軒ある。風景として、これはどこかでパラレルに見えてしまうんです。そのことも考えさせられました。

　月浜というところに、スナックがポツンとあった。聖と俗、教会のような要素としてスナックがあるんじゃないかと森さんはいいました。つまり、地元の人たちの祝祭的な空間としてスナックはある。カラオケで歌を歌うことも含め、祭りの代償行為みたいなものなんじゃないだろうか。それが私たちの目には、汎アジア的な要素に映ってくるわけです。それと同時に、同じところにコンビニもあったという、その現実の姿を見据えなければならないんです。

　コンビニにかつて異和をもった。別のこととして、「じゃあオマエはスナックのなかに足を踏み入れて、自然にカラオケをパッと手に取ることができるか」っていわれると、それにも僕自身一瞬の抵抗をもってしまう。その自分の抵抗を考えてみると、そこにきっと現在の課題を読み解く可能性が秘められているんだろうなという実感を、今日、つくづく感じましたね。

真室川町や月浜にいかなければ、森さんがこうしてスナックで歌って踊らなければ、スナックが地域や人びとに対してどんな意味をもっているのかを考えることもなかったでしょう。スナック的な存在を考えることが、実は大きくいうと、この国や世界史の現在の動向を考えることにつながっていく。ずっと「相互扶助」という概念について話してきましたが、そういうところにスナック的なもの、大衆歌謡の概念もつながっていく。一方でコンビニやポップミュージックも、同じところにつながっていくだろう。それを回路としてきちんと設定することができれば、現在の日本を語ることができるし、世界史を、人類史を語ることがきっとできるだろうと思います。

森▨　カラオケでは確かに、大衆歌謡が歌われています。カラオケがアジアに浸透し、そこの人びとの土地の歌を奪い、音楽産業がそこの住民の心情を回収してしまうということも私たちは知っています。入澤さんの「一瞬のためらい」もきっと、そんなところにあるんだろうと思います。一瞬のためらいということは、とても大切な身仕度なんだと思います。この一瞬のためらいを言葉に、動きに転嫁していかなければならないでしょう。

私も、スナックで歌うことに一瞬のためらいをもちます。でも、そのためらいを超えて歌いたいという要求ももっています。この引き裂かれた二律背反を、どうしても自分の身体に抱えている。コンビニで缶コーヒーやオニギリを買う体験に通じるものが、スナック

❖72　**松島海岸**［まつしまかいがん］……仙台湾北西部の松島湾一帯の海岸をいう。大小270もの島が群集し、日本三景の一つになっている。カキやノリの養殖が知られているが、魚種は豊富で漁業は盛んである。月浜は、松島湾最大の宮戸島《みやとじま》にある港、海岸。

にも展開されているんじゃないでしょうか。

私たちはスナックを、擬似的な祝祭空間と捉えているのかもしれません。このスナックで展開されているもろもろの襞を通過することによって、浄化されようとしているのでしょうか。そのベクトルを見続けていくことができるのか、ということが課題でもあると思います。そしてそこに住んでいる人びとも、この「二律背反」を生きなきゃならないという股裂きの状態こそ、いまの現実だということをしっかり押さえる必要があると思っています。

土地の人びとも、カラオケもコンビニも許容しつつ、そこの土地の固有性に向き合っていかなければならないのです。そこを通過しなければ、地域は即座に翻訳され、伝統的な地域社会というものは、無味乾燥な表層性に還元されてしまうと思います。

「革命」という実践があるならば、そこにこそ実効性が潜んでいるのかなと思います。私たちは一瞬一瞬にあって、この場所でしか「革命」ということが実現できないところに立っているのでしょう。そんなことを、スナックやコンビニの在り方のなかで考え続けていました。

入澤 いまの話に関連して一つつけ加えるとすれば、地域とか集落に、コンビニやスナックがある。その二つのことを、パラレルに考えなくてはならないといいました。面白いことに、ショッピングセンターで買い物をし、コンビニでふだんの食料や日用品を買う。そういう地元の人びとが実は、祭りや習慣、衣食住にわたる伝統的な技術を保存してきたんですね。さっき森さんが早急に、速やかにそういうところに立たなければならないんだというふうにいいましたが、その結果、実態としてさまざまな技術が保存されていくことは、非常に面白い構造になっていますね。

森 「伝統」の話に移ってきました。前にお話ししました、心意の伝わり方が大切だと思います。人びとが歌ったり踊ったりという芸能は、共同体のなかで営々とつながれてきた一つの想念のなかから現れ出た、突

奥羽本線真室川駅近くにある〈スナック志野〉。
地元の商工会か議会などのメンバーであろうか、
背広とネクタイ姿の二人連れがスナックに入っていった。

出物のようなものとも思っています。そしてその共同の場がいま、カラオケやスナックに取って代わられようとしています。超資本主義社会のなかで生きている私たちは、カラオケに自分の根拠を見出そうとしているかのようです。私たちは地域のなかで、そのことを呑み込みながら、存続させながら生きていかなければならないという二重性を抱えていることは、さきほどもいった通りです。

入澤さんがいっていました、村落共同体のなかにあった「結い」とか「講」と相互扶助の関係などの伝統といわれるものの様相の変転が、あらゆるところで起こっています。その現出物を、発見することだと思います。

要素は形を変えながら、必ず心意の部分というか身体の古層性に伝わっているはずです。ですから伝統は、古いもの過去のものというより現在の、ここで再構成されるものの総称といっていいかもしれません。過去と現在は、私たちの一つの身体、それは地域であってもそうなのですが、私の身体のなかで相関的に結び合っているものだと思います。

私は、伝統は変化するなどというテーマをくり返しているのではありません。伝統は私自身なのではないかという自己へのまなざしが、やがて地域の伝統として広がりをもってくるのではと思っているのです。ここで生きる、ここでそのようにしてしか生きられない切実な私を握りしめることが、伝統ではないかと思っているのです。

そして私が伝統であるなら、もう伝統などないのです。伝統などすでにないから、伝統に向き合えるのです。身体などすでにないから、私は私の身体に向き合えるのです。伝統は、私自身なのです。

入澤◎ そうですね。相互扶助の問題ではありませんが、本当は過去は過去としてあるわけではなくて、現在の課題、そして過去にこそ未来があるというふうに思うわけです。「双方向」といったことも、そういう意味合いからです。

ですから、大衆歌謡を含めた大衆芸能であるとか、工芸技術の伝統だとか、食文化だとか、衣食住全体にわたって営々と築かれてきた技術を単に懐かしむのではなく、かといって忌避するのでもなく、それ自体を取り上げながら、現在のものとして考えること。私たちは、そういうことを課題として正面に据えて論じた方がいいだろう。論じることで、もっと高度なところにつながっていく。そこにしか、可能性はないわけです。それが地域とか地方の問題、過疎とか格差の問題を、解決していくだろうと思っています。

幸いなことに、森さんが月浜みたいな小さな港の集落にあったスナックや、ここのスナックで踊らなければ、スナックをどう考えるのか、そこでなぜ大衆歌謡が歌われて、カラオケがまったく廃《すた》れずに、擬似となってしまったかもしれない地域共同体のなかに生き続けているのかを考えることはなかった。私たちはいつもそういうことをきちんと考えていかないと、「相互扶助」という概念、「無償の贈与」という概念がこれからを決めていくんだなんていっても、机上の空論になってしまうんです。その実態が、ここに、真室川町と月浜のスナックにあった。それを私たちが知ったことは、すごく大きな価値だったと思います。

真室川町の夜のネオン街は、なんとも淋しい。

森 私たちは真室川で、普通に生きている人びとのまなざしに晒されて歌い踊ってきました。人びとはあのスナックで自分の古層に降り、そうして自己を再分泌するようにして迫り上がってくる自分を握りしめていました。

それは緩やかに激情して、逸脱して、沈静していきました。一人の普通の人の生きることの切実さが、あの場所に流れていました。人は、生きていくのですね。どうしても、生きていくのですね。自分を抱えながら、自分に翻弄され、なお自分につながろうとするのですね。カラオケという場は、まさに人の生の劇の見せ場でもありましたね。

五回目

二〇〇六年六月一〇日

「雪の娘——フィリピンの花嫁考2」を踊る森。

◎真室川町　平枝

中門造り民家、番楽、民俗芸能、〈ふるさと伝承館〉、人びとの身体の表情、山の神・田の神、大人から子供たちへ、折口信夫、乞食人とマレビト、越後瞽女

森▨　車で大沢川をずっと遡ってきて、真室川町平枝《ひらえだ》の集落に着きました。山の奥の奥に分け入っていくという感覚が、この場所を特別なものにしています。現代の尺度では、「どうしてこういう辺鄙なところに人が住むのか」となるでしょう。しかし決しておおげさではなく、このような山を背景にした人びとの営みの在り方に、精神の遺産というものさえ感じます。山があることが、生活を支えていたことを端的に見せていますね。平枝集落も、山に抱かれた麓に点在しています。

鳥海系《ちょうかいけい》の番楽❖1が伝承されているということで、ここにやってきました。土地の人が山や川という自然に寄り添いながら生きている営みの証しとして、番楽が伝えられてきました。山を生業としていたがゆえに、山に特別な想いをもち、その想いを信仰に託し、芸能に形を与えてきました。番楽という目を見張る芸能が残されていることの意味、そしてそのことが地域に果たしていく現代的な意味合いも、考えたいです。この集落の印象からお願いします。

入澤▨　途中、差首鍋《さすなべ》という集落を通ってきました。山形の中門造り民家の話は何度かしてきたんですが、高台の方に二〇戸くらい中門造り民家の美しい集落があって、それを見ながら平枝に入ってきました。平枝

❖1　**番楽**［ばんがく］……秋田県全域と山形県北部に伝わる芸能の一つ。修験の山伏たちが伝えたとされているが、発祥はつまびらかではない。青森県の能舞《のうまい》、岩手県の山伏神楽《やまぶしかぐら》、宮城県の法印神楽《ほういんかぐら》は、同系である。獅子舞のある鳥海系＝本海流《ほんかいりゅう》と、それのない山形県側とに分かれるが、真室川の番楽は秋田県由利郡《ゆりぐん》の方から伝えられたといわ

も中門造り民家の独特の集落形態を成していますけれども、そのなかに番楽がある。

確か真室川町には、この平枝と八敷代《はしきだい》、釜渕の三カ所に番楽が伝えられているということですね。こういうところに番楽がどのように始まったのかは難しいところがありますが、基本的には修験の人間、つまり山岳宗教❖2・密教❖3系の人びとが伝えたといわれています。番楽は神楽❖4の一つですから、神に捧げる踊りでしょう。この平枝で何番残っているかはわかりませんが、全部で三二番まであるといわれています。

僕は秋田県の仁賀保❖5という町（現、にかほ市）の三カ所で番楽を見てきました。こういう民俗、民俗芸能から、いまの洗練され、伝承されている芸能が生まれているのだという印象を強くもちました。どういうことかというと、剣舞や鳥舞とか翁という呼び名の踊りがあるのですが、番楽の翁の踊りを見ていると、能の翁がどういうものかがわかるわけです。

仁賀保ではお盆のあいだ踊られることが多いのです

れ、獅子舞がある。舞いは、鳥舞《とりまい》、翁、三番叟《さんばそう》、道化舞などさまざまな種類がある。

❖2 **山岳宗教**［さんがくしゅうきょう］……山は古代以来、畏怖の対象であり、神の宿るところとされた。そこに、最澄《さいちょう》や空海《くうかい》の天台《てんだい》密教、真言《しんごん》密教などが、霊場を開いた。山岳宗教は、ほとんどが修験のもとにある。霊場は、富士山を始め、出羽三山、白山《はくさん》、熊野《くまの》、英彦山《ひこさん》など、全国至る所にある。明治の廃仏毀釈《はいぶつきしゃく》運動により、大打撃を受ける。

❖3 **密教**［みっきょう］……大乗仏教系の一流派。曼荼羅《まんだら》など図像的、呪術的な特徴をもっており、根本教典は7世紀頃成立したといわれている。遣唐使《けんとうし》の留学僧であった最澄と空海が、9世紀初頭に日本にもち込んだ。最澄系の密教を「台密《だいみつ》」、空海系の密教を「東密《とうみつ》」という。山岳信仰の中心で、近世以降、大衆化していった。チベット仏教も、密教の一つである。

❖4 **神楽**［かぐら］……招魂、鎮魂のために行われる芸能。神座《かみくら》を設けて、歌舞や祭祀を行った。民間の神楽と宮中の神楽＝御神楽《みかぐら》とに分けられる。中世以降の神楽は神仏混淆で、山伏修験者や巫女などが担い、山伏は神楽を全国に広げた。番楽も、その一つである。巫女神楽《みこかぐら》、採物神楽《とりものかぐら》、湯立神楽《ゆだてかぐら》、獅子神楽などさまざまな系統がある。

❖5 **仁賀保**［にかほ］……秋田県由利郡仁賀保町のこと。2005年、同じ由利郡の金浦町《このうらまち》、象潟町《きさかたまち》と合併して「にかほ市」となる。北西部は日本海に面し、南東部は鳥海山に至る。かつては油田があり、〈TDK〉の発祥の地で企業城下町である。海、川、山、高原、湿地帯と変化に富んだ地形をしている。合併前の人口は、約1万2000人。三つの集落に、番楽が残されている。

が、いわゆる祝祭、お祭りを集落の人びとが用意している姿などを見ていると、私たちが話してきた緩やかなネットワークだとか相互扶助の問題を見ることができます。そこでは民俗芸能が、「相互扶助」という関係のなかから何度も述べてきたように、これからの可能性を垣間見せてくれます。

森 民俗芸能が地域にどう関わってくるかに絞った議論をしたいのですが、まず民俗芸能が土地の人に果たす役割は、民俗芸能を担う土地の人たちが自己の在り方を開いていく、そういう身体に与える大きな影響があると思います。たとえば「神」に近づくための、さまざまな変身。その時空間にいくことの切実な自己要求、自己生成を芸能が保証していくでしょう。それはどこで踊られようが、衣装をつけ、化粧をし、音楽を奏で、集団で踊ることで、自己の更新を促すための儀礼として存在しているんだと思います。

ですから、民俗芸能は演ぜられることの意味づけや、演ぜられたことの世界観の解釈にばかりあるのではなく、一人の個の身体に起きつつある、なにごとかへのプロセスのために存在している、「自己装置」ではないかと思っています。そのことを抜いてしまうと、民俗芸能の形の伝承にだけ目がいってしまう危険があります。

それに芸能がつなげていく、人びとの意識の層というか、想いの層の広がりも考えなければなりません。庭に神を再現させ、その神を中心にして人びとが饗応し、ともに宴を張る。そのとき人は、自分の場所と空間を了解して、つながりのなかの一人としての自分を認知していくのかもしれません。

大事なことは、年齢や世代、男女に応じて、参加していくための役割が存在することです。子供は子供の、主婦は主婦の、老人は老人という階層が芸能に参入していく役割によってもまた、自分の居場所を了解するということが、芸能の底部には差し挟まれていると思っています。

現在はややもすると番楽がもっている形だけが取り

ざたされて、いまいいました土地の人たちの身体のもつさまざまな表情、様相が、脱色されて伝えられようとしていく傾向があるのではないかと思います。でもこのような〈ふるさと伝承館〉❖6がつくられ、郷土の誇りとしていることはとても重要ですが、それでも私たちは、芸能が抱える人間の情動に根ざした問いに、向き合ってみなければならないのです。

入澤● 確かに民俗芸能というのは、集落、さらにはそれを超えて風土のなかで生きている人びとの、❖7山の神、田の神に対する畏怖の念や感謝の念が形を成したものだろうと思います。森さんがいわれたように、集落の人びとの思い、感情が形を成しているのだろう。

民俗芸能は単に伝承されていくべきである、という前に、現在に対して一つの回答、影響の及ぼし方があるのではないかとも考えてみたいと思います。あるところの民俗芸能を基盤にして、フェスティバルのような形でいろんな場所の民俗芸能が集まればいいということではなくて、民俗芸能から現在の社会を超える新

真室川町平枝にある〈ふるさと伝承館〉。

❖6 **ふるさと伝承館**［ふるさとでんしょうかん］……1992年、番楽や昔話の伝承を目的として平枝集落に建てられた。1993年からは「伝統の舞 番楽フェスティバル」が行われ、「真室川の昔話」体験などに活用されている。

❖7 **山の神、田の神**［やまのかみ、たのかみ］……「山の神」は、山に宿る神の総称。「田の神」は、稲作を守護する神のこと。山はもともと、里人にとって神聖な場所だった。柳田国男によれば、山の神と田の神は同一で、「祖先神」として山の神は、春に里に下って田の神となり、収穫が終わって秋になると山に帰って山の神になるという。しかし、猟師や木挽《こび》き、炭焼きなどの山村民＝山人《やまひと》にとっては、山の神は山に常住している。

たなネットワークが、生まれるかどうかということ。私たちが話してきた農業のことなどを、民俗芸能に乗っける、あるいは民俗芸能が、そういうものに乗っかる。そういうことをどこかで現実化できないか、ということを考えています。

横のネットワークを具体物において、たとえばこういう民俗芸能や開発された商品などが、新しい価値を演じるのではないか。番楽が、番楽のネットワークをつくる。たとえば岩手の鹿踊りとのつながりをつくるという話になってしまうと、これは単に「形として」伝承されていくにすぎなくなってしまうわけで、それだけで終わらせない現在における番楽の意味を考える道はあるのではないかと思います。

森▨　新庄の商店街のときにも話されていた、街や商品の匂い、形、色……、のもっている力のようなものと同じように、民俗芸能もそこにあるがゆえにもっている固有で独特の匂いや音色、雰囲気があると思います。だからこそ、次の世代につながってきました。

情の部分、見えないものなどといってきました私たちの身体の様相、それを脱色して民俗芸能を論じることの危険性を抱えています。私も芸能を専門として、いろんな民俗芸能調査をしたり、自分自身も芸能をモチーフにしてダンスに取り組む仕事に関わっています。地元の人びとに聞き書きをしていくと、子供の頃に、化粧をしている大人たちの姿を見たときの驚きであるとか、突然にして日常の顔から芸能の顔になっていった大人の様子とか、赤い着物を着て飛んだり跳ねたりする目を見張る人びとの光景の記憶が、彼らの身体の底流に蓄積されています。それが連続することで、芸能が伝承されている。また私自身もその瞬間を見たり、体験したりしてきました実感をもっています。

芸能は常に、生々しいものの体現だったと思います。赤い顔をして酒を呑んでいる大人の片隅で、子供たちは人の不可解を知り、深い奈落を知っていくのかもしれません。そして子供たちはそのことを解き放つ方法もまた、この芸能にあることを、全身で了解するのです。

そう考えると民俗芸能は、芸能にいく前の、この土地で生きざるを得ないことへの想いが底流に流れ、それに饗応し合うことが、大きなモチーフになっているのではないでしょうか。たとえばここの漬物と、ここの棚田と、中門造りの民家と、芸能とが緩やかにつながっていく方法はないだろうかと入澤さんがいわれました。

〈ふるさと伝承館〉のなかの大きな座敷。ここで「番楽」が演じられる。
本来は背景となるものだが、裏側にいる人間たちが
左に見える幕から顔を出して、演者をはやし立てたりする。

真室川町には、平枝のほか、八敷代、釜渕にも番楽が伝承され、童歌[8]とか子守歌[9]などが残されていて、民俗芸能の宝庫といってもいいと思います。もちろんそれらは土地の人たちが固有に生み出してきたものではありますが、いまこの土地だけの自己完結だけでは成り立たないところにきています。私たちも含めて、芸能本来が内にもった見えない力を、人を変転させる力を脱落させることなく、現代にどう提出するかという

❖8 **童歌**［わらべうた］……自然発生的に生まれ、昔から子供たちに歌い継がれてきた歌の総称。かくれんぼ、鬼ごっこ、まりつき、なわとび、石けり、お手玉、羽根つき、じゃんけんなどの子供たちの遊びのなかには、さまざまな歌があった。しかし現在では年齢階梯の崩壊などにより、そのようななかからの「言葉」の習得が、残念ながら失われてしまった。

❖9 **子守歌**［こもりうた］……子供を寝かしつける歌の総称。童歌の一つといえる。日本では子守女が、自らの境遇を嘆いたり、望郷の想いを歌ったものが多い。思いのほか、暗いストーリー性に満ちている。しかし、風土性、地域性に富んだ歌曲である。

課題を背負っていると思います。
　番楽のフェスティバルで一堂に会して踊ることだけが伝承ではないというのには、大賛成です。と同時に、地域づくりに民俗芸能が奉仕してしまうという現状もあります。しかし、民俗芸能がそのわずかな命脈をそういうことでつなぎながら、存続を果たしていることも事実です。そのことを、私のような芸能に関わる者も、学者も、芸能の系譜や由来だけで切断することなく、芸能の本来性、土地に固有である在り方、そして最初にいいました、その土地の人びとの個々の身体に宿るものだということの意味性をしっかり考え続けながら、芸能の現在を見ていきたいと思っています。

入澤◎ 森さんのお話を聞きながら考えていたのは、番楽も担い手が少なくなってきています。それはこの真室川町だけのことではなくてどこでもそうでしょうけれど、特に最上地方は過疎化が甚だしい。長男だけが残っても、次男・三男が出ていってしまう。家そのものが山の集落から、街場に引っ越ししてしまう。

〈ふるさと伝承館〉の
その大座敷を借りて、語った。
入澤が前に広げているのが、
今回の「最上横断」で
本当に世話になった、
「自然大好き・温泉大好き。
――山形・最上めぐり」の
「最上エリアマップ」である。

　これは大蔵村の柳渕で茅葺き職人の奥さんに会ったときに話したことですが、過疎のなかで維持できなくなることは番楽も同じであって、「保存」ではなく、集落の人びととといった周辺をも含めて、場の空間のなかに「維持」していくことが必要です。番楽という祝祭空間を支える村や集落が、現在どうなっているのか。いうならば、村の維持発展を考えることが、番楽をどうしていくかということと同じ問題になっています。
　もう一つ気がついたことは、番楽がどう伝承されてきたかは詳しくわかっていませんが、折口信夫が『日本芸能史』[❖10]のなかで、神楽のような民俗芸能は、「乞食人」[❖11]、つまり「マレビト」[❖12]、外からきた人間が伝承していったということを語っています。だとすれば、単に集落だけに限定されてあったわけではなく、常に外と関わりながら「乞食人」を受け入れて、さらに新しい芸能としていく要素をもっていたと思います。民俗芸能は、常に外に開かれていたわけです。

確かにネットワークを組んで交流することから広がるものもあるので、フェスティバルのようなものはやらないよりはやった方がいいのははっきりしていますが、それ以上に、集落自体を維持し広げていくことが、結果的に番楽を保存することになります。その新たなネットワークをどうつくるかにしか、民俗芸能の今後はないのではないか。それは、外の血を受け入れることです。間違えてもらっては困るのですが、担い手を外に求めるということではありません。

私たちはこの「最上横断」のなかで、これからの日本の農山漁村、第一次産業、農業をどう考えていくかを、ずっと議論してきました。民俗芸能を、集落の場の空間のなかに維持・保存していくことも同じです。外の血とは、都市・都会の側からの「無償の贈与」です。相互扶助に基づく、「共同」「協働」の関係です。

❖10 **日本芸能史**［にほんげいのうし］……『折口信夫全集ノート編第五巻』（中央公論社、1971年）所収。初出は、『日本芸能史ノート』（中央公論社、1957年）である。昭和3～5年（1928～30）の〈慶應義塾大学〉における折口の日本芸能史の講義を、弟子である池田彌三郎《いけだやさぶろう》（1914～82年）たちがまとめたもの。田楽《でんがく》、猿楽《さるがく》、幸若舞《こうわかま》い、念仏踊《ねんぶつおど》り、歌舞伎から民俗芸能のすべてを講義している。

❖11 **乞食人**［ほかいびと］……神霊を納めた箱を携え、集団で言寿《ことほぎ》をしてめぐり歩いた芸能者集団をいう。折口は、乞食人を山の神の信仰を宣伝して歩いた者とし、芸能の発生をそこに見た。中世になると寺社に所属する神人《じにん》となり、その布教のため千秋万歳《せんずまんざい》など門付けをして歩いた。「乞食《こじき》」と呼ばれるようになったのも、中世以降である。

❖12 **マレビト**……海の彼方の常世《とこよ》＝ニライカナイから、人びとに幸福と豊穣を授けに訪れる神。転じて、山の奥や天空から訪れる神もいう。折口信夫の概念であり、二度の沖縄探訪によって大きく構想された。マレビトである神が豊穣をもたらす力のある言葉を発すると、「土地の精霊」はそれに従う。来訪神、外からの人、異人などを意味している。

僕は仁賀保で番楽を初めて見て、強烈な、言葉にならない感動を受けたのではっきりといえるのですが、都市・都会の人たちが番楽に向き合うと、民俗芸能に向き合うと、自らの身体のなかを流れる遙かなる「記憶」を喚起される。それが、「無償の贈与」につながり、「共同」「協働」の関係に至る根拠なのです。民俗芸能はその意味から、これからの私たちの未来を照らし出してくれるといっていいんです。

森▨　芸能は常に変化していくものでもありますし、外からやってくる者を受け入れながら、土地固有のものとして練っていったのだと思います。若い世代が、番楽のもつ精神性を保ちつつ現代に伝承させていくことは可能なんだと思っています。

私も日々、大学教育に関わっていますけれども、若い世代は芸能の根源的な力を実感し、それを変化させていく能力を、とても強くもっています。ですから、番楽は形として生き続けることも可能ではありますが、もっと違う形で演じ合う装置も絶対に必要だと思っています。

事実、番楽ではないですが、「大地の芸術祭」で新潟県の長岡・高田瞽女[13]唄をモチーフにしてたくさんの唄と踊りをつくりました。芸能プロジェクトとして集落の隅々で門付け興業したのですが、その担い手は瞽女唄など聞いたことがない若者たちでした。彼らは、自分たちの歌を歌うように見事にその唄を現在に活かし、伝承していったのです。

◎真室川町　田郎

「水田環境鑑定士」、エコポリス、「エコ」言葉の羅列、土地の生理、「身の丈」の農業、「エコロジー」が抑圧の概念に

森▨　田郎《たろう》という集落にきています。いま目の前に、異様な看板が立っています。〈農林水産省〉の補助事業なのでしょうか、国肝入りの事業の説明が書かれています。未来の子供たちに元気な町づくり、里山の薬草、水田環境、自然水、減農薬……、などという言葉が多用され、エコロジーという思想に基づくかのような断片が飛びかっています。入澤さん、この看板のある光景をどう思いますか。

入澤◎　なにを誰に向けてこの看板を立てているのかわからないのですが、いままでの「最上横断」のなかで最も異和感のある、いや不快でしかない光景です。ここは、「水田環境調査番号5-3特A、A調査鑑定地区」と書かれています。「水田環境鑑定士」[14]の名前が書かれています。「水田環境鑑定士」などというのがあったのですね。まったく知りませんでした。こういう、なんとも意味のない「鑑定士」があるなどということを、どう考えればいいのか。いやな言葉でいえば、「世も末」ですね。

それから、いま森さんが拾って読み上げたような言葉がズラッと出ていて、たとえばモデルのように水車[15]発電などを形だけやっている。実際、発電など何もしていないわけです。ここは酒田に抜ける国道三四四号[16]

❖13 **瞽女**［ごぜ］……瞽女とは、遊行遍歴をし、門付けを行い、大道や寺社の門前で、そして家々に上がり込んで、語りものやはやり唄、俗謡などを唄うことを職業とした盲目の女性のこと。近世以降、保護・組織され、それぞれの組ができ上がった。越後の高田や長岡、越中の高岡《たかおか》、信州の諏訪《すわ》や飯田《いいだ》などに瞽女仲間があった。瞽女は村落にとっては娯楽であり、縁起のいいものとされ、拝みや祓いをすることもあり、宗教性ももっていた。

❖14 **水田環境鑑定士**［すいでんかんきょうかんていし］……〈米・食味鑑定士協会〉が、認定するもの。資格講習会を受け、官能テスト＝試食テストとペーパーテストの合計が70点以上で合格とされる。

❖15 **水車**［すいしゃ］……水のエネルギーによって、車を回転させる装置。かつては、揚水＝灌漑、脱穀、精米、製粉、製油、製土、製糸などさまざまなものに使われた。水車小屋で、ゴットンゴットンと水車の回る音を聞くことは、人に多くの慰みを与えた。大正時代以降、電気の普及とともに減少していった。

❖16 **国道344号線**［こくどうさんびゃくよんじゅうよんごうせん］……秋田県湯沢《ゆざわ》市を起点として、山形県酒田市に至る距離115.0kmの一般国道。湯沢から金山町までは、国道13号線と重複している。

線に面していますが、「幹線道路に酸素を供給します」などということも書かれています。「幹線道路に酸素を供給します」だ。フザケルナ！　人をどこまでバカにし、ナメているのか。この文章を書いた人は、本当に同じ時代に飯を食って生きているのだろうか。「田んぼの水が治水をし、アナタ方の安全を保証します」などとバカバカしい言葉と同じか、それ以上ですよ。

地球環境がどうなる、二酸化炭素がどうなる、海水面が何メートル上がるという話と同じで、そのような言葉に、私たちは常に脅かされているわけです。あるいは、踊らされているわけです。

最上地方の行政で見ても、[17]〈山形県最上総合支庁〉から平成一四年（二〇〇二）二月に出された「人が輝く最上エコポリス振興プラン」というのがあるのですが、中身は本当に真剣なんです。そこにも、「エコポリス」などという言葉が出てきます。ほかにも最上の八市町村の行政が出す文書で、「エコタウン」や[18]「グリーンツーリズム」などの言葉が頻繁に出てくる。緑が保全されていないとか、空気が汚れているとか、農薬に汚染されているという言葉が蔓延し、人を本当に脅かしているわけです。

私たちはそういう実態こそが、まさに「エコファシズム」といわねばならないと、何度も話してきました。そういう言葉は、脅し、ファシズム、抑圧の体系であり、権力の象徴なんです。この看板にも、まさにそういう匂いがする。

これが地方の負っている不幸というもので、地方はいつもこのような言葉に飛びついてしまう。どこかで国はこういうものに無限のお金を出し、それがこのような稼働もしていない無惨な水車になってしまったのではないでしょうか。

森　ここで二つのことを、私も考えました。私たちが見て美しいなと思える中門造りの民家群に、突然出てくるこの光景。土地は、そこそこの固有の生理をもって、緩やかにその生理が生み出すものを産出してきました。人びとはですから、そこにあるものから富

鮭川とすでに名称を変えた大沢川にかかる橋から、
中門造り民家の続く田郎の集落を眺める。

と可能性を引き出していったのだと思います。

　この土地に薬草が栽培され、モデル地区として選定されるという意図から見えてくるものも明白ですが、この時代になぜこのようなことが事実として進行していくのでしょうか。まだこういうことをやっているのでしょうね。まったく異物のような形で営農の計画が施されている実態は、無残を通り超して「痛い」ですね。

　もう一つ。戦後の農村のたどった歴史を、如実に示している場所がここなのではないかと思います。農地[19]

❖17 **山形県最上総合支庁**［やまがたけんもがみそうごうしちょう］……2002年、最上8市町村に、「県政の軸足を地域に移し、地域における課題を、地域で考え、地域で決定し、地域自ら実施していく体制として、総合支庁が設置された」とある。総合的な地域振興計画＝グランドデザインを策定するとしている。最上地域の現状が分析され、「人が輝く最上エコポリスづくり」が基本目標とされている。

❖18 **グリーンツーリズム**……新しい旅の形としてヨーロッパから入ってきた考えで、都市と農山漁村との交流の総称。グリーン＝農山漁村の緑、つまり都市と農山漁村の住民同士の交流、ふれあいを勧めるもの。さまざまなイベントや農山漁村体験などが行われ、民宿業務などもこれに入ってくる。

解放がなされ、自作・自立の農家が育成され、そのなかで農村は農業経営の基盤をつくってきました。そして、時代の変遷のなかで複合経営をしたり、多面的農業の展開を果たしたりしながらそこでも、土地固有の生理を自分のなかに取り込みながら、農業経営を農家自らが実現してきたと思えます。

しかし近代農業は、新しい作物を導入し新しい地域をつくろうという、国家の意図が計画という形で介在していく農業に質的な転換をしました。それが、この看板のなかに込められた意味でしょう。確かに、薬草や花、野菜が農業として根づくことは必要ですし、「団地」という形で根づいている事例もあり、それを歓迎もしています。しかし、先駆的なことを装っているような、エコ思想がカモフラージュされることで根づかされようとしている農業は、別な意図が一人歩きしていることだとしか思えません。

私たちは私たちの「身の丈」の場所において、農業を考え直していかなければなりません。それは、有機農法や小農経営にのみに可能性があるということではありません。土地の固有性や集落の生理をもう一度取り入れ、緩やかに拡大していく方向性を前提としないと、国の施策だって絵空事になって数年後には空中分解し、ここに息づいていた営みや人の関わりを破壊し、行政の記録に残されるだけになってしまいます。集落で営まれている農業は、緩やかに、微細に、土地の人びとと結びついて成立しているものなんです。

入澤◎ 薬草のところには、「高付加価値型新産業創設事業です」と書かれていて、コメについて「こだわり米栽培実証補助」と書かれています。さまざまなわけの

❖19 **農地解放**［のうちかいほう］……昭和21年(1946)から24年(1949)にかけて行われた第二次農地改革のこと。アメリカ占領軍の〈GHQ〉の指導のもと、国が強制的に小作地の買収と売り渡しを行った。不在地主の全小作地と在地地主の制限を超える小作地、適正規模を超す自作地のすべてを解放するというものだった。その結果、全小作地の80%が解放され、改革前の小作地率46%が10%へと激減した。日本国政府の自発性ではなく、アメリカ占領軍の強制とはいえ、まさに「革命」と呼ぶべきものであった。しかし、山林地主だけは残された。

わからない言葉が書かれているわけです。すでに進んでしまったこと、すでにでき上がってしまった事業、施設をこれからどうしていくのかが、残された者には問われる。森さんがいわれた、奪還する、乗っ取るというのは、この看板に関してもそうだと思います。

　ただ現状に対して僕が不幸と思うのは、中門造りの民家群と二〇メートルと離れていないところに、この看板が立っていることです。集落の人びととの暮らしや気分と、この看板は絶対的に対立するはずです。しかし、その対立を集落の人びとが受け入れてしまっている。そこに、地域・地方や集落の不幸の根源があると思います。

　地域・地方で生きる場がどう築かれ、これからどうなっていかねばならないかを切開していくなかで、こ

田郎にあった、典型的な「中門造り」の民家。
いまはトタンを被せてしまっているが、
その下には「茅葺き屋根」が眠っている。
右に大きく張り出しているのが、玄関とかつての厩である。

「水田環境調査番号5-3 特A、A調査鑑定地区」と書かれた
大きな看板。「水田環境鑑定士」の名前が明記され、
なんとも不快な「エコ」言葉が羅列されている。

形だけの「水車」。発電どころか、
灌漑もなにも搗いているわけでもない。一体、なんのために、
誰に向かってこれはつくられたのだろうか。

の対立の構造を見据えていかないといけない。「無償の贈与」というのは、一方通行ではない。地域・地方の人びとも、変わらないといけない。そうでないと、この「不幸」はずっと続いてしまう。「自業自得」になっていってしまうんです。

森　地方はいま、「解体」の瀬戸際で、あらゆる選択肢を採用し、闘わなければなりません。このエコ思想をも利用し、奪回し、自分たちのものとして咀嚼し、自分たちの言葉として語らなければならないところにきているのです。私たちはそのための戦略を、早急に、知恵を総動員してつくらなければなりません。

決して私たちは、「エコ」というものそのものに拒絶反応をもっているわけではありません。自然が望ましい形で生理を形づくり、そこに人びとが寄り添いながら生きていくことが、私たちは自分のこととして欲しいのです。ですから私たちの「エコファシズム」という言葉は、地方があまりに無謀で無責任な暴力に晒されていることへの、怒りの表現なのだと考えています。私たちは立ち止まり、嘆くことで完結したくはないのです。田園が、農村が、農業が破壊されているとあらゆる人たちが嘆いています。でも、もうそういう嘆きから出発するものはなにもないとすら私は思っています。まずこの現実を、怒らなければならない。向けられた刃を反転させる方法論を、地方はもたなければならないんです。

入澤　なんでこの看板の言葉に、私たちがこんなにも激しく反応したかというと、「エコロジー」や「エコ」という言葉が、ここでは人を抑圧する概念になってしまっていることです。エコが大きな権力になり、地方を覆っているわけです。なんでファシズムというかというと、抑圧の体系があるからなんです。それだけは拒否しなければなりません。人は、それぞれ自由であることと、選択肢があることが大原則だからなのです。

◉大蔵村　柳渕

三分の一以下になった集落、寄り合いとケンカ、
〈すすき野シアター〉、森舞踊、排除という構造、複合的な農業、
じっちゃんとばっちゃんの農業、
大規模農法、農業の未来、「中間領域」、新たな協同組合、
〈最上広域市町村圏事務組合〉、共同の領域をつくること、
「山菜権」などの条例、域内自給、教育、
ＪＡや商工会を奪回すること、最上地方の力

森　私たちは「最上横断」の最後の場所として、私がフィールドとしている大蔵村柳渕という、七戸の集落にきました。この村のことを少し話しておかなければなりません。

この集落は、昭和三〇年代の高度経済成長期には柳渕発電所もあり、三〇戸の集落として生活していました。山や川から恵みを得て、この土地でつつましく暮らしていたわけです。その後離村が進み、いまは七戸になりました。この五〇年のあいだに四分一以下になってしまったわけです。

ブルドーザーのような機械で、廃屋を壊している音も聞きました。一歩山に入ると、国がやっている何億円もかけた雪や土砂の流れ止め事業が入っていて、巨大な鉄のお化けのような構築物をつくっているのも見ました。山を登っていけば、この土地の共有地であった今小屋野《いまごやの》が土建業者に売られ、造成が展開されています。

これらは、日本の農山村の姿を映し出す鏡のようにも思っています。戦後六〇年で、さまざまな変貌を遂げていった流れが見えてきます。その流れは、土地に住む人びとにとってなんだったのでしょう。山や川が三〇戸の世帯を保証しながら息づいていた関係性が、望ましい形で変化したのでしょうか。依然として村は、行く末や自分の位置がわからず、漂っている状態です。その七戸が、私たちの未来をもしかしたら暗示しているようにも思いますし、この集落の立ちゆきが私たちの立ちゆきでもあるのかもしれません。一つの小さな集落を徹底して考えることは、そういう自己検証になるのではないでしょうか。

「小さな集落」といいましたが、小さいゆえに、生命の煮詰まりというか、密度の濃さのようなものさえ、この集落は私たちに見せてくれます。集落が小さな生命体としてあり続けている限り、人間の裏面的な部分も見せてくれるのです。そういう全体、人が生きることの全体を見せてくれるのです。

人は単に善や正義、美しさだけで生きているのではありません。凶々しいものを抱え、切実なものを露出しながら生きざるを得ない部分もまた、合わせもっています。そう見ないと、一つの生命体としてこの共同体の姿を捉えることはできません。ですから私は、この村で見聞きし、体験したあまりに人間的なことに接近してみたいのです。純朴に、静かに暮らしているだけではありません。荒々しい、凶暴な自然と同じように、人もまた、自然の一部であるような生き方さえここでは体験するのです。その部分も見据えなければと思っています。

私はこの場所に仕事場を設け、二〇年近く経ちます。生活の拠点というわけではありませんが、この二〇年で感じたことを話します。

民俗芸能はほとんど残されていません。もともとは神楽のようなものがあったのかもしれませんが、お祭りなどもありません。その代わり、寄り合いなどでよくケンカが始まります。酒を呑んで、荒々しいいい合いをしている光景が、よく目につきます。暮らしている、息づいているぶんだけ、禍々《まがまが》しいものをどこかで浄化しなければならないのでしょうか。その回路なのでしょうか。祝宴のときに、ケンカが始まってしまうのです。

それに、隣りの田んぼの水を引くときに起こるケンカがあります。私のような新参者が畦道を通れば注意され、通行を止められたり、ここで借りている田んぼの水を止められたり……。そう考えていくと、人間の生で、荒っぽい、蛇《へび》の皮を剝《む》いて丸焼きで食べるような禍々しいものが露出しているのです。
しかし、私は目をこらして見ています。こういう厳しい環境のなかで暮らしてきた人びとの、ひいては私たちの弱さや強さに、正直に向き合わないと生きていけないことが、自然のなかで生きるということだったのではないかと、私は直視しているのです。あえてはしたなさやずるさといったしたたかさを露出させていったのは、こういう場所で生きるということは、そういうことさえ許容し、通過してゆかないといけないのだし、決して滑らかだけではない凹凸もまた、生の実態だと考えているからです。そのことから目をそらして、光景の美しさや、人びとの善意をいってばかりでは、生きられないのです。そういう原形が、この集落です。

大蔵村柳渕にある、右に森の〈すすき野シアター〉、左に美術などの展示を含めさまざまなイベントを行う、廃校になった小学校の分校が見える。

ですから、この村を考えることが、最上地方の、ひいては私たちの方向を考えることになるのではないでしょうか。少し大上段に構えましたが、入澤さんは何度かこの柳渕にきているわけですが、その印象からお願いします。

入澤◎ 僕が初めてこの柳渕にきたのは、平成一一年

（一九九九）の春、まだ雪があった頃だったと思います。〈双葉社〉[20]の出している『小説推理』[21]という雑誌で、「東北から〝日本〟を相対化する――いま、東北は元気である」という座談会をしたときです。

　森さんが舞台にしているこの柳渕にある茅葺き民家〈すすき野シアター〉で、初めて森さんの舞踊を見ました。そのときは、〈東北芸術工科大学東北文化研究センター〉[22]所長で民俗学者の赤坂憲雄[23]さん、写真家の内藤正敏[24]さんと森さん、そして私が司会する形でした。森さんの舞台では、「カカとガガ」というのが一番最初だったのですが、カカはおかあさん、ガガはおばあさんを指していました。始めから、強烈なパンチを食らってしまいました。

　僕は、肘折温泉はすでに知っていましたけれども、温泉の道からそれたところにこういう集落があるということは知りませんでした。その後何度も大蔵村を訪ね、〈すすき野シアター〉や山のなか、雑木林、すすき野、わらび野、畑、田んぼ、集落のなか、家のなか……で、森さんの舞踊を見てきました。

　なにしろ、度肝を抜かれました。あまりの凄さに、もう頭のなかは真っ白でした。残念ながら土方巽[25]の生前に出会うことはできませんでしたが、その反省から、大野一雄[26]や土方の弟子筋の暗黒舞踏[27]の人たちなどの舞踏を極力見てきたのですが、すべてがブッ飛びました。その舞踊のすべては、鮮明な記憶として残っています。そしてそのたびに集落を歩いたり、人に会ったりしてきました。

　三〇戸あった家が七戸になったこと、森さんがどのようにその集落に向き合ってきたかも、折りに触れて聞いてきたわけです。人の生き方、中山間地域の農業、

❖20 **双葉社**［ふたばしゃ］……昭和23年（1948）創立の、エンターテインメント系の出版社。『週刊大衆』『漫画アクション』などの漫画や雑誌が中心であったが、近年単行本にも力を入れている。特に現在、文庫が元気である。やきものや写真、サッカーなど多ジャンルにわたって

出版している。漫画だけでなくゲームの攻略本など、常に企画・発想の先頭を走ってきた。

❖**21 小説推理**［しょうせつすいり］……昭和36年(1961)創刊、発行＝〈双葉社〉。推理小説、ホラー・サイコ小説などのエンターテインメント系の雑誌。西村京太郎、森村誠一、夢枕獏、赤川次郎、花村萬月などの人気作家を抱えている。

❖**22 東北芸術工科大学**［とうほくげいじゅつこうかだいがく］……1992年創立の山形市にある私立大学。学部は、芸術学部、デザイン工学部の2学部がある。「東北ルネッサンス」の標語を掲げ、地域との関わりを重視し、近年人気のある大学である。〈東北文化研究センター〉は1999年、大学内に「東北学」を提唱する赤坂憲雄を所長として設立された。東北の地から「いくつもの日本」を見据えるため、『季刊 東北学』を発行するとともに、東アジアの民俗芸能などの公演も行っている。

❖**23 赤坂憲雄**［あかさかのりお］……1953年、東京都に生まれる。東京大学文学部卒業。民俗学者、東北芸術工科大学大学院長、同東北文化研究センター所長、福島県立博物館館長。柳田国男に学びつつ「異人」という概念から始まり、天皇制、被差別民、漂泊民など歴史に埋もれてしまった人びとや民俗を掘り起こす。「東北学」を提唱し、「いくつもの日本」という概念から、既成の「日本の歴史」そのものを相対化しようとしている。著書に、『異人論序説』『山の精神史』『山野河海まんだら』『岡本太郎の見た日本』などがある。

❖**24 内藤正敏**［ないとうまさとし］……1938年、東京都に生まれる。写真家、民俗学者、東北芸術工科大学教授。出羽三山の修験道に向き合い、津軽《つがる》や遠野《とおの》などの写真を撮ってめぐるとともに、民俗を研究して歩く。修験道や自ら名づける「金属民俗学」の世界では、独特な研究がある。著書に、『修験道の精神宇宙』『日本のミイラ信仰』などがあり、写真集に、『婆――東北の民間信仰』『出羽三山と修験』『遠野物語』などがある。

❖**25 土方巽**［ひじかたたつみ］……1928〜86年、秋田県に生まれる。舞踏家。52年に上京し、本格的に舞踏を始める。61年、自ら「暗黒舞踏派」を宣言。74年、自宅に「シアター・アスベスト館」を開設し、唐十《からじゅう》郎《ろう》や笠井《かさい》叡《あきら》、田中泯《たなかみん》など多くの弟子を育てる。上演に、「四季のための二十七晩」「静かな家」などがあり、著書に、『犬の静脈に嫉妬することから』『病める舞姫』などがある。

❖**26 大野一雄**［おおのかずお］……1906年、北海道に生まれる。舞踏家。戦前、モダンダンスから始める。日中戦争、アジア・太平洋戦争と兵役にあり、49年に舞踏に復帰する。60年、土方巽に出会うとともに「暗黒舞踏」を展開し、77年、土方演出「ラ・アルヘンチーナ頌」で喝采を浴びる。上演に、「死海」「睡蓮」などがあり、大野の舞踏の本として『大野一雄舞踏譜』がある。

❖**27 暗黒舞踏**［あんこくぶとう］……1961年、前記の土方巽が「暗黒舞踏派」を宣言して始まる。土方は大野一雄などとともに美術、音楽、映画などのジャンルも巻き込んで展開したが、66年、「暗黒舞踏派解散公演」で解散する。しかし、「暗黒舞踏」の言葉は80年代以降さらに盛んとなり、「剃髪、裸体、白塗り」が一般化して、〈山海塾《さんかいじゅく》〉などがよく知られる。現在のコンテンポラリーダンスなどもその流れにある。

雪、老齢化、過疎化……。さまざまな問題を抱えている。柳渕はどこかで、かつて華やかなりし頃の農山村、第一次産業の消長を象徴しているところがあります。森さんが最初にいいましたように、柳渕が背負っている現実は、日本のどの地域・地方が背負うものとも等しいわけです。特に過酷な環境のなかでは、問題が精鋭的に現れてくるでしょう。「最上横断」の最後の対談の場所として選ばれたのは、そういうことだと思います。

この間ずっと議論をしてきたように、あえてマイナスといいますが、マイナスを背負った集落というものをどう考えていくのか。「じっちゃん、ばっちゃん」という概念の、その象徴の集落でもあるわけです。この土地が、ここに住んでいる人びとも含めてどうなっていけばいいのか。そのためにはどんな方策があればいいのか。それは、地域・地方が抱える問題だけでなく、私たちも含めて日本全体の問題なわけです。

森▨　地域というものが、どのような未来に向かって息づくことができるのか。その具体性に、ここから入っていければと思います。

さきほど一緒くたにしてしまって、わかりにくかったと思うのですが、地域を考えるときに、外部から集落をイメージするような手法では、もう立ちゆかなくなってきています。確かに私たちのように集落を外部から見ていく目線も必要だし、外部が内部を生かしうることもあるわけです。しかし、ここで息づいているじっちゃん、ばっちゃんの実像を浮かび上がらせることに、地域を考える際の基本が置かれなければな

分校の奥まった一部屋で、
対談を行った。
左に入澤、右に森。

らなくなってきました。

まず、人間を考えなければならない。人間がそこに住むことの在り方を考えなければならない。そういう本質に向かって思考をめぐらし、考え続けなければならないときなのです。私たちの「思想」が、必要なのです。私たちの対談も、そこにいき着いてきたように思います。

私はあまりに人間的といいましたが、外のイメージだけで集落を切り取っていくだけでは見えてこない部分を、私たちは背負い込まなければなりません。自分の身にふりかかっていることを、背負わねばなりません。集落の未来は、実は私たちの未来だという射程を手にしなければならないのです。いろいろな場所で必然的に起きてくる排除の態度も含めて、そこに何が起きていて、私たちのなにがそうせざるを得ないのかも考えていかなければならないと思っています。

いま、排除という言葉を使いました。私は何度も何度も体験しながら、このことに思考をめぐらしてきました。共同体の外や内という概念を採用しながら、生きていくギリギリでこのことに立ち合ってきました。この柳渕集落へ入る私たちの一歩が、そのことの本質を探る思考のプロセスでさえあったと思っています。

私たちは何度も傷つき、何度も怒り、何度も希望しました。この集落に、排除が濃厚だといっているのではありません。私たちの社会に普遍的に存在するあるものに対して、この集落は正直なのです。厳しい自然条件のなかで、人びとが肩を寄せ合い生きていかなければなりませんでした。よその人が入ることは、自分の食い扶持《ぶち》を減らすことでもあり、生命を押しやることだったかもしれない。三〇戸の家族を養う自然の許容量があるとするならば、むしろ、そこに侵入するもう一人の存在に対するアプローチかもしれません。

そういう全体を、私たちの全体を、この集落は見せているのです。この生きることの「原型」から、私たちは私たちの地域をつくっていかなければならないのです。

昨日話したエコ思想には、この視点が欠如しているのではないでしょうか。人間や地域をのっぺりした価値に置き換え、自分に引き寄せてしまいます。どこか、郊外タウンの均質さとパラレルではありませんか。人間に対する徹底した目線をもつことなく、一つの倫理性といってもいいのですが、そういう眼差しを欠いたままで、農村にどんどん人が入ってくるようになったら、農村は再び固く閉じた村になってしまいます。収奪されたままになってしまいます。

この小さな集落もまた、現実なのです。私たちの現実と拮抗しているのです。美しいだけの村ではないのです。だからこそ、私たちは同等になれ、外部と内部が相対化されるように同じ場所に立てるのです。

入澤◎ いま、柳渕の集落のなかの人たち、一般化するなら日本のさまざまな地方の村落も共通して、開かれた関係で外部を見ることがなかったのではないかということがいわれたわけです。現在、日本にここまで東京と地方などとの大きな格差があるとき、その相対化を地域・地方の「再生」や「再興」という言葉でいうなら、柳渕だけが内であって外を見なかったというわけではありません。

日本は基本的に亡命も移民も、そしてほとんど難民も認めていないということを考えるなら、日本という国家は、そしてもしかしたらその政権を選択している私たち自身も、外に向けてなにもいうことはできないかもしれません。それとパラレルなものとして、柳渕がきっとあったのでしょう。外はさらに外に向かっても、内はさらに内に向かっても開かれることが必要になってきます。関係性において開いていくことが、緩やかなネットワークを切り拓いていく端緒になっていくだろうと思います。

私たちは単に過去を懐かしんだり、あるいは民家の風景は美しかったといっているわけではありません。確かに美しかったけれども、そこには水洗便所もなければ、常に温かいお風呂もなかった。茅葺きの中門造り民家が二〇戸も続いている風景。その風景を想像するだに、「あまりの美しさ」だろうと思う。でも、そのあまりに美しい風景のなかで、人がどう生きていたかも考えなければなりません。戦前であれば小作制度があっただろうし、「農地改革」後の戦後だって格差は厳然とあり、貧困の姿も見られたでしょう。

水洗便所も、電気温水器も、もうやめることはできないのです。技術というものは、進化していくのが必然であり、人類史にとっての自然過程なわけです。そのとき、何度かいっていることですが、かつてのあまりに美しい集落風景に、現在の高度な風景、都市の風景でもいい、それを接ぎ木する以外にこれからの方法、未来はない。

私たちが柳渕に、理想の未来を見たくなるのはどうしてなのか。じっちゃん、ばっちゃんと比喩で私たちがいうとき、どこの場所のじっちゃん、ばっちゃんであっても構わないわけですが、かつてこの柳渕の風景のなかで森さんが、じっちゃん、ばっちゃんをテーマに踊られた光景を、僕は強烈に記憶しているわけです。畑を耕す姿、土をかじる仕草、田んぼの畦をつくる形、遠くに見える道、シラス台地の印象……。僕のなかで集落のなかのじっちゃん、ばっちゃんというとき、思い浮かぶのは、一人の舞踊家が山のなかの畑や田んぼで踊っていた光景なのです。

非常に小さな山のなかの畑での踊りでした。それは自宅の周辺で畑を耕し、山菜の季節には山菜を、キノコの季節にはキノコを採り、漬物をつけ、味噌をつくり、醤油❖28をつくるという重層的な暮らしを象徴してたわけです。「そんな暮らしは、現在はない」といわれてしまえば、確かに現在はきっとないでしょう。しかし、かつてはあった。現在の一〇分の一くらいの経済規模

❖28 **醤油**［しょうゆ］……大豆、小麦、麹、塩を原料とする、日本独特の液体発酵調味料。すでに奈良時代、「醤《ひしほ》」と呼ばれる液体発酵調味料があった。いまの形の醤油になったのは江戸時代前期で、関東で濃口醤油《こいくちしょうゆ》が、関西で淡口醤油《うすくちしょうゆ》が開発された。醤油のほとんどは濃口醤油であるが、生産・消費は地方色に富んでいる。濃口醤油は東北と関東、淡口醤油は関西、白醤油やたまり醤油は東海、甘露醤油《かんろしょうゆ》は中国と四国となっている。

のなかであった姿だった。

現在、その暮らしがないのは、ある部分自明のことです。それでは、生活ができないからです。しかし、この柳渕でも、第三次産業の企業に就職しながら複合的な農業をやっていこうとしている人はいるわけです。「じっちゃん、ばっちゃん」農業は、あるわけです。そういうものを見据えながら、外部と内部というものを考えていかなくてはならない。

日本の農業が、どんどん小さくなっていくことは必然です。社会が高度になっていくことは、第一次産業の比率が低くなっていくことであって、これは歴史的に避けることはできない。ただ、あるところでその速度は鈍化するだろうし、止まるだろう。そうすると、いまの湾内や沿岸の漁業のように、一尾何千円もするような、強度な付加価値をもった農産物、「魚沼産コシヒカリ」もその一つですが、そういう生産構造になっていくだろう。

もう一つ、これからの農業にいえることは何か。数年前から、農業に法人が参加できるようになりましたし、そういう大規模農法がすでに始まっていますし、広がっていくでしょう。これも、必然と思います。もしかしたら都会のビルのなかで、水耕栽培みたいな形で新しい農業があるかもしれない。そのとき、この柳渕がどう生きるかの回答がなかったら、この列島の生き方もない。そう考えて、私たちは「最上横断」をしてきました。

大規模農法なんだよ、ビルのなかの農業なんだよ。それが必然であり、人類史の自然過程なんだよ。しかし、柳渕のような集落と人びとの存在とその農業が、「ああ気持ちいい」、「ああ美味しい」と、人間の根源的な気分を喚起する面がある限り、それを捨ててしまってはいけないんです。

ではなにが、理想なのか。じっちゃん、ばっちゃんの家のまわりの農業と、流通を含めた大規模農法の交感、ネットワークです。もう一つは、都市・都会とのネットワーク。それは流通だけでなく、人びとの交通も関わってです。これもまた、「無償の贈与」の一つの形態です。つまり、じっちゃん、ばっちゃんの農産物の、高付加価値商品化です。「南蛮味噌」のような美味しいものは、少々高くてもいいのです。その構造ができない限り、柳渕の未来も、日本の農業の未来も、きっとないと思います。

〈すすき野シアター〉の直ぐ裏手で、家が一軒、ブルドーザーのような機械で取り壊されていた。なんともいいようのない光景である。遠くに、葉山へと至る山並みが見えている。

森　外からの目でなかを照らし、なかからの目で外を照らす。相互の拮抗する関係のなかでこの地域が開かれ、地域の未来にいき着くのではないかと、対談のなかで常にそう提起してきました。

　それを成すために、一つの「倫理」が介在していく必要があります。それは、互いが互いを脅かさない、奪い取らないという倫理です。人はレジャーによっても、移住によっても農山村に入ってきます。しかし、レジャーの人が根こそぎ山菜やキノコを採っていったり、農家の野菜を盗んだり、ひどいところでは耕耘機も盗まれることまであるわけです。人間を不在にして、自然の豊かさに触れるという観念が一人歩きしていきます。

巨大な鉄の構築物、「雪崩防止柵」。

　それに地域、農民の側だって、同じことをくり返しています。柳渕の人も国際結婚をしていますが、フィリピンやほかの国からお嫁さんをもらって、それで外国人が日本人の職場を奪うことにJAや農業団体が反発するとか、コメの自由化に旗を振って反対行動を起こすとか。集団の示威行動が、農村の抱えることを逆に見えなくしたり、排除することで農村を隠蔽しているのです。そういうことが、内と外とで同時に進行しています。だから私は、内が外、外が内を照らし出していく方法を考え続けなければならないと思います。

農業の方向性について入澤さんがお話ししましたように、社会が高度になっていくことによって、第一次産業が狭められていくことも事実です。しかしその歴史の必然は、柳渕の受け皿を提出していません。社会が高度になることに私たちは加担しているわけですが、同時に、自分の「嗜好・情緒・思考」にも、責任をもっていかなければならないと思います。

さきほど近代の着地の仕方について議論しましたが、着地の成果が一人歩きして、私たちは自分を放棄さえしているように思えます。いま確認し合ったように、高度な社会のなかで、人間の在り方、営みをどうつなぐか、また、環境も含めて私たちの全体をどう養っていくのかに、大きな思考と力を注いでいかなければなりません。

いま、農業の未来というテーマが出てきています。このテーマは、地域の未来という地域の未来ということに関わってくるのですが、それについては「中間項」をもつことが重要なのではないかと思っています。「中間領域」です。たとえばお嫁さんと姑さんをつなぐ中間や、真室川町の番楽の演者と子供たちをつなぐ中間、都会の人びとと村の人びとをつなぐ中間など。そういう「中間領域」を、さまざまな人たちがさまざまな立場で考えることが必要だと思っています。

具体的には、農村のばっちゃんたちの、「結い」や「講」などのネットワークがいま失われつつあります。それは嫁さんたちが働いていて、孫の面倒をじっちゃん、ばっちゃんたちが見ることで時間が奪われていったからです。一方で嫁さんたちは、じっちゃん、ばっちゃんたちの方法や世界観だけでは、生きていくことができないと感じています。嫁さんとばっちゃんをつなぐ領域がなく、互いが互いの方法論で別々に語っていくしかないから、亀裂が生じてくる。「中間領域」の創設が必要です。

この「中間領域」は、実は農山村の暮らし、自然環境との関わりのなかに活かされていました。山に対する人びとの想念を探ってみてもわかりますが、「深山、裏山、里」という三極の地形構造の中間地点に、人びとは共同の意志を反映させてきました。入林地を里と裏山の中間地に置くとか、この「中間領域」はアジール的で、人びとの取り決め、モラル、約束が一番多い場所でもあります。この場所で、部落の取り決めをしている民俗事例もあるほどです。この「中間領域」は、こうして集落に生きづいてきたものなのです。

もう一つは、私の管理ということです。フーコーのいう「自己への配慮」❖29にも通じますが、自分が自分であることに責任をもつポジションです。商店街のことでも話しましたように、地方であることに安住することなく、一つの商品を露わにして、どう消費者に届けるかの努力する自立性を、いちはやく確立しなければなりません。一人ひとりが、個であることを確認し合うことが大事になってくるんです。

ここには、以前の議論で出ました身体の古層、情の部分、心意などといったものへの自分の目線が必要になってきます。私たちはいまだ、解き放たれていない自分をもっていることへのまなざしがあります。ですから、そのまなざしはほかの人へも注がれなければなりません。私たちは、驚き、喜び、悲しみ、怖れると

❖29 **自己への配慮**［じこへのはいりょ］……前記フーコーが、『性の歴史III——自己への配慮』（訳◉田村俶、新潮社、1987年。原著＝1984年）で展開した概念。宗教、法、科学、哲学などの規範、強制に対して抵抗すること。自己の実践が主体と真理のゲームだとし、「倫理とは、自由の実践、自由を反省的に照り返しながら実践すること」とした。「自己への配慮」とは、自己の自己との関係であり、新しい倫理形式となり、それが他者への過程に至るという。

いった素朴な感情を交差し合って、この自分と他者の関係を形成しています。そのことを自己に保証し、他者にも保証するということを、ささいな、単純な、小さな場所で実現しなければならないでしょう。

三つ目は、閉じることと開くことを同時に交差する地域・地方の在り方で、内部と外部とが同等であること。たとえば農産物が外部へ向き合うことで、たえず商品開発を意識しなければなりません。またそこでは、徹底的に地元にこだわるという、「閉じる」ことも必要です。開くことと、閉じることを自在にすることで、地域を柔軟にしていくのです。

入澤◎ 前の方の対談で、森さんがいみじくも「二重性の経済」という重要な概念を提出しました。それがどういうものかというと、一方でじっちゃん、ばっちゃんの家のまわりの小さな農業があるとすると、大規模農法などにおける商品開発や、流通を含めた新しい形でのネットワークがある。そういう、「二重性の経済」に注目しなければならないのではないか、ということでした。それはどこかで、いまの話の「中間領域」と同じことが語られていたのではないかと思います。

僕の気分のなかの日本の農業の理想と未来はなにかということを、くり返しになりますがもう一度話します。

大規模農法になっていくのは、必然だろう。外国からどんどん農産物が入ってくる、農産物の自由化も必然だろう。コメの自由化の問題は終わりましたけれども、サクランボ、牛肉の問題も、日本の側に立てば怖れているほどのことはなかった。いまのままでは食料

❖**30** **ハクサイ**……アブラナ科アブラナ属の野菜。栽培種としてのハクサイは、中国の華北地方で品種改良され、日本には明治初年に渡来した。大きく広がったのは、日清・日露戦争に従軍した農村出身の兵士たちが喧伝した結果だという。漬物、鍋物、煮物、汁物、炒め物、キムチなど、用途は多用。アメリカでは、サラダとして食されるという。

❖**31** **わらじ**……稲ワラでつくった履き物の一つ。緒《お》、緒を通す乳《ちち》、かえしで構成され、すべてがあるものと一部がないものとがある。積雪などによって地方性に富むが、普通は四乳草履で、基本的に庶民が自製した。

自給率四〇パーセントが下がっていくことも、第一次産業の構成比率が下がっていくことと同じように、自明のことです。

でも、この柳渕の農業、じっちゃん、ばっちゃんの家のまわりの小さな農業を失ってはならないのです。

夕暮れの、奥羽本線真室川駅。
〈山形県立真室川高等学校〉の生徒たちが、
男女に分かれて家からの迎えの車を待っていた。
何人かは、列車通学をしているのだろう。
左に、おばさんのやっている「ヤキトリ屋」の赤提灯が見える。

ダイコンを吊り下げて干し、ハクサイ[30]を干し、漬物を漬ける。味噌や醤油や発酵食品をつくる。山菜の季節には、ゼンマイを手もみし、キノコの季節はそれを塩蔵する。冬の雪のなかではわらじ[31]を編み、木工品をつくる。家の軒にダイコンや干し柿の吊るされた懐かしくも美しい風景を、失ってはならないんです。それは、人間の根源的な「記憶」につながっているからなんです。

森さんの話のなかで、閉じると同時に開くという考えも出てきました。これも重要な考えで、それなしには地域・地方はこれから成り立っていきません。柳渕におけるような農業は、いまや兼業農家が普通で、サラリーマンとして稼いでいる金額の方が遙かに大きいという現実があるわけです。そのなかでも、自分たちの意志でもってつないでいく。とすると、七戸の緩やかな組織、ネットワークになっていかざるを得ないだろう。これは何度もいってきたように、相互扶助に基づく「結い」や「講」のような、「共同」「協働」の組織です。新たな共同体、協同組合の創設です。しかし、そこには決してヒエラルキーを生じさせてはなりません。平等と輪番制を原則とし、そこにおいてそれぞれの恣意性を保証することです。

もう一つ、森さんのいう「二重性の経済」「中間領域」に関連していってみます。じっちゃん、ばっちゃんの家のまわり農業と、法人などの大規模農法。そこをつなぐものは、商品開発や流通のネットワークだといいました。そこにも、「他人の血」が必要なんです。都市・都会の側からのネットワークです。さきほどもいった、相互扶助に基づいた「共同」「協働」の関係です。それが、何度もいってきた、「無償の贈与」の実態です。森さんのいう内側と外側ということと同じように、地域・地方の人びとも、都市・都会の人びとも、具体的な形で向き合えば、双方が変わるんです。それは、越後妻有における「大地の芸術祭」が、実証してきたことではないでしょうか。

森▒　人間が歴史に関わっていけるのは、歴史を批判的に摂取し、そこに自分らしく生きることを保証するなにかを発見する行為だと思っています。高度消費社会がもたらしている現在の非歴史性を、私たちは自分たちの歴史として奪還することができるのか。そこに、私たちは立っているでしょう。ですからさきほどもいいましたように、個人がどう生きていけるかというその一点から、農山漁村集落の在り方を考えていくべきだと思っています。

少し、最上に目を転じて、最上の方向への具体的プログラムを議論してみたいと思います。最上の八市町村が、〈最上広域市町村圏事務組合〉というものをもち、さまざまなことを行っています。ゴミ処理や消防、駅の管理、税金の徴収なんてものも含めてです。〈最上広域市町村圏事務組合〉を、互いの市町村が連携し合う機構としていけば、新たな連帯の方向づけが見えてくると思っています。

連帯するなかで、市町村のあいだに同じようなスキー場、プールやさまざまな施設をつくることなく、効率的な運営をしていくことができます。さきほど提案しました、交易と鎖国を交互にしていくために、管内で生産し売るものを公開し、管内で交換し合うことができますし、それが面として広がることで、外部に大きな力として参入することができます。観光なども、広域化で点と点がつながることによって、より観光エリアを広げることができるし、同時に機能的な市町村の収入配分ができてくるのではないかと思うのです。

市町村として独立し、自立し、なおかつある領域では連帯していく。さきほどの村が世界性になるということでいえば、ヨーロッパのEUが一つの連帯の意志をもって実験していることと、一体となるような考え方が出てくると思います。この〈最上広域市町村圏事務組合〉の在り方では、なにを効率的に提出できるのかという内部の問題と、なにを外につないでいけるかということを再考し、一つひとつの市町村の独自性を奪うことなく、むしろ行政自体がスリムになっていくことも可能だと思っています。

そしてもう一つ。最上の市町村は、それぞれが里山に象徴されるような豊かな自然をもっています。そのとき、条例化[32]で規制を加えていくということを考えています。入山を規制することではありません。山菜を採るときのマナーを提唱したり、環境の公共性を高めることによって、山と人びとの暮らしのなかにカヤの共有部分を再興し、その共同の領域の在り方を条例で位置づけるということです。私の具体案では、「山菜権」などの提唱もあります。

いままで近代法によって個人分割されたものを、もう一度「共有地」として復活することも必要なのですが、そのことは現実性がありません。また、たとえば「結い」をこの時代に復活させることは大変ですが、「結い」に代わるもの、さきほどの「中間領域」のときに考

❖32　**条例**［じょうれい］……「日本国憲法」第94条の「地方公共団体の機能」に、「法律の範囲内で条例を制定することができる」とある。つまり条例とは、国の法律の範囲内において、各自治体が議会の議決によって自主的に制定できるものである。しかし、地方公共団体は国の法令に反してはならず、市町村と特別区は都道府県の条例に反してはならないとされている。

えた方法が必ずあります。その「結い」に代わるものを条例で取り決めし、公示することです。私たちは条例を武器として、さまざまな形で告知していく。最近、「構造改革特区」[33]制が出てきました。国の許認可による囲い込みの思想ですが、それらを巧みに活用しながら独自性を確保するのです。

　連帯と、条例ということによって、足腰を強くしていきます。それからこの対談で入澤さんが何度もいっている、地場産業の望ましい形に関わってくることですが、これらを含めた横つながりのネットワークを、どうしてもつくっていかなければならないと思います。ここに、新しい組織論が展開されます。

　行政やＪＡや商工会も含めて、私たちは乱暴に解体のことまで話しました。私は心情的には、組織として解体すべきと思っていますが、現実的にＪＡや商工会が解体していく兆しを待つ時間はありません。ですからむしろ、既存組織を私たちの手で奪回し、横つながりのネットワークにすること。倫理的な組織にすることを考えています。新行政論を含めたシステムの再興・再考といえると思うのですが、内部に張りめぐらされている自縛的な権力主義を、解き放って自分たちの組織にしていくことは可能なはずです。

　私はこの三点を柱にして、農業や商店街という個別の事例に入っていきたいと思います。

入澤◎　既存のＪＡ、商工会、森林組合[34]などは解体されるべきものであろうと思っています。役割どころか、マイナス以外の何ものも演じてこなかった。たとえばＪＡが、「道の駅」に農産物を出荷するシステムを取り始めたり、婦人部の力が強くなって商品展開をしていくとか、すべてが悪いわけではないのです。しかし、旧態依然たるところによりかかった組織は必要ありません。

　ただ現実的には解体といっても、そういう気運が簡単に出てくるわけでもありませんから、森さんのいう奪回することが現実的な路線でしょう。そのなかで、相互扶助の緩やかなネットワークをつくる。しかしそれは、等価でなければなりません。等価というのは、地位とか権力を与えてはならない、ヒエラルキーをつくってはならない、だから輪番制だということです。負担も等価です。それから、利益の配分においても等価ということは保証されなければならない。そのように、ヒエラルキーを生じさせないための、歯止めをつくらねばならないだろうと思います。

森さんは、「条例」ということを具体的に出されました。これは難しい問題を孕んでいます。地域・地方が一方にあり、片方に都市・都会がある。都市・都会の側に、山菜・キノコ採りや渓流釣りなどに「心地よさを求める」、「遊び」という気分があるとき、地域・地方はどこまでそれを規制し、どこまでそれを認めるのか。双方におけるコンセンサスが条例になっていかないと、せっかくのネットワークの障害になる危険があります。〈最上広域市町村圏事務組合〉のことですが、さまざまなところでこういう広域事務組合ができています。僕も越後妻有で初めてそういうものを目の当たりにし

❖33 **構造改革特区**［こうぞうかいかくとっく］……構造改革特別区域のことで、地方公共団体が特定地域の活性化を図るため自発的に設定する区域をいう。中国の「経済特区」をヒントに、小泉内閣の規制緩和政策の一環として、2003年に施行された。国からの財政的な支援はないが、目的のために必要と判断されれば認められた。農業特区、教育特区など、さまざまな特区がある。

❖34 **森林組合**［しんりんくみあい］……昭和53年(1978)に施行された「森林組合法」に基づき、森林を所有する個人や森林生産組合などの共同出資による法人をいう。「森林所有者の経済的社会的地位の向上並びに森林の保続培養及び森林生産力の増進を図」ることを目的としている。施行計画の策定、林産物の販売、資材の共同購入、融資、森林被害対策などさまざまな事業を行っている。

真室川駅前のヤキトリ屋。
店主は元気なおばさんで、
〈真室川高校〉の生徒たちを
本当に気遣っているようだった。
さまざまな話を聞いた。

たんですが、これは新しい形態の組織で、特に役割が新しい印象を受けます。横断的とはいえ市町村の組織ですから、部長がいて課長がいて平がいてという形に一応はなっているのですが、どういうわけか役場におけるヒエラルキーとは違った雰囲気を醸し出していきます。それは、ゴミ処理、消防、上下水道といった取り扱う対象が、直接的に生活する人びとに向き合うことが、そうしているんではないかと思います。この広域事務組合のもっている役割を、森さんのいうように施設の共有や観光ということに進め、じっちゃん、ばっちゃん農業との回路を結ぶことができれば、理想に近づいていくわけです。

柳渕のような集落のなかで、じっちゃん、ばっちゃんを中心にしたネットワーク、あるいは集落をもとにした組織、それがそのなかで等価な関係を保証されているならば、僕は森さんのいわれる「条例」をつくってもかまわないと思います。その条例や新たな「共有地」が、相互扶助に基づいた緩やかなネットワークを保証し、日本の村落に残された山や里山、畑や田んぼ、漁港・漁場でもいい、そういうところの人の気分を解放する匂いや肌合いというものを保存し、俗にいわれる市場のグローバル化に対抗していく。その道筋が、求められているのだと思います。

森▒ 入澤さんは、大変重要なことをいっているのですが、利害を共有するということに自分を置くことがなかったら、地域・地方の再生などあり得ないのではないでしょうか。それだけ、自己が問われているのです。

入澤さんが何度もいう、小さい単位の集まり、「隣組」であるとか、おかあさんたちの組織「講」を毛細血管に血が通い流れるように、細胞が蘇ってくるような形で出現させることが必要です。「結い」だ、「相互扶助」だとこの時代にいっていても、なかなか道筋が見えません。ですから具体的な戦術として、ばっちゃんたちがもっていた「講」とか旅行のお楽しみ会とか、分子状の組織をつくることに力を注ぎます。それらが、自分たちの住んでいる地域はなんなのか、という問いにつながる組織であることが大事だと思います。かつての「隣組」が、官のつくり出した組織とはいっても、そこには古来からの知恵が込められています。そういう活かし方を、丹念に追求しなければなりません。

それから、「共有地」の見直しをいいました。それにからむことですが、私たちが見たスナック、コンビニなどの祝祭空間、人間の多面的な断面を保証するものに、光を当てることが大事だと思っています。これまでは、そういうことが直接、地域論のなかで論じられたことはありませんでした。むしろ、場違いのものとして退けられていました。しかし、「最上横断」で立ち会った金山町のラーメンに命をかけるおじさんとか、真室川町に訪ねたスナックのおばさんとか、新庄の呑み屋のオヤジといった人たちの、ふんばり背負っているものが、もう一人の私を保証しているのです。それは外部との窓であったり、異人のまなざしだったりするのです。このつなぎ目を連係する運動を、どうしても考えなければならないでしょう。ようは、祝祭性の根拠をなにに探るかということですが、このことを排除してはいけないと思います。

真室川町平枝の番楽の伝承館にいったとき、民俗芸能の形骸化の問題を語りました。一方で、スナックやカラオケで、ちあきなおみや都はるみ[35]を歌って踊る地元の人たちの解放感の対比を考えるとき、私たちはなにを「解放」とするのかの問題を見せられていたんです。私たちは人間の「負」の領域を、いちはやく回復しなければならないと思っています。

入澤◉ 大蔵村にフィリピンの花嫁がきたこと、戸沢村の「道の駅」で見た、韓国の女性がつくったキムチが売

❖35 **都はるみ**［みやこはるみ］……1948年、京都府に生まれる。歌手。幼時から母に、歌手になるべく教育され、1964年、「困るのことよ」でデビュー。同年、「アンコ椿は恋の花」で「日本レコード大賞」最優秀新人賞受賞。76年、「北の宿から」で日本レコード大賞、80年、「大阪しぐれ」で日本レコード大賞最優秀歌唱賞を受賞。84年、人気絶頂で引退。89年の美空ひばりの死を契機に、90年、歌手に復帰する。ひばり以後の、日本を代表する演歌歌手である。

られている光景の背後にある韓国の花嫁たち。その姿は、国境というものを超えています。緩やかなネットワークをつくるとき、常に外の目、外の力、そして外の人間のことを忘れてはならないだろうということがあります。

スナックであるとか、カラオケであるとか、コンビニ前にたむろする若者たちや地元の人たちが、横つながりのネットワークに関わり、都市・都会であったり国を超えたりという意味での外をも取り込みながらネットワークをつくることができるなら、それが大規模農法や大規模流通につながって、新しい商品を生み、新しい産業・生業を生むでしょう。いまのところ夢のような話といわれるかもしれませんが、すぐに現実のものとなっていきます。

たとえばここに、〈山形県最上総合支庁〉や〈最上地域観光協議会〉などが出している「自然大好き・温泉大好き。――山形・最上めぐり」や、「最上エコポリス――とっておき!! マップ」の地図がある。『最上歩きハンドブック――巨木めぐりから自然の散策まで』とか、『山形県最上地方グリーンツーリズムガイド――もがみ農業発見』というパンフレットというよりは本がある。どれほど、今回の「最上横断」に役に立ったことか。これらは私たちから見ると、ご多分にもれず、エコロジーに偏っていることは事実です。そうはいっても、行政の一部がこういう要素と価値をもっている。これは、JAや商工会よりも遙かに乗っ取りやすい部分でないかと思います。

不思議なことに、最上地方は非常に変わる要素をもっている。山形の四地域(村山、最上、置賜、庄内)のなかで、最も収入が低く、過疎であり、第一次産業の比率が高く、第三次産業の比率が低い、経済的には遅れた地域にほかならないわけです。そこから端を発して、エコポリスなどという発想になるのだろうと思います。

しかし、風景がふくよかであり、三世代同居の比率が最も高く、合計特殊出生率も最も高いんです。それは、現在ですらこの時代や社会に信頼を置こうとする証しであり、変革の可能性が大きいといえます。それを換骨奪胎する道筋は現実的なところにあるのであって、行政などをうまく使って「大地の芸術祭」のような象徴的な何かができるとすると、最上地方は一気に変わるという実感をもっています。

森▨　そういうことが一つの方向ではありますが、「地域内自給率」を高めてゆく必要があります。このことは経済の自給率の問題だけではなく、商店街の話でも出てきました。地元の人たちが商品のクオリティを高めて、おかあさん方がくるようになったという、創造性に関わることでもあるのです。

　私たちは再三、最上地方の産業を論じてきました。どうしても第一次産業に対する精神的な傾きに偏っているように思えますし、その依存性が最上の産業の構造的特質だと思えます。簡単に第三次産業への転換などをいうつもりはなくって、私が鎖国といった八市町村圏の自給率を高めるということには、今回訪ねることはできませんでしたが、若手農業者グループがナタ❖38ネの栽培をして、自家内消費しているような取り組みも地元の人が地元の土地の内部感覚というか、生理に根ざした農業であって、自己の経営の自給率を高めている実例なのではないかということです。

　私たちは現代にあってこそ、先人たちのようにこの土地を使いこなすことができるのだと思います。そういう若い世代の力のある取り組みを、産業領域のなかで捉え直すことが大事ですし、そのための徹底的な調

❖36 **最上地域観光協議会**［もがみちいきかんこうきょうぎかい］……2001年、山形県と最上8市町村の地方公共団体、各観光協会と商工会、旅館組合などの民間団体によって、観光振興を目的として設立された。事務局は、〈山形県最上総合支庁〉のなかにある。

❖37 **合計特殊出生率**［ごうけいとくしゅしゅっせいりつ］……人口統計上の指標で、女性の出産可能な年齢を15～49歳と設定し、一人の女性が一生のうちに生む子供の数の平均を求めたもの。人口の自然増と自然減の境目は、2.08とされている。日本は2007年度の数値で、1.34である。今後、人口の減少が予想されている。

❖38 **ナタネ**……ナノハナ、アブラナのこと。アブラナ属の総称で、ナタネ油を採る。近年はセイヨウアブラナの方が多く、ナバナはその栽培種。青森県の栽培面積が日本最大で、特に5月、上北郡《かみきたぐん》横浜町《よこはままち》の一面のナノハナの風景は有名である。

査も必要でしょう。

農産物の自由化という流れのなかで、地域内自給、村内自給、県内自給という相互の関係性を構築し、ネットワークを広げ、また「無償の贈与」という相互交換を図りながら、まずは私たちの足元を耕すという作業を続けていくことが必要だと思います。そのこと自体が、未来への産業である印象を強くもっています。

さらに、若い世代、子供という次の世代がどういうポジションにいて、この最上地方をどう生きようとしているかに、私たちはモチーフをしのばせてきました。ですから教育を、最上地方でトータルに考えなければならないと思っています。

教育は、自由化されなければならないと思っています。私立の幼稚園などを歓迎していく政策をとり、それとともに公営のものを再考する。三〇人学級を実現するとか、教員の数を増やすだとか、制度的なところだけで議論されていますから、予算がどうのこうのとなってしまいます。そうではなく、地域の人たちが積極的に学校現場に参入していく、もっと柔らかい取り組みが、必要です。

舟形町の〈生涯学習センター〉で入澤さんがいったように、子供と老人を一緒に生活させるような試みとか、私のような学校の教員が退職したら、小学校や中学校の現場において専門教育をするとか、専門職ではなくても特別な技芸をもった人が教員になってもいいわけですから、教育の自由度を高めていくこと。ここからは、大変な活力が生まれてくると思います。教育ということを、きちっと考えていくことが、最上の未

❖39 **文部科学省**［もんぶかがくしょう］……教育、学術、文化、スポーツ、科学技術の振興を図り、宗教に関する行政事務を行う日本の行政機関の一つ。2001年の中央省庁再編時に、旧〈文部省〉と旧〈科学技術庁〉が統合されたもの。外局に、〈文化庁〉がある。

❖40 **山形県立真室川高等学校**［やまがたけんりつまむろがわこうとうがっこう］……昭和23年(1948)、普通、農業、家庭の3科で創立されたが、現在は普通科のみのこぢんまりした高校。現在の生徒数、男117名、女94名、計211名。スポーツが盛んで、男子のクロスカントリースキーなどでは全国大会で優勝している。地域との密着を図っていて、独居老人宅の雪かきなどボランティア活動も盛んである。

来なのです。

入澤◎　教育に関しては、いま〈文部科学省〉[39]がすべてを牛耳っている構造にありますが、地方も独自の権限をもっていますので、非常にやりやすいと思います。昨日、真室川の駅前でヤキトリを売っているおばさんがいっていましたが、〈真室川高校〉[40]の卒業生の就職を見ていると、みんな地元で就職しようとしているし、いったん出たとしても戻ってこようとしているそうですね。いまの話に関していえば、十分にあり得ることですね。そういうところから、本当は変えていかなければならないんでしょうね。広域事務組合や、ＪＡ、商工会を乗っ取るとかもありますが、もう一方で、託

分校の窓から覗く、対談者二人。
遠くに、むき出しのシラス台地が見える。

児所や保育園をどういう形で設けるかとか、老人ホームと隣り合わせにするべきだろうとか、一階と二階につくってしまうとか。

幸いに、いろいろなところでそういう実験がされるようになりました。現在の雰囲気は、最上地方のネットワークをつくるのもやりやすいのだろうと思います。どういうわけか、最上地方にはもう、なんとなくネットワークがあるんです。村山にも庄内にも、置賜にもあるとは思えないのだけど、最上地方にだけはすでにあるんです。それを利用しないという手はないですね。

森▒　そのことが、世界思想につながるということを考えていいんですね。

入澤●　そのことを、鮮明にしないといけないですね。

森▒　それが、入澤さんや私の役目かもしれませんね。

あとがき　その一

最上漂流

森繁哉

二十数年前であろうか、「山谷《さんや》」という町の名に魅き寄せられ一冊の本を手にしたのだった。人口六千人足らずの大蔵村という農村に住んでいた当時の私は、山谷と大蔵村は最底辺部にあって通底しているなどという幻想に閉じ篭りながら、「都市と農村の連帯を」などと口走っていたといってい い。しかし現実に生きる人々は、どことも通底などしていないがために生きているのだという断念を手にするまでに、私はもっともっと生きねばならなかった。

若さのことゆえ、などという言葉に置き換えるには、あまりに稚拙な当時の私の思考の回路に入ってきたその一冊とは、フランスの哲学者、フェリックス・ガタリが東京を遊撃的に歩いた『東京劇場——ガタリ、東京を行く』(ユー・ピー・ユー、一九八六年)という本であった。ガタリを日本に招いた友人たちと、ガタリは地下鉄に乗り、歩き、東京の地下水脈を這うようにしながら、やがて山谷に辿りつくという東京漂流を行なうのであった。

その漂流記も、うなずきながら読んだ記憶があるが、ガタリたちの小さな旅の最後に、対談相手の浅田彰氏に語ったガタリの言葉が、鮮やかな記憶が痣《あざ》として残るように、いつまでもいつまでも私の身体に沈殿しているのであった。そうしてその言葉は、私の肉の一部のようにして存在し、生きていくことの連続にあっても、決して消えることがなかったといっていい。

浅田氏が書いていることであるが、「なるほど君は矜持に満ちて見事な理論を語ったかもしれない。だがどうだろう、もっと柔軟に集団の中に分け入り、分析装置＝触媒装置として機能することはできなかったのかな。君はその機能を放棄しているように見えた」（一四五―一四六頁）。それは浅田氏が、様々なポスト・モダン派の人々と出会うことで批評を繰り返したその体験に触れた、ガタリの発言だった。

ガタリの言葉は、概念にも彩られていない、なにげないつぶやきに似た印象であったが、その語りに出会ったとき、重い錨《いかり》が深い海に沈むようにして、私の奥底に落ちてきた瞬間を忘れることができない。手にした一冊の本の記憶として、私はガタリが語ったその言葉だけを、生々しい記憶としていつまでも所有することになったのだ。

当時、青年団という村の自治機能のひとつである青年組織に属していた私は、その青年団仲間と生活記録の運動を始めていた。出稼ぎ農民と家族を結ぶ通信を発行したり、村の古老たちからの聞き書きを、定期的に『芽立ち』という雑誌にして発行したりしていたのだ。しかしそんな活動を展開すればするほど、現実の村は私の身から擦り抜けていく印象であった。私は、捉えどころのないものに向き合っているのだという思いを終始抱え、村を生きていたといっていい。

村は、輪郭を持ってそこに存在するというより、貌のない生き物であるように感じられた。そんな生き物が、私の身体をぐちゃぐちゃに走り抜けていた。動きまわっていた。そのものは、荒々しく息をしながら、私の身体を捻じ曲げ、押し込めながら、凶暴な力で、生きようとするのだった。私は、飲み込まれ、突き放され、渦巻くうねりに巻き込まれながら、そこから弾き飛ばされるようにしてバラバラになるのだった。私は、そのように生きている村を抱えていた。そのように生きている村と、同時に生きねばならなかったのだ。

村で生きるということを、自分自身の生に拮抗させていた私にとって、そんな村との出会いは、名付けることのできないものと接近する体験の連続だったと思える。村は、多様な意味を孕みながら存在し、かといって翻訳されることを拒絶する、鵺的《ぬえてき》なわからなさを宿しているようであった。そんな村との接近を、アジア的な生存スタイルとの出会いなどと思考整理すれば、私はもう少し飛躍することができたのかもしれない。

しかし現実的には、足が沈み、手が膠着し、土中に引き込まれるようにしながら、私は一歩も村から逃れることができなかったのだ。村は私にとって、観念の対象というより、生々しく現実的な、日々に立ち上がってくる具体の実像であった。私は、そこに居続けることだけで、精一杯であったといっていい。私は、なんどもなんども執拗に立ち上がってくる生き物を身体に通過させ、そして溢れだしてくるそのものを、受け入れることだけに生きていたように思えるのだ。

　そんななかで出合った、ガタリの言葉だった。ガタリの熱心な読者でもなく、また思想行動の潮流とも程遠い田舎の青年だった私にとって、ガタリの言葉は、むしろ偶然にやってきたものであった。私はガタリの言葉に触れたとき、引き受けることや背負うこと、そこに在るものを在ると実感することが、村に生きることになるのではないかと感じられたのだった。

　そうして、村を生きよう、村を考えようと、私は私の身を少しだけ歩ませたといっていい。私は、自分に村を住まわせることを、少しだけ決意したのだった。そのことが、定住するということ、断念するということではないかと考えたのだった。ガタリの言葉は、そのように、私の生を押し出したといっていい。私は生きたかったのだ。私の本当の身体で、私の生を生きたかったのだ。


　時代は、とても速度を持って進んでいた。出稼ぎという就業形態が、村の農業の在り方を、少しずつ少しずつ変えていっていた（もちろん出稼ぎ現象だけが、その要因ではない）。農業は、季節のサイクルや家族の働く思いによって内発的に生み出される日々の営みというより、時代のなかで、他者の価値に晒される消費物を生み出す生産行為に、置き換えられていったのだ。

　この時期（一九八〇年代）に語られた、「母ちゃん農業」などという言葉が、これまでに農業を支えてきたあらゆる構成基盤が、時代と同価値であらねばならなくなったことを、象徴的に表している。農業は、時代の要請を受けつつ、母ちゃんだけでも維持できる農業に変化する必要があった。農業は、単独行為として成立するものでなければならなかったのだ。そうして農業は省力化され、機械化されることを必然とした。そんな経過の果てに生み出されていった概念が、農業の近代化という自立経営のプログラムであった。そしてその近代化は、複合経営、大型団地形成と名を変えながら、大蔵村をも直撃していた。私は大蔵村で、農業のそんな急速な変化の渦中にあったといっていい。

農業がこのように、直接的に時代に向き合っていくプロセスを歩んでくると、必然的に、村もその内部に変化のうねりを抱えるようになっていった。村は、互いが互いを補い合ってなにごとかを為していく寄り合うことの場というより、ひとつの目的に向かって互いを競い合う、分化していく場になっていった。

村の内部で、そこだけに在って、そこだけで充実する生を生きる人々と肌の部分で接していた私にとって、村の変化は、とても身近に、痛いことの悲鳴を聞く体験であったといえる。至る所で、悲鳴が聞こえていた。泡のような、つぶやきを聞いたのかもしれない。不安めいた溜め息を聞いたのかもしれない。でも確かに私には、急速にやってきた時代の要請を、どう受け止めていくかといったことへの戸惑いの果ての、ふっと吐く声の、弾ける音を聞いたように感じた。ぎりぎりの淵で発せられた、村の、吐く息の声であるように感じられた。

しかしその声は、自然とひとつになることで成立していた生存の状態が、分離し分化するから痛いのでもなく、また坦々と積み上げられてきた伝統という蓄積が、身から剝がれるから痛いのでもないのだと、私には思えていた。もちろんぎりぎりの淵で、苛酷なものと向き合うことによって養われてきた工夫や工面の連続性が、切断され消去されていくことはとても痛いことだ。しかし人々の生は、もっと直接的な場面に晒されているように思えていた。私は、日常のなかで送られる小さいことの留まりが、人々の意識を分断していたように思えていたのだ。農作物の明日の値段が心配なのであるが、その値段が隔離されているという分離、そういう分離に向けて上げた声が、その悲鳴であったように思えていたのだ。

しかしその悲鳴は、たったひとつのことに向けての希求ではないかと思えていた。私たちの生は、どんな変化に晒されようとも、自分に充実する時間を保障しさえすれば、またそのことを、他へと繋げていける可能性があれさえすれば、人はその場で、いきいきと生きていけるのではないだろうか。そしてなお、自分のなかから生々しく生起してくる生き物に翻弄されようが、人々はその生き物の奔放にすら、切実に向き合おうとするのではないかと、私には思えていたのだ。

その柔らかい皮膚の震えを、時代は、ひとつの価値に這わせようとするから、そこから漏れ出す声が、悲鳴として発せられているのではないかと、思えていた。私は洩れる音を聞いていた。身体の層から、どうしょうもなく零《こぼ》れ落ちる音、言葉にはならないがどもる声を聞いていた。擦音が、悲鳴となって、私には聞こえたのかもしれない。

ひとりの、農業後継者がいた。彼は青年団活動で、私と行動を共にしていた。大蔵村にあって最も山間部の集落で妻と父の三人暮らしであった。積雪四メートルを超す豪雪地帯に、田圃八アールと畑二ヘクタールを耕作し、生計を営んでいた。熱心な農業後継者で、畜産の導入や、高冷地野菜の団地形成をいち早く手がけるなどして、時代の速度に沿っていく経営努力を丹念に重ねていた。青年は、父から伝えられてきた地区での農業の在り方を継承しつつ、どうしたら自立農家として、自分の手で生計を維持できるかを丹念に模索していた。

その彼がある日突然に、私に村を去ることを告げた。埼玉県に土建現場での職が見つかったので、そこに転居することにしたというのだ。唐突な宣言に、私はとても驚いた。出稼ぎ（彼にとって、農業経営の新規事業を実施するためには、他産業労働で資金を得てくるしか方法がなかった）現場で、土建の仕事に班長（棒頭という）として従事していたことを知っていたので、その延長と思えたが、私は彼の離村の理由を、どうしても整理して考えることができなかったのだ。

そんな彼が口にしたことは、とても衝撃的な出来事であった。私は私の身が、この世ならぬところに落ち込んでいく印象を持った。彼は自宅のある集落の奥の山に、二ヘクタール程の野菜団地を作っていた。その土地は、もともと地域の共有地で、茅場であったが、その当時は地区民が個々に活用する農地になっていた。彼がその野菜団地を、春の陽だまりの午後にトラクターで耕作していたら、突然、自分の目の前の畑に、次々と一面に、ススキが繁茂してきたというのだ。それからそのススキは、自分の家も、集落も覆いつくし、どんどん増殖していったというのだ。トラクターを運転しながら彼は、夢に違いないと思い気を取り戻したが、やはり現実的に、その光景が続いていたというのだ。そしてやっとそのことは、確かに昼に見た夢であることが判明するまでに、相当な時間が経過していたというのだ。彼は怖くて怖くて家にも集落にも、帰れなかったという。そしてその夢は、あっさりと吐き出すように忘れられる夢ではなく、いつまでもいつまでも、身体に刻まれていたということだった。

彼は決断して、村を去ることにしたというのだ。妻や父には農業の先行きが不安だという理由を告げたということであるが、彼はどうしても、村に向き合っていくことが不可能だと思い定めたというのだった。出稼ぎや日雇いで経費を稼ぎ、農業でやっていく道も模索した。しかし、次々と青年団仲間が離農し離村していくなか、自分もこうした生活のままであったら、押しつぶされてしまう、埋没してしまうと考えたというのだ。生きたかった、変わりたかったという彼のつぶやきを、私は聞いていた。そして私は、昼の光のなかでみた夢に追い立てられるようにして村を去ることにした彼のこころ持ちを、決して嘆いたり、悲しんだりしてはいけないと考えたのだった。

いま生きている生を、彼はいきいきと輝かせたかったのだ。充実し、自分が自分であるために、彼は変化したかったのだ。そのことの前にあっては、村で生きることも、都会で生きことも同等であるだろう。私は、彼に、村に留まって欲しいとはいえない自分を感じていた。むしろ私は、祝福していたのだ。彼の決断が、集落の離村現象の前触れになることがわかっていても、集落を留めていたささやかな取り決めや約束事が、櫛の歯が欠けていくように、ポツンポツンと折れていくことはわかっていても、私は彼の心意を、非難する気にはもちろんなれなかったのだ。私はそのとき、村の括りや秩序が、徐々に徐々に解けていくことを恐れてはいけない、人はそのことを、押し留めたり、塞いではいけないということを考えていたのだった。

私の活動仲間だった彼は、村を去っていった。その後、彼の住んでいた家は、彼から譲り受けるような形で、私の舞踊のレッスン場として生まれ変わった(この劇場は、彼の白昼の夢にちなんで、〈すすき野シアター〉と名付けられた)。私自身も、彼の夢の語りは、どうしても消すことができない出来事であった。その出来事は、私の身体の奥の部分に沈殿し、濃厚な光を放つ記憶として仕舞い込まれてしまったのだ。

村で生きていくことと、踊ること(芸術活動)が同じであった私にとって、村に留まることは、彼の見た夢を、はっきりと輪郭を持った像として取り出してみることでないかと思えていた。そして私は、その像の根に深く降りながら、像の始まりに立ってみることにしたのだ。私は村で生きること、踊ることを、もう一度取り戻した。

村は、ますます分かれ裂けていくような印象であった。互いが寄り合うことによって生まれる想念の束によって、人々が集い動いていくその関係が、いったん解かれていけば、その綻《ほころ》びは糸自身が踊りだすようにして、どんどんほどけていくという印象であった。悲鳴は、いくつもの地面から上がっていた。土中からボコボコと湧き出るように、声の泡粒が炸裂するように、消えては上がり、また消えていた。

取替えすることができない個が、個のままであることを望む声、村を去った友人も、自分の本当の身体で、自分の生を生きたかったのだ。留まる人も去る人も、身体の奥底の生き物が動いていく息の音を聞き、そしてそのことに、素直であろうとしていたのだ。

この時期(一九九〇年代)、村に住む人々は、生活の細部にあって、さまざまな工夫、工面に直面していたように思える。農業経営に活路を見いだすために、農産加工を手がける人もいた。施設園芸を目指し、野菜や花卉《かき》の栽培品目の拡張を図る人もいた。また時代の要請として観光産業への視線が生まれ、地域特産品を形成する方法に向かう人もいた。農業は、ますます単独行動の時代に向かっていた。そして農村も、ひとりひとりの単独性を引き受けながら、伝統として引き継がれてきた蓄積との絡まりのなかで、互いの接点を見いだしがたく苦渋していた。そうして農村は、その内部に、自身ではもはや持ち切れなくなる飽和状の沸騰点を抱え、それが一気に溢れ弾けだしていく予感を、だれもが抱えていた。

この時代に、私と時間を共有したもうひとりの農業青年のことが頭を離れない。大蔵村の比較的平野部に住んでいた彼は、母と二人住まいであった。幼くして父を亡くした彼は、気丈夫な母に育てられ、家の跡を継ぐことを当然のように思いつつ、一二〇アールの田圃と、二アールの畑を耕作していた。田圃の収入だけでは暮らしていけない家計を、土建現場での賃労働と出稼ぎで補っていた。とてもひょうきんな性格は、村の青年団活動にはなくてはならない存在で、音楽好きなことから演芸クラブの花形であった。

彼は自分が生まれ育った家を、長男として継いでいくことに、特別な意識を持つというようなことはなかったといっていい。生きていくにあって、家督を継ぐことは、必然の自己決定であったと思える。家から離れること、村を去ることなどは彼の思考の領域にはなかったことだろう。

そんな彼にも、ただひとつ、どうしても解決しなければならない悩みがあった。配偶者のことであった。ひょうきんな割には照れ屋の彼は、青年団活動にあっても、好きな人に告白することもできずに、時を過ごしてしまった。しかし時を過ごしていけばいく程、村から青年団仲間の女性たちが消えていく光景を、不安を持って目撃していた。ある日突然に、あの人が都会に行き、あの人が家を離れていくという日常が、相当なスピードで進行していた時代である。彼は、あれよあれよと思うままに変化していく村の移り変わりと、自分が長男として自立していかなければならない切迫を重ね合わせるようにして、村を生きていたといっていいだろう。

そんな彼を、ある日の昼下がり、自宅に訪ねたことがあった。古い農家家屋の軒を通過し、固められひんやりした土間を歩き、玄関戸を開けたとき、その家の中は真っ暗だった。しかしその闇はただ闇であるばかりではなく、家が当然に宿らせてきた臭いや音を忍ばせながら、そこにあたりまえに存在しているといった気配の闇であった。ぼんやりとしているが、ひとつひとつの事物の輪郭を際立たせるような光が、天窓から差していた。柔らかな時間が流れていた。留まるような時間がそこに在った。時を送るということは、このような時間の蓄積を、その時間とともに過ごすことではないかと感じたが、私は彼が抱えているもののなにかを、一瞬だけど覗き見たような印象をもった。

目が慣れ、もう一歩歩を進めると、母だった。彼の母が、曲がった腰をそのままにして、白色の手ぬぐいを被り、小さく固まった格好で庭の土間に座っていた。手には食べ物のようなものを持っていた。私は世界にこんな小さなものがあるのかと驚いた。人間なのであったし、背丈は私とさほど違わないのかもしれない。しかし彼の母は、曲芸師がいくつも身体を折り曲げ、自分を極小にする技を披露しているかのように、とにかく丸く極小なのであった。そうして母は白手ぬぐいを取り、私に挨拶をした、白髪だった。細い顔には、穏やかな笑いがあった。

私はその時の光景を、忘れることができない。ほんの一歩歩んだ後の一瞬の時間であったが、私の目に留まった光景が、どうしても私から離れないのだった。そしてその光景は、身体が抱える闇や光の存在を考えたり、私がムラという単語を発する際に浮き上がってくる、私の背後に潜んでいるものの像の原型として、長く私に留まり続けるようになったのだ。私は、私の身体の層に、じっくりと静かに落ちてきた土間の闇の母の佇まいを、いつも抱えている。

彼はその日、母が作った料理を前にして、早く結婚して、母の労苦に報いなければならないことを、ポツンと私に語った記憶がある。私たちは型通りに、青年団活動の報告をし合ったりしていたが、その間、彼の母はお茶を出したり、台所に立ったりしていた。決して小さい人ではなかったが、腰の曲がりが目立っていた。

そんな彼とは、その後、あまり出会う機会が少なくなった。青年団活動も下火になり、私たちは互いの仕事を抱え、彼が依然として独り身であることを聞くことはあったが、しばらくは出会いじまいであった。何年かした後だったたか、彼に会う機会があった。ひとりで買い物をしている彼に出会った。白髪であった。真っ白い髪が異様に目立つ立ち姿で、彼は私を見つめていた。遠くからであったが、私は見てはならない光景を見たように瞬時に思え、足が竦んでいた。

その場を共有していた光景が凍りつきながら、ザクッと割れる音を聞いたように思った。幾分太ったかなあと思える彼の身体は、そこには存在してないものであるようにも思えた。言葉を発することすら拒否しているように、彼は自然にその場を去っていった。その後、彼が病死したことを、友人から聞いた。彼の母は、兄弟の家に身を寄せたということであった。

私は二人の友人たちのことを、長々と書いてきた。地域がめまぐるしく動いていくその瞬間、瞬間に生きていた友人たちとのほんの一時期の出会いのエピソードを、記憶の箱から取り出すようにして並べてみたのであるが、私は決して回顧しているのではない。思い出を綴っているのではない。このことは現在のことなのだ。現在に動いている事実のことなのだ。

私は入澤さんと二人で、最上地域を歩いた。今、地域で起きているさまざまな現象に立ち会いながら、そこで生きている人々の生の音源に触れてきた。そこに立ち止まり、人々の行き先を考えてきた。この旅は、さまざまな生活の場面で工夫し工面し、自分自身を生きようとしている人々の、今在る生の現在に辿り着く旅でもあった。そして私たちは、人々の生きることと拮抗している村の現在にも、触れてきた。

このふたつのこと、私の身体に確実に留まっている記憶の出来事と、私たちが巡り立ち会ってきた村の現実は、分割されて存在する歴史の上の一個の事物として、そこに置かれているのではない。それは留まり固定した結果として、認知されるものでも決してない。ふたつのことは、今も生々しく動いている、現在のことなのだ。繋がり合っているふたつの現在といえばいいのか、今に生きている、目の前の出来事なのだ。

生きているということは、過去でも未来でもないだろう。私たちは、二人の私の友人が生きてきた村を受容し、更にその村を再生成させようと分泌し続ける身体を持って、具体の村に生きている。具体の村に生きるということは、連続する生の皮膚に浮き上がってくる傷、あるいは破裂していく裂け目に、直接的に触れていくということではないだろうか。言い換えれば、連続している生の非連続であることの輝き、そのことを私たちは〝生きる〟と実感しているのだ。

村の人々は、そのように生を紡いでいる。普通に生を過ごしている。日々に在るということは、過去もなく未来もない平常な地平に、自分を置くということではないのか。平常を、素朴に受け入れるということではないだろうか。私たちは、そういう純朴な生に接してきた。人が、そうしなければならないことの、ぎりぎりの切実さに接してきた。

私の身体に、私の友人が生きていた。最上を歩き、私は友人たちに出会っていた。この光景は、この現実は、この声は、あの時の映像であり、あの時の事件であった。村という小さな細部で、素朴でつつましく、かつ過剰さに身を委ねながらも生を紡いでいるここの人々は、かって見たことがある、かって出会ったことがある、あの人々ではないかと感じていた。

でも私は、この繋がり合う時の経過を、なにひとつ回収してない自分に気付く。友人たちが、そして友人たちと関係し合っていた村の人々が、確かにそこに在ったという現実を、私はなにひとつ取り込むことなく生を送っているのではないか。なにひとつ、現在の自分に接続することがないままに、私は今に在るのではないかと思いつつ、最上を歩いていたのだ。

私たちに、村の変化を押し留めようとする方策がなかったといっているのではない。聞こえてくる悲鳴に、無力であることを断罪しようとしているのでもない。私たちは、そこに生きていた人々が送っていた素朴な日々と確かに繋がり合いながら、現在に生を紡いでいるのだという気付きに、私は素直に驚いていたのだった。

私たちは、必然という時空に生かされているのではないか。私の友人のように、自分の生の輝きに向かって村を離れることは、友人が自己の生の必然と、時代が押し出した歴史の必然に、素朴に向き合っていったことだと思えるのだ。そしてこの必然は、生の充実を意味している。更に、充実を享受してきた私たちの生き方を問う言葉でもある。私たちは私たち自身で在るために、自己の生を押し出してきた。日々にあって、いきいきと生ききる方策を、ひとりひとりが露出してきた。そうして状況を、時代を、開いてきたのかもしれない。このような生の輝きに、必然という言葉を与えることから、私は出発したい。私たちは必然とずれない自分を、今、立ち会っている村の現実に置き続けなければならない。人々が平常に生き、断念に身を預けていることと拮抗するために、私もまた自分の身を現実に晒し続けていかなければならない。その思い定めを、私は必然という言葉で括ってきた。

そして現実は、常に変化し流動していく一匹の生き物だった。この生き物は、私たちの先を走っている。必然という強度に私たちを晒しつつ、私たちの生を、更に前の方へ追い出している。その時間軸を、私たちは現在とよんでいる。

更に現在は、自己増殖を繰り返しながら、分化していく。自分の身を、多数の身に分化させていく。しかしその身は、ひとつひとつが固有な身として産出されるというより、同じものが多数量産される必然をもって、増殖していくのだ。多が一になり、単独が同一に置き換えられていくのだ。

なにものもひとつの応えに統一されるような、強請の分裂を執拗に繰り返すのだ。

最上の村々は、分裂の村々でもあった。農業には多様な方法が許され、個の手に委ねられてはいるが、同じものを作りなさいという統一の基準から逃れることは困難なことでもあった。その基準の強請から、人々は逃れ逸脱しながら、かろうじての個を充実させるさまざまな試みも私たちは発見してきた。人々はぎりぎりの淵で、生きるための呟きを発していた。私たちは分裂に委ねられている村の、細々の声を聞くことから旅の一歩を始めた。ここに人が生きているよ、という軋《きし》みの音を、丹念に聞き分けることから私たちは始めた。声を聞いた。この声とずれないようにと、私たちは、足を緩めた。隙間なく向き合うために。私たちの発する言葉が、欺瞞を含まないように確認しながら、恐る恐る最上を歩いた。素朴な声を聞きながら、私たちは村を歩いた。

そして、そしてなのだ。私たちの歩行は、その先を歩まねばならない。私と入澤さんは、時代の先に進むことを意図しつつ、私たちの足音を高くした。そうしなければ、その歩行を実践しなければ、単独者となったみんなの幸福が、本当にやってこないのではないだろうかと思いつつ、私たちは力を持って、土を踏んだのだ。ひとりの足を多数の足にするための方法、ひとりひとりの足で、多数の土を固めるための方法を語ったのだ。

入澤さんには告げてなかったが、最上の旅の途中に大蔵村の白昼の夢の現場を通過した。私の友人が見た一面のススキ野原の台地には立派な作業小屋などが建てられ、そこは野菜の耕作地に生まれ変わっていた。隣村の土建業者が景気の良い時期に、丸ごと土地を買収し、農業生産法人と銘打って、農業を展開したという噂を聞いていたが、その通りの様相であった。

村の人々が、野菜団地を形成する際に借りた経営代金を、土地代として肩代わりしたという話であった。農業への夢を抱いて、大型作付け団地を目指した友人の希望の跡であった。農地はこのようにして残ったが、多くの村の人々の思いは土中深くに埋もれた。そしてその後の村の経過を、入澤さんと対談した。時代は、私たちの先の先を走っていったのだが、そこで生きていた人々の、生きていく希望を、ひとつも保障しなかったのではないか。受け皿が存在しなかったのではないか。落ち零れていった皮膚の生暖かさだけが、そこに残っているようであった。

もうひとりの自分を生きようとして、離村した友人。彼の選択がかけがえのない、もうひとつの生きることになるために、私たちは現在を回収しなければならない。友人の夢と、私が旅の途中で見た現実は、現在によって結ばれているのだから。そして歴史の必然が準備してこなかった受け皿を、私たちが用意しなければならない。白くなった頭髪の痛々しさ、そうして、家の土間の闇に吸い込まれていくようにして消えていった若すぎる友人の無念さ。そういう顛末を個の輝きとして、私たちは奪回しなければならない。自分たちのこととして、しっかり摑まなければならない。私たちにも幸せがやってくるように、歴史を奪回しなければならない。私たちは、現在を取り戻さねばならないのだ。そうして、私は友人たちになり、友人は私になったのだ。旅の対談は、この友人たちへの、今の私の、返礼でもあった。かけがえのない時を共有し、そうしてこれまで生きさせてもらった私の生の充実にも、私は向き合いたかったのだ。

言葉の多様な繰り返しや言い回しの矛盾、そして舌足らずで生煮えの思考の言葉が宙に浮くようにして、地に落ちない。構築から逃れようとポーズするが、論理の破綻から、もう一度の再構築を許してしまう身の甘さ。エコファッシズムなどの限定の言葉で実態を覆ってしまうことで、緩やかな繋がりを停止させてしまう身勝手さ。私の言語は、フェリックス・ガタリの分析=触媒装置にひとつも届かない。激烈な物言いだけが、革命という転覆に繋がっているなどということを、ひとつも考えてないのだが、やっぱり直線極まりない棒状の言葉の言い放ちであったと、身が竦んでいる。そしてなにより、軋《きし》みの音とは「沈黙の音」なのだが、言葉は自己を主張してしまう。

しかし私は、多重を装っていた。最上という一地域の現在に接近するには、純度によって深められ強度を増していく思考の厚みというより、その都度つどの状況に鵺的に変化し、根拠の根をほとんど持たない、変わり身の速さに寄った、そんな不埒な言葉が、より戦略的ではないかと思えたのだった。私は顔を持たない、多重の性格を要求されているのである。

ガタリの呟きに一歩入り込むためには、村で起きている理不尽さの進展にやはり不快を示し、無残さの根拠を探り、そうして私の想念の幅と深度を疑いながら、私は嘆くことから脱しなければならないと思ったのだ。ガタリの姿勢に一歩接近するためには、私は村の現場で、私たちが可能ないくつかの方策を、明示することが必要だと思ったのだ。私たちは、即答を枷《かせ》とした。でき得る限りの具体の方策を、石つぶてのように放ってみることが、私たちの態度であった。村は今、即答を必要としているのだ。そしてその方策は、だれが、いつの時期に、どこの現場で、どのように、そのことを試みるのか、といったことに確実に繋がる道筋を欲しているのである。

そして私たちの石つぶては、最上地域の当人たちにも投げられた。対談でも多くの発言が、最上の地域に向けて発せられている。地域は、地域であるための存在証明を手に入れ、自足してないだろうか。そのために停滞や思考の停止を生み、他のものを排してないだろうか。地域づくりという言葉が、その現実を隠蔽してないだろうか。かけがえのないひとりひとりの生の充実を、抑圧してないだろうか。現実を覆うために、地域があるのではないのだ。地域に寄りかからず、ひとりひとりの立っている位置を保障することに向かって、地域の側が身を削ること。そういう位置に、地域もまた立っていることを、私たちは問い続けてきたのだ。

地域も、現在にその身を晒され続けている。だからこの対談は、決してひとつの価値に収束されるものではない。地域賛歌、地域応援歌でもないだろう。私たちのひとりひとりの、ささやかな生の欲求を浮き上がらせるために、多重の声をもって、村に接近した。多重の態度をもって、人々の現在に近づいた。

なぜガタリの言葉が、私の身体に仕舞い込まれたのだろうか。遠い記憶の言葉であったが、今も生々しく想起される。もうすでに、十年単位の時の経過を経ているのだし、彼の言葉に供応するのが、私の活動の本流であるなどと思い込んでいるのでは決してない。しかし再び蘇ってくるその根には、人々が生活の範囲で立ち合っている小さな細部に分け入ることが、自分らしく生きることになるのだという、私の思考の在り方が潜んでいるからだと思えるのだ。小さな細部とは、生命の満ちているところといっていいのか、人が本音で関わり合えることを許されている所だと思っている。ここを開けていかなければならない。ここを解き放ってみなければならない。そして私は、そこから満ちてくる充実を、だれかに手渡したいのだ。分析＝触媒装置とは、私がいきいきと生きることに費やす、私の生の送り方のことをいっているのである。

最上地域を、以前にも何度か巡ったことがある。敬愛する学者として慕っている二人の方、宗教人類学者の中沢新一さんと、民俗学者の赤坂憲雄さんとである。「また貴方は最上巡りか」と笑われそうであるが、このお二人と最上を歩きながら、旅の端々に聞こえてくるお二人の声の擦れ音から、多くのことを学んできた。時に速く、時に緩やかなお二人の歩行のリズムも、私の身体の一部になっている。お二人との最上巡りは、春の陽光にスキップするように楽しかったのを思い出す。赤坂さんはその結実を『東北学へ2――聞き書き・最上に生きる』（作品社、一九九六年）という一冊の本にしてまとめてくれた。今回の旅は、赤坂さんへの返礼でもあるが、その続編、引き継がれた最上の現在編でもあるのかなと、ひとり合点している。

今回は、入澤さんとの最上巡りであった。日の光を吸い込んで、鈍く照り返す最上の土に吸い込まれていくような印象であった。なにかが変わってしまったこともあるだろうし、時代の速度を見せ付けられた驚きもあるだろう。でもそうだとしても、最上には重さがあった。この場で、どのように生きていくのかといった思いの淵に、人がぎりぎりで踏みとどまっていることを、随所で感じたからかもしれない。小さな細部で、人々はさまざまな工夫や工面を展開しているのだが、その行為の積み重ねが、加速してきたのかもしれない。そんな重さが、私の身に直接的にやってきていた。

しかし私たちは、希望の旅をし得たと思っている。私たちは、声を聞き分け、その背後に人々の生きていく素朴な力を発見し得たと思っている。

希望という言葉は、ささやかな自己の押し出し方をいうのであるから、私たちは押し出された身体の突起物に出会いながら興奮し、そうして共感した。だからこの旅も、春の陽光に踊るように、足を踏み鳴らしの楽しい旅であったと思っている。

旅の同行者である入澤さんは、最上郡大蔵村生まれの私でさえ知らない最上の最奥を知っている方だ。自身が全国の山野を旅をしてきた方であるので、山のまた山の奥までその地理の形状や、どんな山菜がどの辺の場所で採れるか、またこの川からはどんな川魚が採れるかなど、その博物学的知識には舌を巻いてきた。この方と旅をすると、私の目の前の風景が一変するのを、なんども体験してきた。その知識の骨格に、そこの土地が自ずと生みだしてくる、生理リズムのような生暖かい呼吸を差し込んでいるものだから、私は土地の秘密を知らされるように思い、わくわくと胸躍らせながらその話を聞くのだった。

そんな入澤さんと、「今回は情況論でいきましょう」と、互いに確認し合った。この方の思考には、野山を駆けまわりながら周囲の起伏にもきちんと目配せする、目を開いた少年の態度が生きているものだから、その好奇心は十分に情況的であると思っていた。いつかその目線で、最上を歩いてもらいたいと思っていたのだ。実現出来て、嬉しいのだ。

そして最後になるが、とても個的なことを書かせていただく。この旅自体が、私にとって、私と友人を繋ぐ記憶へ遡行する極めて個的な巡りの旅であったと思っている。この成り行きを、どうしても現在において回収しておきたかった。その思いを、入澤さんに付き合ってもらった。しかし、個の事情をどれだけ普遍に行き着かせるかを考えながら、私は私の歩を進めたと思っている。個の具体性が、どうしたら世界性にたどり着くことができるのか、その問いを終始持ち続けた。

そしてもうひとつ、個の事情といえば、私の極めて私的なことの関わりが、入澤さんとの対談の根底に潜んでいたことを告白しておかねばならない。私の妻のことである。彼女は比較的町場に属する地域から、大蔵村に嫁いできた。生活習慣の違いや、自然風土の地域固有さはもちろんあるのだが、彼女が嫁いでから一番こころを砕いていたことは、地域社会で世代間の隙間をどのように埋めるのかといったことだったと思っている。世代間といえば、嫁と姑とか、地域の世代を巡る関係性を考えがちであるが、彼女がこころを配っていたことは、ひとつの世代と、もうひとつの世代を繋いでいく関係性の在り方が、どうしても現在の地域社会のなかで摑み切れなくなっていることへの焦りのようなことであったと思っている。

もちろん、世代という塊を、特権的なものに覆いながら発言しているのではない。しかし世代の層の内に、歴然と存在する相違というものの質を、きちんと世代間への問いとして捉え直す必要を、とても根本的なこととして考えているし、だから彼女の焦りは、単なる世代間の断絶などという言葉で括られるものではないと思えていたのだ。

彼女の周りに集まる村に嫁いだ現代の女性たちは、自分たちが生きてきた時代の総和を持って、伝統の村というもうひとつの時代を生きてきた総和に素のままで向き合っている。子を巡る教育の在り方にしても、生活の細部に及ぶひとつひとつの過ごし方にしても、なにより地域社会との関わりの仕方そのものにあっても、ふたつの世代は大きな異を抱えながら、互いが互いの出方を伺っているというのが現状のように思える。

この異なることは当然のように存在し、かつ世代を形成してきた固有性のひとつであるのだから、むしろ地域社会の大切な構成要素でもあっただろう。そして地域社会にあっては、この層としての世代の役割が、とても明確に、社会の役割のひとつとして位置づけられていたと考えられるのだ。民俗芸能を考えてみてもよいのだが、芸能は単なる演者や、地域社会の成人男子だけが、それを執行しているのではない。例えば、儀礼部分に欠かせない食の領域を女たちが担ったり、子どもは子どもの参加の仕方を促していったり(子どもは神にもなったりして、共同社会の幻想領域の一部だったり)、お年よりはお年よりの知恵を開示する場が用意されたりと、その世代の役割が明快に位置づけられているからこそ、その芸能ははじめてハレの空間として、人々に共有されてきたのだと思えるのだ。このように民俗社会のあらゆる層には、層としての役割があるということを保障してきたのが、地域社会の伝統といえるものではないかと思えるのだ。

だから私の妻たちのように、世代のなかで当然のように成長させてきた総和の知恵が、もうひとつの世代の総和の知恵に、繋がり合っていきがたくなっている事態を、若い世代も伝統社会の世代も抱えていることが、逆に軋みとして表れだしているのが、世代間を巡る地域の現在なのだといっていいだろう。しかしこのことは、断絶を埋めるというような方法論だけでは収まらない問いを含んでいる。ここでは互いの根拠を繋ぎ留めていく、両者に及ぶ中間の項が存在しないということが、問われなければならないのだ。

最上地方には外国からの嫁さん方が、数多くいる。入澤さんとの対談でも語っていることであるが、当事者たちは、きっと地域社会の未来を開いてきてくれた方だと思えるし、行為が世界性に到達する根源性を持って進展した事実だと、私は思っている。この国際結婚は、私たちの未来、しいていえば生命観の変更を迫るような出来事だったと考えられる。そして国際という領域と、結婚という個的な領域の繋がり合いを考え抜くことが、私たちの生を未来に引き継いでいく、現在にあってのひとつの方策だと思えるのだが、そういう普遍性に到達する思考のレベルにあっても、この中間の項の存在は重要なモチーフになっているのだ。

そのような問いを含み持った傷として、私の妻たちの軋みの音は、私には大切な根底であった。入澤さんとの対談にあっても私は、私の妻が大蔵村に嫁いできてからの個的な事情を、丹念に追いかけていくことが、あの友人たちの希望や挫折や、それと相まみえ合っている個のさまざまな押し出し方に、きちんと応えることではないかと思えていたのだ。

個的な事情を、語り書き過ぎたかもしれない。単なる私の自己決着ではないかと、とても気後れする。最上は、もっと自在な歩みを実現しているのかもしれない。人々は、なにくわぬ顔で、生を送り出しているではないかという問いもあるだろう。しかし個に食いさがってみた。私も最上に生きるひとりの村の男として、抱えている個的な事情を軸にして、自分の生活設計図を描きたかった。

優れた芸術作品が、極めて個的な生の起伏から、世界性を見据える幅を獲得しているように、私もまた、そのまねごとをしてみたかった。ガタリは、そんな個の素朴な思いに到達する思想のエッジを、あの時代に私に提出したのだと思えるのだ。

この本が出版されることになった経緯については、入澤さんが明らかにしていることであるが、ほとんど脈絡のない私の言い放ちを、テープ起しや助言などで支えてくれました佐々木香さん。そして一冊の本にしてくださるまでに、鼓舞するという語のとおり、自らも楽器打ち鳴らし、身体震わせ舞踏して下さった編集の安喜健人さんに、深く感謝申し上げます。

読解しにくく、堂々巡りの荒っぽい私の身体語を、よくよく見守って下さいました。こういう方々との共闘が、私の「信」を、そこの場で育てていくのではないかと改めて考えました。ありがとうございます。

あとがき　その二

象徴としての最上

入澤美時

対談は、突然始まった

この本の成り立ちを、まず述べておきたい。

二〇〇五年の一〇月、森繁哉さんから〈東北芸術工科大学東北文化研究センター〉が刊行予定の『最上学』のなかで、最上地方について「対談」をやりたいとの話があった。対談とは、最上のさまざまなところをめぐることによって、地域・地方の抱えている問題や、「日本の現在」について語りたいというもので、結局『最上学』は現在に至るまで出版されずじまいなのだが、対談は、すぐにでもやりたいとのことだった。

前日、十日町市松代の〈農舞台ギャラリー〉で翌日からの「日本のやきもの8人展」の展示を確認したあと、一一月六日の未明にカメラマンの佐々木光さんと松代を発ち、一〇時頃に、新庄駅の裏側の広大な駐車場で森さんと待ち合わせたのだった。森さんの車に全員が乗り、まず新庄の街をぐるりと一周した。そして商店街を通り、新庄駅の表側にいき、駅の構内や〈最上広域交流センターゆめりあ〉のなかを見学したりしたあと、駅の正面に戻った。

さて対談とは、一体どう行うのだろう。するとと森さんはおもむろにテープレコーダーを取り出し、説明もなしに、突然しゃべり出したのだ。それが、「対談」の始まりだったのである。

森さんとは、本文の最後の方で話しているように、一九九九年の四月の末、まだ雪が残っている頃に、初めて出会った。〈双葉社〉が出している『小説推理』という雑誌で、当方が三二頁の特別頁を隔月で担当することになり、「東北から〝日本〟を相対化する――いま、東北は元気である」という座談会を、森さんと赤坂憲雄さん、内藤正敏さん、そして当方が司会をする形で行ったのである。森さんはちょうど、〈東北芸術工科大学〉の助教授に赴任する直前で、まだ大蔵村の教育委員会に勤めていた。

その折り、森さんの踊りを見たときの衝撃は本文で触れているのでくり返さないが、なにか森さんとだけは語り足りない気分が残った。そのため、特別頁を当方がこだわってきた領域の「この人」と思う人のインタヴュー形式に変えてから、もう一度会うことにした。二〇〇〇年の一一月の末、初雪の日だった。そのときのインタヴューというか対談は、当方の『考える人びと――この一〇人の激しさが、思想だ。』に収められている。その後、折りにふれて圧倒的な踊りを何度も見たり、親しく付き合ってもらっている関係である。

さて今度の対談であるが、突然、新庄駅から始まったことは触れた。この対談がどういうものか、森さんがどう位置づけているのかがはっきりしたのは、新庄駅の裏手、国道一三号線の陸橋上に上がったときだった。山形方向に向いて立っていたのだが、右側はショッピングセンター、左側は神室山地へと続く昔ながらの懐かしい農村風景であった。まさに、日本の地域・地方の姿、いや日本の現在の縮図であった。「この光景をどう見るか」と、振られたのである。

ようやくにしてわかった。こうして最上のさまざまな地点・現場に立って、日本の地域・地方の抱えている問題を語り、それがなんであり、そこにおいて一体、私たちはどうすべきなのか、ということを提示しようとすることであった。

それからつごう五日間、二〇〇六年の六月一〇日まで、二〇時間くらいの対談を行っただろうか。森さんの選んだ場所は、路上だったり、河原や樹林のなか、田んぼの畦、入会地跡、巨木の前、集落風景を眺めて、温泉街、そば屋のなか、炭坑宿舎跡、老人ホーム、学校、廃工場、公園、道の駅、ショッピングセンター、コンビニ、スナック、民俗芸能伝承館……と多岐にわたっていた。

最初に森さんが、長い第一声を発する。こちらは、その一つひとつを記憶し、返答も記憶していく。あわせて、佐々木さんに最低限の撮影の指示もしなければならない。大変ではあったが、初めての心躍る路上対談の体験であった。歩きながら、現場に立ちながら話をすることは、地域・地方の細部に分け入っていくことだったのである。

私たちはこの対談のなかで、大きくいえば、たった一つのことを、さまざまな具体例と角度から論じている。それは、ここまで疲弊した日本の地域・地方というものをどうするのか。いまの現状はまさに、日本そのものの崩壊ではないのか。その再生の道筋は、どこにあるのか。そのうえに立って、私たちはなにをしなければならないのか。

そして、最上八市町村のさまざまな場所をめぐりながら、現場に立つこと、現場の声を聞くこと。現場に立ち、声を聞くとは、人びとに直接インタヴューすることだけではない。自然の風景・風物であろうと、そこに立って、「漂っている言葉」、「無名の言葉」に耳を傾けること。最上八市町村の抱えているさまざまな問題を、高度な超資本主義社会の「現在」につなげて考えること。そこから、「処方箋」を出そうと努力すること。

地域・地方、集落の崩壊

最上八市町村の多くの集落を訪ねた。戸沢村の片倉では、作業中のおじいさんに話を聞いた。かつて一番多いときには二三軒あった集落が、いまは五軒だという。おじいさんも、息子夫婦と一緒に新庄の方に越してしまったそうだ。夏のあいだだけ、田んぼづくりに戻っているという。一軒は、完全に廃屋になっていた。空き家が何軒も続き、廃屋のある光景は、どれほど寂しいものか。「人」が不在の集落の風景は、悲しい。

森さんの〈すすき野シアター〉のある大蔵村柳渕もそうだった。三〇軒あった集落が、いまやたったの七軒。〈すすき野シアター〉の直ぐうしろの民家は、ブルドーザーのような機械で取り壊されていた。

このようなことは、日本のどこの地域・地方、さまざまな中山間地域の農山村にも見られることだ。「過疎」の実態である。「限界集落」などと、冗談のようにいわれる。ふざけてはいけない。もう集落が、維持できなくなっている。寄り合いも祭りも、できなくなっている。都市・都会に出てきた人びとは、どこに帰ればいいのか。すでに、かつての「実家」というものはないのである。人びとは、大切な大切な、「風景の記憶」というものを喪失した。

その一方で、さまざまな可能性というものにも遭遇した。

大蔵村清水の森さんの自宅では、七五三の行事が行われていた。「隣組」の人びとが集まって、たくさんの料理をつくったりして祝うのである。

「隣組」とは、確かに先の戦時体制下、官によって強制的につくられたものである。戦争中は、監視と抑圧の末端組織だった。〈GHQ〉によって廃止される、当然の組織であったであろう。それがいまも続いていて、一軒の家の七五三を、皆で楽しそうに祝っている。

七軒にまで減ってしまった大蔵村柳渕では、茅葺き職人の夫婦が移り住んできた。そして、子供も生まれた。そのことはささやかとはいえ、森さんが〈すすき野シアター〉や分校跡で、えいえいと舞踊や美術を展開してきたことの結果であろう。

戸沢村の道の駅〈高麗館〉では、韓国からきたお嫁さんたちが、キムチをつくって売っていた。そして、同じ戸沢村与吾屋敷では、フィリピンから花嫁さんがきていた。もう人は忘れているかもしれないが、日本でフィリピンからの花嫁さんを初めて迎えたのは、森さんを中心とした大蔵村だった。

現在日本は基本的に、亡命も移民も、難民もほとんど受け入れていない。そして、在日韓国・朝鮮人に、地方参政権を認めるかどうかなどというバカげた議論が、国会でされている。その点では、世界の先進国家のなかで最も遅れた国家である。彼女らは、その日本に風穴を開けた。国は開くべきであり、近代市民社会成立以降、歴史的に登場したに過ぎない民族国家、国民国家は相対化されるべきである。世界史・人類史の課題は、国を開きつつあるEUの方向性にあることははっきりしているのだ。

真室川町の〈ワーコム農業研究所〉の栗田さんは、「堆肥発酵促進剤」を開発し、「ワーコム米」を始めさまざまなものを新たにつくり出している。新庄市の〈木ら木ら星〉の鈴木さんは、カブトムシのイベントを展開しながら、地方商店街再生の方法を探ってる。

なぜ、「じっちゃん、ばっちゃん農業」なのか

私たちはこの対談のなかで、第一次産業、特に農業のことを中心に語ってきた。そして、「じっちゃん、ばっちゃん農業」を象徴としてきた。それは、なぜか。最上地方が、第一次産業の就業者比率一四・七パーセント（二〇〇五年度）と、全国平均四・二パーセント（二〇〇六年度）より遥かに高く、いまもって産業の中心を成しているからか。

もう一つふまえておかなくてはならないデータがある。第一次産業、そして農業の日本の国内

総生産＝GDPに対する比率である。二〇〇五年度でいうと、第一次産業＝一・五パーセント＝約七兆五〇〇〇億円、農業＝一・二パーセント＝約六兆二〇〇〇億円となっている。第三次産業は、七一・七パーセント＝約三六〇兆円である。この年のGDPは、五〇三兆八〇〇〇億円であった。ちなみに、第三次産業の就業者比率は、二〇〇六年度六七・七パーセントである。

この数字がどういうものか、おわかりいただけるだろうか。たとえば、日本最大の企業〈トヨタ自動車〉の最新二〇〇七年度の総売上は、二六兆三〇〇〇億円である。北海道から沖縄まで、二〇〇五年度の日本の農業の全生産額は、〈トヨタ自動車〉一社の売り上げの四分の一にも達しないのである。

これは、日本において農業はすでに、社会や経済の動向に影響を与えるものとはなっていないことを語っている。つまり、日本という超資本主義社会においては、情報通信、運輸、卸・小売り、金融・保険、飲食、医療、教育などの第三次産業が、七〇パーセント以上の比率で、社会や経済の動向を決めているということである。

それでもなぜ農業なのか。それは、農業というものが、人間の「根源的記憶」というものを喚起するものだからである。一年の周期で、種を蒔き、草を取り、収穫をする。それも、自らの身体と手でする作業だ。どれほど機械化されようと、「手でする」という自然との関係は変わらない。

世界に誇るべき比較解剖学者の三木成夫《みきしげお》によれば、デボン紀から石炭紀にかけての約三億年前、脊椎動物は両生類から爬虫類へと、生の営みを地上へと移すために「上陸」を開始した。自らが暮らしていた海から離れ、その海の水を「命の水」としたのである。血液のことを「血潮《ちしお》」と呼ぶのは、そのためである。そして、胎児が母親の胎内で生きる世界、「羊水」は、「古代海水」と味と成分がそっくりだという。三木は、このときの脊椎動物の記憶を、「生命記憶」と呼んだ。

人類の誕生は、五〇〇〜六〇〇万年前といわれている。新生人類＝ホモ・サピエンス・サピエンスは、約五万年前に誕生したといわれている。両方とも、アフリカのある地点から発祥した。遅れて誕生した人類も、三木のいう「生命記憶」を背負っている。

三木はさらに、血液や心臓、肺、胃、肝臓、腎臓などの臓器が、人間の「こころ」というもの決めるといっている。脳や神経は、人間の「行動」を司るに過ぎなくて、人間の本源は、臓器による「こころ」が決定しているとしたのである。そして自ら動くことなく代謝をし、一年で周期を終え、種として子孫を残す「植物的生」を、狩りをしなければ生きていけない「動物的生」より優れているとした。「こころ」とはつまり、「植物的生」なのである。

土を耕し、水を使用し、「手でする」農業は、人間のその「生命記憶」や「こころ」を象徴し、体現している。その事情は、同じく土や水、「手でする」やきものや織り、染色、漆、木工、そして料理も変わらない。

じっちゃん、ばっちゃんの家のまわり農業は、今日は田んぼ、明日は畑、山菜の季節には山菜を採り、ゼンマイを採ってゆがいてもむ、キノコの季節はキノコ、雪に埋もれる冬は、藁や竹細工、木工品づくりと、複合的な暮らしであった。そして家の軒には、大根や唐辛子、干し柿などが吊され、蔵や台所には漬物や発酵調味料が置かれている。本文でも強調したことだが、この懐かしくも美しい光景を、人は失ってはならない。それは、人の生きてきた本源的ともいうべき「記憶」を、失うに等しいからである。その姿が、地方にすら現実的にはないとしても、その「記憶」と「想い」を、失ってはならないのだ。

三木に触れて、もう一ついっておきたいことがある。私たちはこの対談のなかで、「肌合い、風合い」、「気分、心地よい、ふくよか」、「匂い、音、風」、「美味しい、暖かい」、「触る、手、直感」などという、皮膚感覚のような言葉をキーワードとして多用してきた。商店街の再生について論じたときも、農業や地場産業のことについて話し合ったときも、温泉街を前にしたときも、自然の山や川、集落の風景を眺めていたときも、ずっとこのような言葉を口にしてきた。それはその言葉群が、三木のいう「こころ」や「植物的生」を意味していたからである。

この言葉群は、通常「あいまい」な表現とされるであろう。しかし、人の判断を決めるのは、具体的に指示するなにかではなく、人の「気分」や「こころ」なのだ。三木のいう、「植物的生」なのである。

「相互扶助」という関係の喪失

農業が、大規模農法、広域農業になっていくのは、必然であろう。資本主義の論理からいって、当然のことである。これは技術の進歩であって、善し悪しの倫理の問題ではない。そして、農業に法人が参入し、農産物の関税障壁が撤廃され、自由化されることも、必然であろう。さらに、このままでは食料自給率が上がらないことも、自明のことだ。

「コメの自由化」のところでも論じたことだが、日本の国民は全員が「消費者」である。消費者にとって、安くていいものは、絶対的な価値である。だとするならば、「コメの自由化」に反対する根拠は、どこにもなかったはずだ。しかしあのとき、JAだけでなく政治党派のすべてが、「コメの自由化」に反対であった。

じっちゃん、ばっちゃんの家のまわりの複合的な農業は、述べてきたように、人にとって「理想的な農業」の姿である。かつてであれば、一町歩＝約三〇〇〇坪あればなんとか家族が暮らせたという。じっちゃん、ばっちゃんの家のまわり農業の延長上にある農業の形だった。そんなに古いことではない。昭和四十年代まであった形態である。

同じように昭和四十年代くらいまで、村落共同体のなかには、茅葺き屋根の修理や農繁期を手伝い合う「結い」という相互扶助の組織があった。「モヤイ」や「テツダイ」というものも、同じような相互扶助の関係であった。そして、「富士講」や「伊勢講」という共同で旅＝参拝をし合う組織があった。全員がいけないので金を積み立て、講のなかから何人かを送る「代参講」が一般的で、そのことから「講」は、金銭を融通し合う相互扶助の組織に変わっていった。

また同じ頃まで、村落の周辺の山林や原野には「入会地」というものがあった。共有地である。茅刈り場であり、薪炭やほだぎ、山菜やキノコ採りの場でもあった。そこは森さんが指摘したように、ヒエラルキーのない自由と平等の「アジール」であった。そこで、村のさまざまな取り決めがされたのである。

それらの相互扶助の組織や入会地は、確かに村落共同体という閉じられた狭い世界での関係に過ぎない。そして自由と平等、ヒエラルキーがないとはいっても、違反や共同体にそぐわない行為があった場合、「村八分」やさらに村からの追放などということもあった。しかし、その相互扶助の関係は、人の「理想の社会」の姿を見せていた。

日本は、一九七〇年代に「超資本主義社会」、「高度消費社会」に突入した。それは、七三年に交換価値のない天然水が売り出され、七四年にコンビニエンスストアが登場し、七六年に「宅急便」が始まったことなどが象徴している。日本の社会の大転換が始まったのだが、それは「見えない革命」であった。そしてそのとき、かつてマルクスやエンゲルスの考えた労働者による経済的革命は、ほぼ成就されてしまったのである。

日本が超資本主義社会に突入するとともに、村落共同体はなし崩し的に崩壊していった。「結い」や「講」という相互扶助の組織は、次男・三男や女性たちが都市・都会へと出ていってしまうことによって、つまり過疎になることによって、維持できなくなってしまった。「入会地」は、分割され私有地となっていった。そしていまそこには、まさに地域・地方の陥っている現状、〈ジャスコ〉などのショッピングセンターが建っている。そうやって、「結い」や「講」、「入会地」という貴重な相互扶助の関係は、跡形もなく解体されていった。

「アジア的遺制」に、「反転」の可能性を

農業を、地場産業を、地域の観光を、就業の機会を増やすことをどうしたらいいのか。つまり地域・地方の現状に対する「処方箋」を出そうとする前に、どうしても触れておきたいことがある。

日本の現在の課題を論ずるためには、具体的な「現場」というものに立てばよかった。しかし、この最上八市町村をめぐる「最上横断」の森さんとの対話がなかったならば、決して論じることのないことがいくつかあった。コンビニエンスストアやスナックであり、カラオケや大衆歌謡のことである。

たとえばスナックは、なぜ地方都市や大都市の郊外、下町のようなところしか目立たないのか。東京でいえば、JR総武線や京成線、JR常磐線、東武伊勢崎線の東側に多くあって、東急東横線、東急田園都市線、小田急線の西側には少ないのか。それはきっと、東側の方が地方出身者が多いからであろう。しかも、北陸や東北からの出身者がである。

カラオケボックスで夜を徹してポップミュージックを歌いまくる若者たちは除いて、スナックのカラオケでマイクを離そうとしないオジサン、オバサンたちは、なぜ大衆歌謡を、それも基本的にはなぜ「演歌」しか歌わないのか。そしてなぜ、あそこまで盛り上がれるのか。あたかも、「祭り」の代償行為であるかのように。

ここに通底していることは、一つである。ここまで高度になった「超資本主義社会」、「高度消費社会」の日本の現在において、いまも伏流水のように残る「アジア的遺制」の心性がそうさせているのだ。「アジア的遺制」とは、かつて村落共同体にあった、さきほど述べた相互扶助の関係の「記憶」である。それは、村社＝氏神を敬い、その祭りなどの行事に参加し、家には神棚か仏壇を設置し、七五三や還暦を祝うというところに、いまも現れている。

超資本主義社会の日本は不思議なことに、この「アジア的遺制」＝「汎アジア性」との二重性を生きている。だとすると、脱出口はどこにあるのか。それは、この「二重性」に徹すること。「二重性」を、積極的に引き受けること。私たちは、「アジア的遺制」＝「汎アジア性」にこそ、「反転」の可能性を見たのだった。

マルクスはかつてロシアの現状について、ナロードニキの女性革命家のザスーリチに向けた手紙、「ヴェ・イ・ザスーリチの手紙への回答」（一八八一年）のなかで次のように述べている。

ロシアの共同体を（その発展をはかりつつ）維持してゆくうえで、もうひとつの有利な事情は、それが資本主義的生産と同時に併存しており、しかもこの社会制度がなお無疵であったような時代をも生きぬいてきたということだけではなく、こんにちではこの社会制度が、西ヨーロッパにおいても合衆国においてもひとしく、科学とも、人民大衆とも、またそれがつくりだした生産力とも闘争状態にあるということでもあります。一言でいうならば、共同体は危機にある資本主義に直面しているのです。この危機は、資本主義の廃絶によって、そして近代社会の共同所有の「古代」型への復帰によって、はじめて終りをつげるでしょう。

（『マルクス・エンゲルス農業論集』、訳◉大内力、岩波文庫、一九七三年）

マルクスは、遅れてきた資本主義社会のロシアが、なぜ「革命」において有利かを語っている。ロシアの共同体＝ミール共同体が、高度になった西欧資本主義社会と時代的に同在していることが逆に、「革命」に近いといっている。

ミール共同体とは、土地を共有し、税も平等という相互扶助の農村共同体であった。いってみれば、西欧の辺境に残された「アジア的遺制」の共同体であった。マルクスは、その「古代」型の共同体に乗っかる形でしか、ロシアにおける「革命」はないと考えた。そしてそれは、レーニンとトロツキーによる、一九一七年の「ロシア革命」となって現実化した。

しかしロシアにおける「革命」は、レーニンがマルクスの「プロレタリアート独裁」を、ボルシェヴィキによる「一党独裁」と読み替えてしまったことによって、世界史における「不幸」に転化していった。さらにそのレーニンを読み替えたスターリンによって、「一国社会主義」、「国家社会主義」による弾圧と殺戮の「悲劇」が始まったのである。それは現在へと続く、俗に「社会主義国家」などと呼ばれているところの民衆への抑圧の凄まじさと、情報の密閉性、秘匿性を見ればはっきりしていることだ。

「二重性の経済」と「中間領域」

「アジア的遺制」に、「反転」の可能性を見るとはなにか。

地場産業のことでも観光のことでもいいのだが、ここではまた農業を中心に語る。

象徴としての「じっちゃん、ばっちゃん農業」はこれからどうなっていくのか。二〇〇七年から、国による「品目横断的経営安定対策」が始まった。これは、「強靱な農業構造を構築する」ため、「米、麦、大豆、てん菜、でん粉原料用ばれいしょ」の五品目に限り補助するというもので、その規模は、個人経営は都府県四ヘクタール以上、北海道一〇ヘクタール以上、集落営農組織は二〇ヘクタール以上というものである。農業の大型化、広域化を進めるための施策なのだが、これによって問題となっている中山間地域の農業を救えるというのだろうか。そんなことは、決してありえない。

考えてみればわかるだろう。あの斜面に点々とある小さな小さな田んぼや畑。それも、もち主があちこちに飛んでいるものを、どうやって集落営農として集約化ができるというのだろうか。案の定、この施策はすでに破綻の兆候を見せている。

単なる集約化だけでは、地域・地方の農業を、中山間地域の農業を、「じっちゃん、ばっちゃん農業」を救うことはできない。ここで、マルクスの言葉が鳴り響いてくるのである。

これからの農業をどうしていくべきか。大型化、広域化、集約化されていくことが必然だとして、しかしそれだけでは救う方法はないともいった。さきほど、かつて村落共同体のなかにあった「結い」や「講」、「入会地」の相互扶助の形態について述べた。その「記憶」は、まさに「アジア的遺制」そのものである。とすると、じっちゃん、ばっちゃんの家のまわり農業に、かつてあった「結い」や「講」、「入会地」という相互扶助の関係に、その「アジア的遺制」に、いかに現在の超資本主義社会の高度な技術や方法を「接ぎ木」していくことができるかどうかという方向にしか、今後の可能性はない。

じっちゃん、ばっちゃんの家のまわり農業に、大型化、広域化した農業を「接ぎ木」することである。そして、「超付加価値商品」を開発することである。そのためには、都市・都会のがわの人間を含めたネットワークというものが必要になってくる。商品開発、市場・流通を含めたネットワークである。

このことに関して森さんは、「二重性の経済」という大変重要な概念を提示した。それは、原型的なじっちゃん、ばっちゃんの家のまわり農業で成し遂げうる自己の経済を一方に据え、もう一方には、広域性に農業を委ねながら市場に開き、都会の大消費地になにをどのような形で農産物を提供するのかという農業。つまり、閉じていく在り方＝地域内自給、開いていく在り方＝広域市場の交差する経済。

もう一つ、これに関して大切なことを語っている。「中間領域」を設定すること。お嫁さんとお姑さん、ばっちゃんとの「中間領域」、祭りなどの行事で大人と子供、年齢階梯を結ぶ「中間領域」、村の人びとと都会の人びとをつなぐ「中間領域」の設定。さまざまな人びとが、さまざまな立場で考えること。

もともとこの「中間領域」は、農山村の暮らし、自然との関わり合いのなかに生かされてきたという。たとえば「山」に対する関係は、「深山、裏山、里」という三極の構造のなかにあった。アジールである「入会地」は、その「中間地点」に置かれた。その「中間領域」を、現在に生かさなければならないというのである。

さらに大切な概念を二人は提示した。それは吉本隆明から借りた、「無償の贈与」という概念である。吉本は、世界の「南北問題」を解決する方法としてこの概念を提起した。日本やアメリカ、ＥＵの北の先進国から、東南アジアやアフリカ、ラテンアメリカの南の発展途上国への「無償の贈与」。世界にはまだ、一日一ドル以下で暮らしている人びとがいるのである。

「無償の贈与」ということ

日本における地域間格差についても同じことがいえる。地域間格差については、どのような指標をもってきてもよい。たとえば、最も一般的に各都道府県の経済力の指標として使われるのは、「県民所得」である。註では二〇〇四年度のデータを出したが、ここでは最新の二〇〇五年データでいうと、一位の東京都は四七七万八〇〇〇円、最下位の沖縄県は二〇二万一〇〇〇円。東京都は、沖縄県の約二・四倍である。かつて確かに、もっと県民所得の差が激しいときがあった。しかしいまと、経済規模が違うときのことであり、中流層の厚さが違うときのことである。

有効求人倍率も、二〇〇六年一二月のデータでいうと、一位の愛知県は一・九一、最下位の沖縄県は〇・四二である。このことは、高齢化率も過疎化率も同じである。しかし面白いことに、都道府県別の合計特殊出生率や三世代同居率、食料自給率はまったく逆の数値を示すのである。たとえば合計特殊出生率では、二〇〇七年のデータでいうと、一位は沖縄県で一・七五、最下位は東京都で一・〇五である。最上地方のある山形県は、沖縄県と近い数値を示している。

この地域間格差の現在において、「無償の贈与」とはなんであるのか。都市・都会からの地域・地方への「無償の贈与」。経済的なものだけでなく、人や技術、ネットワークのすべてにおいてである。東京から全国へ、仙台から東北地方全域へ、名古屋から中部圏へ、大阪から近畿圏、中国・四国地方全域へ、福岡から九州地方全域への「無償の贈与」である。

この「無償の贈与」の関係にこそ、さきほど述べた「接ぎ木」の実態がある。かつて村落共同体にあった「結い」や「講」という相互扶助の関係性の高度化。「じっちゃん、ばっちゃん農業」に象徴される「アジア的遺制」と、インターネットに象徴される高度な技術やネットワークをどう「接ぎ木」するのか。そこには、「人」が介在しなければならない。都市・都会から地域・地方への人の移動。地域・地方の人びとと都市・都会の人びととの、「共同」「協働」の場の創設である。

機会はなんであってもいい。定年退職で、リストラで、UターンやIターンで……、都市・都会から人が移動してくればいい。彼らは、自らや家族だけを引き連れてくるだけではない。コンピュータやインターネットの技術や、その関係の広がりというものを背負ってくる。そこにはかならずや、地元の人びととの交流・交歓が起こる。「共同」「協働」の現場が立ち上がる。その「擦過」に、期待したいのだ。

そこに、NPOでもなんでもつくってしまえばいい。JAや商工会、観光協会、森林組合などの既存の組織の解体を待ってはいられないし、「乗っ取り」も難しいだろう。しかし、「広域事務組合」や「道の駅」はどうだろう。そして、商品開発、市場開発、流通開発を、積極的に展開すればいい。そこからは、いままで想像したこともないような「商品」や「市場」や「労働の現場」が現れてくるはずである。前に「高付加価値商品化」といったのは、そのことである。

さらに、まったく地域・地方を疲弊させたに過ぎなかった「平成の大合併」によって、どこでも施設があり余っているだろう。空いてしまった学校でも公民館でもいい。そこを、開放すればいい。地元と移転してきた人たちとの「共同」「協働」の関係組織、NPOにでもなんにでも、安い金額でどんどん貸せばよい。

「減反政策」で農業を崩壊させたのも、「大規模小売店舗立地法」で商店街をシャッター化させたのも、「リゾート法」などで観光をズタズタにしたのも、すべての大本は国の施策の失敗だろう。しかし、補助金や補償金をもらい、結果としてそれを受け入れたのは、ほかの誰でもない、地域・地方の人びと自身ではなかったか。もう、「自業自得」の悪循環は、断ち切ろうではないか。そのためには、自分たちで動き出さなければならない。「無償の贈与」とは、「双方向」でなければならないからである。

時代の速度と新たな大転換

現在、時代はもの凄いスピードで動いている。産業や商品流通、情報通信などの驚異的なスピードに、人びとの暮らしのスピードがついていけないほどになっている。人びとは、「心的な病い」に侵されつつある。そして、時代は息苦しさを増している。

それに沿うかのように、アルバイトやパート、派遣や契約社員の不正規雇用者が三分の一を超え、貯蓄残高ゼロ世帯が四分の一を超えようとし、生活保護世帯が一〇〇万世帯を超えている。つい十数年前まで七〇〜八〇パーセントもいた中流層は、どこにいったのか。

そんななか、政治家も、産業界も、新聞・雑誌などのマスコミも、戦後最長の好景気に浮かれている。一体、好景気とは、どこにあるのだ。本当に好景気だとしたら、個人消費がのびていかなければならない。それもない。そして、好・不況を肌で最も実感しているのは、中小企業主であり、商店主であり、タクシーの運転手だ。彼らの誰が、好景気と判断しているというのか。

戦後最長の好景気というものを支えているのは、一部の大企業である。海外輸出と現地生産などで、利潤を上げてきた。しかし彼らは、設備投資と開発には資金を投下するが、その利潤を決して社会還元しようとはしない。社会還元とは、労働者の賃金を上げることであり、労働時間を短縮することであり、不正規雇用をなくすことだ。そんなことは、自明なことである。

と、大上段に日本の現状に触れてみたのは、そのような厳しい情況のなか、「じっちゃん、ばっちゃん農業」をどうするかなどと、のんきなことをいっているのではないとの声が聞こえてきそうだったからである。それともう一つ、じっちゃん、ばっちゃんの「こころのなかの呪詛」を、好況だとのたまわっている政治家や大企業主などにぶつけたいと思ったことだ。

インターネットなどの科学技術の進歩によって、情報空間の広域化と情報時間の短縮化が、世界的な規模、かつてない激しさで進んでる。一九七〇年代の「見えない革命」のあとの、「大転換」が始まっているのかもしれない。それに対して、じっちゃん、ばっちゃんの家のまわり農業が、かつてあった相互扶助の「記憶」という「汎アジア性」が、対抗の関係を取り得るのか。

「無償の贈与」の関係、「共同」「協働」の関係が、その脱出口たり得ると私たちは考えた。それを、「反転の可能性」といったのである。最上八市町村の課題は、超都市、東京の課題でもある。それは、関係性として等価だからである。

間違えてもらっては困るのだが、私たちは「じっちゃん、ばっちゃん農業」に戻れなどとは一言もいっていない。日本の現在が、第三次産業が七〇パーセントを占める「超資本主義社会」、「高度消費社会」であることは何度も確認してきた。そして、第一次産業が、農業が、社会や経済の動向を決めていくものではすでにないことも、述べてきた。それを前提にしたうえで、「じっちゃん、ばっちゃん」に象徴される農業を、インターネットなどに象徴される高度な技術やネットワークのなかに、いかに「接ぎ木」できるか。そこにしか、雇用の創出であろうと、地場産業や観光の問題であろうと、地域・地方の再生はないといっているのだ。

最上地方の可能性

最上地方は日本地図を見てもらえばよくわかるのだが、北西を丁岳から鳥海山に至る山稜が、南に出羽三山の月山から葉山の山塊が、東は神室山を盟主とする神室山地がというように、さまざまな山塊に囲まれている。その真んなかを大河・最上川が、南北を分断してゆったりと流れる。平地は、新庄盆地と最上川や小国川、真室川に沿ってあるだけという、山地系地形を成している。日本のなかでも人口の少ない山形県のなかで、さらに人口の最も少ない地域である。そして、第一次産業比率や高齢化率、過疎化率が、すべてが高い山形県のなかで最も高い地域である。一般的には、経済的に遅れた地域ということになるだろう。しかしその分、飯豊・朝日連峰のような巨大な山塊はないが、幸いにして林道や河川改修などによって荒らされてはいない。冬は長く雪は深いが、里山と里川が続くという地形からの印象だろうか、どこかふくよかな感じがするところである。山形県は、この間の「平成の大合併」でも合併する市町村の数が少ない珍しい県である。村山、最上、置賜の三地方では合併はまったくなく、庄内地方だけが合併をして鶴岡市と酒田市が大きくなった。意志をもって合併しなかったとするならば、あの国からの飴と鞭の圧力を考えると、一つの見識といえるのではないだろうか。

最上地方のもう一つの特徴は、温泉の多いことである。それも気分的に、ふくよかさを与える原因ではなかろうか。それと、雪が多く流域面積が山が深くないにもかかわらず相対的に大きいことは、山菜やキノコが豊富であるということである。つまり、生態系が豊饒なのである。

しかし残念ながら、そのことを最上の人びと自身が意識していない。気づいてすらいないのかもしれない。これほど身近に自然素材に恵まれ、豊饒な自然生態系に囲まれているにもかかわらずである。

私たちは、その最上の豊饒な自然生態系を、都市・都会からの人を介して、高度な技術と広大なネットワークに「接ぎ木」をしたいと考えた。いままでの観光のように温泉を、山菜やキノコを、イワナやヤマメ、アユを、そばや料理を一方的に提供するだけの関係だけでなく、観光も「双方向」にする方法を発掘したいと考えた。

対談のなかでも触れたが、いまのままの地域ボス的形態、圧力団体、ヒエラルキーの温床に過ぎないＪＡや商工会、観光協会、森林組合などは、一度解体されるべきであろう。大きな可能性を感じたのは、「広域事務組合」の存在である。「広域事務組合」が、さきに述べた「接ぎ木」の現場に登場することである。「無償の贈与」の場に、関与することである。都市・都会からの人びと、ＮＰＯの人びとと、「共同」「協働」の戦線を組むことである。

そのことは、対談のなかでも何度も語っていることだが、「大地の芸術祭 越後妻有アートトリエンナーレ」が、日本で唯一実証していることである。越後妻有では、「大地の芸術祭」を主催し、私たちが論じてきた「共同」「協働」の場としてNPO法人「里山妻有」も立ち上げた。

そして「大地の芸術祭」から学ぶべきなのは、「こへび隊」の存在である。総合ディレクターの北川フラムが発想し呼びかけたものだが、学生を中心にフリーターやニートなどが加わった組織が、二〇〇〇年と二〇〇三年の「大地の芸術祭」を主体的に担ったのである。そのメンバーは、その後次つぎと越後妻有に定着していった。

さらに二〇〇六年の「大地の芸術祭」では、企業経営者、建築家、デザイナー、編集者などのプロが関わる「おおへび隊」が結成され、運営の中心を担ったのである。この組織は、まさに「無償の贈与」の、「共同」「協働」の関係の実態ではないか。そのなかのメンバーがいま、NPO法人「里山妻有」を構成している。

最上地方には、緩やかなネットワークのようなものの存在を感じた。それは、「隣組」の存在があったように、私たちが何度も論じてきたかつての「結い」や「講」の相互扶助の関係の残滓が、いまも根強く残っているように映ったからである。そのことは、今後の大きな可能性ではないだろうか。

対談相手の森さんは、大蔵村に生まれ、育ち、〈東北芸術工科大学〉の教授である現在も大蔵村に暮らしている、生粋の「最上人」である。その「最上人」と、最上八市町村をくまなくめぐって、そのつどそのつど問題点を語り合ったのが本書である。

願わくば本書が、最上地方の公共の人びとやNPOやさまざまの分野の多くの人びとの手に取られ、読まれんことを……。そして、全国で日々、地域・地方再生に奮闘している人びとのテキストたらんことを、願ってやまない。

まず第一に、このややこしい対談を発想し、最上地方のさまざまな現場を選択し、ときには当方の大言壮語にもなりそうな語りを、ふくよかで柔らかい言葉で受け止めてくれた森繁哉さんに、最大の感謝を捧げたい。森さんと回った最上地方の一つひとつの光景を、決して忘れることはないであろう。その場所その場所で対話を振られ、考え考え返答していった「思想の現場」は、これからの当方の大きな糧となるだろう。

対話の五日間ずっと撮影をし、たまには対話にも参入した佐々木光さんにも、感謝を捧げたい。前記の当方の本のときも、すべての撮影をしていただいた。森さんの踊りには、佐々木さんの写真はもう必須なものとなっている。

すでに二十数年の付き合いになる佐々木香さんには、一度対話に同行いただいて、そのときのテープを起こしていただいた。ていねいなわかりやすいテープ起こしも含めて、感謝したい。

そのときは当事務所のメンバーであり、いまは独立をしている永峰美佳にも、面倒なテープ起こしをしてもらった。合田真子、竹見洋一郎の事務所のメンバーには、テープ起こしと赤字直しの手のかかる仕事をしてもらった。それぞれに、感謝したい。

デザインをしていただいたのは、前記の本のときと同様、鈴木一誌さんである。いつもながら、本書の意図をくまなく理解していただいて、美しい装幀とデザインをしていただいた。さらに、全頁のレイアウトをしていただいたのは〈鈴木事務所〉の藤田美咲さんである。お二人とも、本当にありがとうございました。

帯の文を引き受けていただいた中沢新一さんにも、感謝を申し上げたい。当方は、原稿の依頼やその他でお世話になったことがある。ありがとうございました。

ひょんなことから出版を引き受けていただいた〈新泉社〉の安喜健人さんには、どんな感謝の言葉も浮かばない。この対談を直ぐに読んでくれて、出版の意向を表明していただいたときは、どれほど嬉しかったことか。現在の構造的出版不況のなかで、本書が日の目を見ることができたのは、ひとえに安喜さんのおかげである。本当にありがとうございました。

最後に、この本の印刷、製本、流通、販売に関わっていただいた、すべての人びとに感謝を捧げたい。

（二〇〇八年五月二九日）

◉著者略歴

入澤美時 [いりさわよしとき]
編集者。
1947年、埼玉県児玉郡神川町に生まれる。
1966年、〈東京都立新宿高等学校〉卒業。
1967年、〈株式会社美術出版社〉入社。
1980年、同退社。
1982年、〈入澤企画制作事務所〉を設立し、現在に至る。
『溪流フィッシング』(山と溪谷社)、
『ヘッドウォーター』『陶磁郎』(ともに双葉社)などを創刊し、
現在、『つくる陶磁郎』(双葉社)の編集長。
釣りややきものの世界だけでなく、文学、思想、歴史、
美術、工芸、建築、デザイン、写真、生態、地誌、食、旅……と、
さまざまな分野の書籍、雑誌を手がける。
現在、『D/SIGN』に、「地誌・地政学の可能性」を連載中。
著書に、『考える人びと――この10人の激しさが、思想だ。』
(双葉社、2001年)がある。

森繁哉 [もりしげや]
東北芸術工科大学教授。身体芸術論、東北文化論専攻。
1947年、山形県最上郡大蔵村に生まれる。
1968年、大蔵村の行政に関わる。
大蔵村を拠点に、舞踊・芸術活動を展開する。
1991年、大蔵村柳渕地区に〈すすき野シアター〉開設。
1999年、〈里山ダンス事務所〉結成。
2000年、〈東北芸術工科大学〉に教員として関わる。
2001年、柳渕地区に〈南山村芸術学校〉開設。
2007年、〈東北芸術工科大学こども芸術大学〉副校長に就任。
大蔵村を芸術活動の拠点として、さまざまな土地のダンスを創作する。
また、民俗学の研究者として、基層文化の継承に努める。
著書に、『踊る日記』(新宿書房、1986年)、
映画に、「大蔵村、踊る男」(1999年)などがある。

東北からの思考
地域の再生、日本の再生、そして新たなる協働へ

2008年11月15日　初版第1刷発行

著者　**入澤美時**
森繁哉

発行所　株式会社　新泉社
東京都文京区本郷2-5-12
電話　03-3815-1662
FAX　03-3815-1422
振替　00170-4-160936

印刷　萩原印刷

製本　榎本製本

ISBN978-4-7877-0813-7　C0095